国家社会科学基金"十二五"规划2015年度教育学一般课题
"'卓越幼儿教师'实践性知识发展研究"（批准号：BHA150080）

卓越幼儿教师访谈录

王小溪 但 菲 编著

知识产权出版社
全国百佳图书出版单位
—北 京—

图书在版编目（CIP）数据

卓越幼儿教师访谈录 / 王小溪 , 但菲编著 . —北京：知识产权出版社，2023.7
ISBN 978-7-5130-8753-7

Ⅰ.①卓⋯　Ⅱ.①王⋯ ②但⋯　Ⅲ.①幼教人员—访问记—中国
Ⅳ.① K825.46

中国国家版本馆 CIP 数据核字（2023）第 081848 号

责任编辑：王颖超　　　　　　　　　　　　责任校对：潘凤越
封面设计：北京麦莫瑞文化传播有限公司　　责任印制：孙婷婷

卓越幼儿教师访谈录

王小溪　但　菲　编著

出版发行：知识产权出版社有限责任公司		网　　址：http：//www.ipph.cn	
社　　址：北京市海淀区气象路 50 号院		邮　　编：100081	
责编电话：010-82000860 转 8343		责编邮箱：wangyingchao@cnipr.com	
发行电话：010-82000860 转 8101/8102		发行传真：010-82000893/82005070/82000270	
印　　刷：北京建宏印刷有限公司		经　　销：新华书店、各大网上书店及相关专业书店	
开　　本：720mm×1000mm　1/16		印　　张：19	
版　　次：2023 年 7 月第 1 版		印　　次：2023 年 7 月第 1 次印刷	
字　　数：280 千字		定　　价：98.00 元	

ISBN 978-7-5130-8753-7

《卓越幼儿教师访谈录》
编　委

索长清　贺敬雯　蒋　娟

佟晓川　张梦涛　黄　昕

前 言

　　这本《卓越幼儿教师访谈录》是"走向卓越的幼儿教师"系列丛书之一，是国家社会科学基金"十二五"规划 2015 年度教育学一般课题"'卓越幼儿教师'实践性知识发展研究"（批准号：BHA150080）的阶段性成果。

　　淡淡笔墨塑师魂，青青稚园铸栋梁。作为履行幼儿教育教学工作职责的专业人员，幼儿教师用他们朴实无华、淡泊名利和无私奉献的精神滋养着无数儿童和他们的童年。幼儿教师工作在今朝，却建设着祖国的美好未来，他们的课堂在幼儿园，桃李却遍布祖国的大江南北。"不计辛勤一砚寒，桃熟流丹，李熟枝残，种花容易树人难。幽谷飞香不一般，诗满人间，画满人间，英才济济笑开颜。"幼儿教师用他们的辛勤和智慧，培育了一代代聪明伶俐的儿童。

　　本书记录了卓越幼儿教师成长的印记，记录了他们兢兢业业的教学生涯，记录了他们认真严谨的科研征途，记录了他们对幼儿生活的关怀备至。他们是幼儿教师队伍的优秀代表，是幼儿心中的好老师、好伙伴。

　　为记录幼儿教师默默无闻的付出，研究者根据采访内容原汁原味地呈现了三十二个鲜活的灵魂。也许薄薄的一册书无法完全记录他们所有的经历和感悟，我们只能一叶知秋、以管窥豹。但相信通过这些鲜活的故事，我们能够看到幼儿教师专业发展的不同路径，看到在这些不同路径下那些惊人相似的特质。

　　相信本书不管是对于职前的学前教育师范生还是对于在职的幼儿教师，都会是一盏指路明灯。你在阅读之后将会和我们产生同样的情愫。你会看到：这些卓越的幼儿教师对儿童的殷切期望，对科研的孜孜不倦，对自己的严格要求。和其他阶段的教育不同，每个幼儿教师在挥手告别毕业生的时候，都知道很少有孩子会记得他们，他们给予孩子的是桃花潭水般的不求回报的深情。

2012 年教育部颁布出台《幼儿教师专业标准（试行）》，让我们知道了一名合格的幼儿教师应该是什么样的；而本书聚焦于卓越幼儿教师的专业成长经历及其在这个过程中的所感所悟，可以让我们知道卓越幼儿教师的所思、所想、所为，体会他们在成长过程中的心路历程，给更多的幼儿教师以启发和借鉴。

本研究以问题为线索，通过深度访谈，从踏入幼教行业、职业生涯转折点、成长的关键事件、遇到的关键人物、具备的核心特质、对后来者的谏言、对后来者应掌握的知识经验的建议等七个方面，呈现了卓越幼儿教师各自的成长经历以及独特的教育理念。

本研究承载着我们对学前教育事业美好的希冀，体现了我们对幼儿教师个体与群体专业发展的殷切关怀。本书昭示着学前教育的薪火相传，照亮和鼓舞着未来幼儿教师前进的征程。

本书的成稿凝结了众多学前教育工作者和研究者的心血，在校研究生亦加入现场访谈的团队中。研究者在搜集资料的过程中，更是得到了东北师范大学教育部幼儿园园长培训中心的大力支持，在此一并感谢！还要特别感谢为本书出版付出诸多努力的编辑老师们，正是他们的无私帮助和指点，促成了本书的如期完成和顺利出版。

目　录

勇往直前的曹老师

访谈日期：2018 年 7 月 28 日

访谈时间：10：00—11：30

访 谈 者：王小溪　蒋　娟

受 访 者：曹老师（泰安）

访谈者： 您是怎样踏入幼教界的？当初的想法是怎样的？

受访者： 实际上是很偶然的，那时候我就是喜欢孩子，我并不知道幼教是干什么的。当时有人跟我说你报个幼教吧，很好分配。我问了一下幼教是干什么，那人说幼教就是带孩子。我就觉得很好啊，最后就选这个专业了。但是从学生到教师，并不是一上来就会教的。之前当学生的时候呢，都是老师在讲，我们只需要跟着做就好了，可是等我们成了教师就不能什么都等着了，因为没人会手把手教你了，需要自己去琢磨怎么做。我在刚开始的时候也有一个调整的阶段，去适应工作环境和职业，但是因为喜欢孩子，后来慢慢也就开始喜欢这个职业。所以我进入这个行业纯属误打误撞。我报考的是中专，学的是幼教师范，然后毕业就分配到现在的幼儿园。这里的前身是一个机关幼儿园，直到 1993 年归属教育部门主管。我在教师岗位上大概干了 17 年，后来我们园成立了特长班，就把我调到了特长班，让我教舞蹈和美术，然后又干了 8 年。我在一线教师的岗位上，已经干了 20 多年。

访谈者： 经过 20 多年的时间您走到了今天，成为一名优秀的幼儿教师。在这个过程中，有没有您认为是人生转折点的那些时刻？

受访者：对我来说我的人生转折点是我第一次接课题的时候。因为这件事让我个人的专业发展上了一个台阶，同时也让我在园里受到领导更多的信任和重视。情况是这样的，那时候我们园开始进行园本课程开发，园长说要出一本属于我们园自己的课程方面的书，让我负责。这件事情在当时是大势所趋，但并不是每一个幼儿教师都能得心应手。别人出一本书可能需要半年、一年，我觉得自己可能需要三年、五年。所以当时其实压力是很大的，但是我必须完成这个任务。由于我们园是当地的一个龙头单位，各种检查特别多，活动特别多，会议特别多，还有其他同行来参观学习，我们每个人要承担的任务特别多，有时候要同时承担好几样工作。在做课题、写书的过程中，我通常还要做别的事情，还要带班，我那时候分身乏术，恨不得有五个自己分开干好每件事情，很累的时候家人说那你实在不行的话跟领导说一下，可是你觉得我能说吗？当然不能说，因为这是领导对你的信任，还有大家对你的期待，所以我只能逼着自己去走这条从未走过的路。一开始根本不知道要从哪儿着手。于是就跑去问有经验的同行，去参加学习，包括园里的公派学习和自费学习，就是为了学点经验，知道该怎么做，怎么做能更好。就这样，一边学习别人的经验，一边自己摸索琢磨，慢慢开始有了思路，再去落实，然后与大家讨论，再修改。终于，我不辜负领导的信任，完成了任务，领导也比较满意。

在这过程中，我收获了很多。比如，一些比我水平高并且乐于指导我的人，因为这件事我们成为好朋友，在之后的很多事情上我都会继续向他们学习和请教。还有就是我开始重新认识自己，原来我也可以做到像那些我之前认为很厉害的老师才能做到的事情，这是我以前从来没有想过的。通过这件事我明白一个道理，那就是通过努力其实你可以做到很多你想不到的事情，人的潜力是无限的。以后领导再交给我什么任务我都不害怕、不打怵了，因为我知道，只要肯学习，我也能掌握。这就是一个良性循环吧，从那之后我的专业能力真的有了一个很大的跨越，我也很庆幸自己在困难面前坚持下来了，走过来了，而不是被困难吓跑了。

这之后，我也带动了我所负责对接的一个乡镇幼儿园教师的专业发展。是这样的，我们幼儿园一共有 20 个老师负责对接 20 个乡镇幼儿园。说句实在的，我们那个地方幼教并不是很发达，幼儿园也良莠不齐。有了我们这个中心幼儿园后，所有的幼儿园都想要学习，走专业发展之路。我们就做了实验基地，找出 20 个老师，一人对接一个乡镇幼儿园。当他们来听课、学习、参观时就和对接的老师联系，这样就提高了效率，一些小的问题就可以自行解决，不用每一次都找领导，既帮助了其他园的老师，也锻炼了我们。而且我们园每周五都是开放的，他们可以过来参观。如果他们需要做培训，我们也会过去，并提供一些资料。我把我走过的路、获得的经验都传授给他们了，就是希望他们可以不用像我那时候那么艰难，到处找人、求人，问别人怎么做。所以他们在我的经验基础上，加上他们自己的努力，成长速度很快，很出成果，我也很欣慰，至少我做过的一件事为那么多人创造了专业成长的空间。到现在我对接的幼儿园的老师们有问题的时候都愿意来问我，即使有的我也不知道，但是我能跟他们一起去学习，一起讨论要怎么做。

访谈者：新入职阶段、工作熟悉后的阶段、现在的成熟阶段有没有一些令您记忆深刻的事情？能否说几个典型的个人成长故事？

受访者：第一件事情就是我有一个好师父带着我，让我很快成长，能独当一面。我们园以前有一种比较好的模式——师徒帮带，为我干好这份工作起到了直接的作用。我刚到幼儿园工作时就由一位经验丰富的老师带着我，我算是第一批师徒帮带的受惠者。有经验的老师"一对一"地带徒弟，这样有问题可以随时请教，我认为这样的指导是非常有帮助的。带我的老师非常好，有耐心而且会告诉我应该怎么做，让我获得了很多带班的经验，所以这期间我收获巨大，也成长得很快。老师带了我一年之后觉得我可以尝试自己带班了，就放手让我去干了。没想到真的很顺利，我做出了很多让老师认可的事情，同时也让园里领导注意到了我，他们开始有意识地培养我，让我助攻教研。经过三年的学习和考验，我被提拔为教研主任，但是我并没有离开班级。我喜欢做教研主任，可以和其他老师一起研究业务、探讨专业，挺好的，但我最幸福的时候还是做老师，每天和孩子们在一起很快乐。

第二件事是做课题，摸着石头过河。2010年，我被评为县市级特优教师、山东省特优教师，这是我最引以为傲的荣誉，大概也是作为一名教师的最高荣誉了。我记得评上特优教师之后我就遇到了一件令我压力颇大的事情。那是在2011年，我们园想要上一个台阶，评上"省十佳幼儿园"，但评选条件要求必须有课题。我们从来都没有学习过怎么做课题，而且我们是县级园，从来都没有申报过课题。当时园长就和我们商量，先分头去找材料，填写申报表。一开始怕课题中不了，我们就一下子报了五个，材料都是我写的，结果五个全中了，一个国家级的，四个省级的。虽然课题批下来了，我们却不知道怎么做，每天愁得睡不着觉，十分苦恼。后来，我们请来了青岛大学的一位教授作为顾问指导，这才有了方向。为了这些课题，我们都付出了很多。因为教授离得比较远，通常是在我们遇到极大困难的时候才求助于他。我们基本是自己找资料学习，缺哪里补哪里。因为缺少真正的教科研培训，所以只能自己摸索了。2014年，终于结题了。那时候我们都哭了，觉得所有的付出都值了。通过这次的经历，我收获了很多，专业上有了很大的提升。后来我们又报了两个"十三五"课题，现在我们就知道具体怎么做了，也了解了应该如何求助专家指导。

访谈者：有哪些人／事件对您产生了重要影响？您的家庭对您有什么样的影响？

受访者：我能走到今天，都源于家里的支持，如果没有家里的支持，根本不可能有现在职位上的我。平时我的学习和工作会耗费很多时间，我爱人在医院工作，也很忙，但是他从来不怪我因为工作疏忽了家庭。他最大的优点就是支持我做我喜欢的事情，他一直以来都是我坚强的后盾。我需要什么，只要他能做到的都会给予我，无怨无悔。我觉得自己很幸福，也很幸运，能走到今天多亏了他。我的父母帮我解决了所有的后顾之忧，让我可以安心干工作。他们一直跟着我生活，在我家帮我照顾孩子，给我收拾屋子、做饭，我不用担心孩子上学有没有人接送、到家有没有热乎的饭吃。现在我女儿都上大三了，她上高中的时候都是我母亲给她送饭。我平时工作忙，很多事情无法顾及，但是我的家人们都没有抱怨过，都是谁有困难大家一起帮。我的女儿也很懂事，从小到大很少让我操心，不论是学习还是生活都让我省心。我都不知道自己怎么会这么幸运，能遇到这么好的家人。我父母的性格都很柔和，也很民主，他们都很支持我做我自己喜欢的事。

如果没有家庭的支持，无论在幼教的哪一个岗位都是做不好的，这个职业真的需要耗费太多的时间了。好像刚参加工作的时候压力还不是很大，但越往后感觉压力越大。作为教师，我虽然对于教学已经得心应手，遇到问题都能自己想办法解决，但有时候做起任务来其实也是非常吃力的。有时候回到家可能把工作上的情绪就带回家了，会表现得不是很开心。一般这个时候我的家人都会主动问我，我也会跟他们说是怎么回事，他们会安慰我，告诉我没什么大不了，不要有太大压力。听他们说完之后我心里就会放松很多。

访谈者：您的哪些特质让您成为幼儿园骨干教师？您认为让您成功 / 战胜困难的最关键因素是什么？

受访者：首先是我很善于学习，也带动了我们园的老师，现在我们整个团队都很善于学习。我们作为教师会直接影响孩子，若想让孩子成为什么样，我们最好也去朝着那个方向努力。教师学习能力一定要强，不学习是不会进步的，也只有自己爱学习，才能坐住板凳，拒绝外界的各种诱惑。虽然我个人认为我的教师专业发展还没有什么大的成就，但是我有之后要怎么做的思路，比如今年我考取了心理咨询师证书。我们市现在要求每个幼儿园都要配备心理咨询师，还有统一的培训，我就非常积极地报名去听课，因为学习这些东西对我们自己以后也有一些帮助。我想从我自己的生活状态、工作状态来滋养自己的内心和精神，进一步提高自己的素养。我做教研的时候，出去学习遇到了很多优秀的幼儿教师和领导，看到了别人走过的路，感觉为我打开了一扇窗。以前我们县城比较闭塞，资料很少，吸收不到外面的东西。后来我有机会出去培训，回来以后我就带动我们园的老师一起学习。当《幼儿园教育指导纲要（试行）》颁布的时候，我们并不太清楚，没有进行深入的学习，后来逐渐认识到它的重要性，所以当《3—6 岁儿童学习与发展指南》颁布的时候，我们就马上进行了很深入的学习。

其次是我这个人很执着，我认为做事情只要方法正确问题就一定能够解决。现在的幼教事业发展形势非常好，我很幸运能够赶上这个发展时期，但也感到很遗憾，因为我们都到了一定的年龄，如果现在的状态能够再早十年就太好了。我中专毕业，起点是比较低的，再怎么学习和现在科班出身的教师也还是有些不一样。我特别想把幼教这份事业做好，看到那些可爱的孩子们，做不好就太对不起他们了。这份工作没有良心是绝对做不好的，我可以把它做得很累，也可以把它做得很轻松，但我一直很执着地做得"很累"。

最后是创新能力。对于一个教师来说，这个能力或者说品质是非常重要的，以前觉得只要干就可以，现在就要时刻想着创新。2010 年以后，每个幼儿园都发展得很快，这时候幼儿园就要有自己的创新。

访谈者：能否从自己的经历中，总结几个经验教训，以便后来人借鉴学习？

受访者：我想说，首先不要有太强的功利心。只要你有一颗爱孩子的心，你就会自发地为孩子去做很多事情，包括去学习。学得多了，也就懂得多了，那就能更好地掌握教学，荣誉和机会自然而然就来了。不要过于看重这些荣誉称号，当然如果能够得到更好，得不到也无所谓，能学到更多的东西，能让自己的工作得心应手才是最重要的。我现在的职称是高级教师，已经足够了，我对自己的现状很满意。

还有就是我建议，你一定是因为喜欢这个职业才做幼儿教师的，如果不喜欢千万不要做幼儿教师。或者你已经进入了这个职业，那么你就要想办法喜欢这个职业，否则后面很长的路是没办法走下去的。这个行业比别的行业要累很多，而且必须喜欢孩子。这份工作，和谈恋爱一样，有"一见钟情"的，也有"日久生情"的。当你把这份工作做长远了以后，会发现其实挺好的，做什么工作都是有困难的，都是不容易的，当你真正投入做一件事情时，你就是幸福的。我会对每一位见习和实习的老师说，你能做这份职业我很高兴，因为幼教这个团队太需要人了，尤其是一些男老师，我们幼儿园现在有四个男老师。我们特别接纳男老师，男老师思维方式和女老师不一样，对孩子来讲这挺重要的。如果男老师能用心做，其实是比女老师更容易做出成绩的。

访谈者： 回头看自己的学习和工作经历，您认为哪些理论或者知识的学习对后来形成工作经验或者是处理人际关系发挥了作用？哪些经验不能从书本中获得而只能从工作和生活中获得？

受访者： 我个人觉得一定要注重自身专业知识、专业能力的发展，而且要学会分享。就像我在外面学习到的东西，回到园里一定会给其他老师做充分的培训，有的时候是通过做课题来进行相关的培训和学习。还有就是一定要重视园本培训。很多幼儿园的园本培训做得非常系统，比如区域活动的研究，从材料投放到如何组织实施，都是一步一步地告诉你如何去做。这样一步一个台阶的方式对于老师的帮助是很大的，因为毕竟不是每一位老师都能"走出去"，而且并不是每一位"走出去"的老师都懂得分享，所以一定要重视园本培训。如果你也有机会出去学习，那么最好把你学习到的东西讲出来和大家一起讨论分享，这样也有助于你真正彻底掌握你学的东西。有的年轻人觉得自己不懂，就缺乏自信，其实没必要，不懂并不可怕，只要你喜欢孩子、愿意学习就没问题。在实践中我发现，一些没有经验的老师比一些有经验的老师还要好带。比如一些优秀毕业生来到我们园以后发现，实际的东西和他们所学的其实不太一样，那么园本培训是非常管用的，可以让他们尽快成长。幼儿园会给他们分配师父，师父会主动和他们沟通，给他们充足的支持，他们会很快就上手的。一般先见习，跟着师父学，做配班老师，慢慢就会成熟了。

还有就是工作态度。你自己一定要葆有对于这份职业的良好情感，不要因为有一个突发事件没有处理好，就影响自己的整个职业生涯，这样就很难做好这份职业，因为幼儿园发生突发事件是很正常的。情感态度很重要，尤其新教师刚入职的头三年，如果很迷茫、很焦虑，那就会排斥这份工作；如果适应得很好，那以后也会比较顺利。

其实我说的这些都是要在工作和生活中习得的。最后就是如何做好家长工作。幼儿园老师最大的压力就在这里，保证孩子的安全。孩子身上碰破一点点，我们就愁得不知如何向家长解释。一般家长即使不闹事，脸色也会很难看。这也是中国独生子女家庭的现实情况，孩子在家里磕碰家长都是接受不了的，更何况是在幼儿园。我们曾经有个孩子在玩游戏的时候，在平地上绊倒，摔骨折了。家长一直在闹，就是不走法律程序，最后我们用补偿解决了问题。遇到这种事情通常是很难办的，但这样的家长毕竟只是极少数。家长的问题我们可以通过沟通、协商来很好地解决，有些误会要及时处理。

◆ 访谈感悟 ◆

通过与曹老师的访谈，我感受到了一股温暖的力量，我想正因为她身上这份积极、乐观的精神，让她克服了种种困难，在专业发展上始终保持主动。她以一种积极的心态面对工作中的各种挑战，不断获得积极的体验，这些体验又帮助她建立更多的专业自信，所以最终她可以在自己的专业发展道路上越走越远。积极体验作为积极心理学的三大支柱之一，主张人们要满意地对待过去、幸福地感受现在和乐观地面对将来。同时，强调积极的情绪体验有利于培养个体的积极人格特征。具有积极情绪体验的人具有更良好的社会道德和更佳的社会适应能力，他们能更轻松地面对压力、逆境和损失，即使面临最不利的社会环境，他们也能应付自如。曹老师的高乐群性、敢为性、持强性、独立性及低怀疑性等体现了幼儿教师的积极人格特征。这些积极的人格特征帮助曹老师在自己的专业教学中成为一个具有胜任感和自信心的优秀幼儿教师。

从访谈内容中可以看到，曹老师第一次独立承担课题时，压力之下她也会焦虑，但是她更加明确这对自己专业成长的意义和她所肩负的责任，所以她下了很大的勇气去迎接挑战。为了积累经验和摸索思路，曹老师在遇到不会的问题时愿意四处求教、耐心求解，在黑暗中一点点为自己找到希望的光芒，这份坚持和乐观深深地感染着我。当她完成任务时，来自领导的肯定和同事的羡慕帮助她获得了更加积极的体验，让她对自己的业务能力也更为自信，这为她之后的学习与发展打下了一个良好的基础。所以说帮助幼儿教师在工作中获得积极的体验，是促进其专业发展的重要途径之一。积极的社会环境可以为幼儿教师提供最优的支持，有助于他们获得积极的情绪体验，拥有良好的人际关系和职业发展。由此可见，提高幼儿教师的待遇、肯定幼儿教师的专业价值、激发幼儿教师的个人潜力，让其在工作中取得积极结果，可以帮助幼儿教师体验到幼教工作的满足感与幸福感，使其在专业发展的道路上越走越坚定。

具有教育敏感性的刘老师

访谈日期：2018 年 7 月 28 日

访谈时间：10：00—11：30

访 谈 者：索长清　佟晓川

受 访 者：刘老师（沈阳）

访谈者： 您是怎样踏入幼教界的？当初的想法是怎样的？

受访者： 我们家属于教育之家。我姥爷就是教师，他退休之前是第五十中学的数学老师。我妈妈也是小学老师，退休之前是校长。我不知道妈妈当老师是不是和姥爷有关，但我从小就很崇拜妈妈，选择当老师和妈妈有关。我开始选择工作的时候没有过多的想法，妈妈说我一个小女生，以后做一名教师是不错的选择。这是我妈妈自己的切身体会吧。小的时候，妈妈让我学过舞蹈、学过美术，其中美术是我最擅长的，那妈妈就觉得我当幼儿教师还是挺合适的。就这样，我便选择了幼儿教育专业。我在考幼师的时候，美术这一项得了满分。现在看来，妈妈帮我做的选择是正确的，也是准确的，幼儿教师这个职业非常适合我。在妈妈的影响下，我也一直以她为榜样、为标杆，好好工作，朝着妈妈的方向努力。

访谈者： 经过十几年时间您走到了今天，成为一名优秀的幼儿教师。在这个过程中，有没有您认为是人生转折点的那些时刻？

受访者： 2003 年，正值新课程改革时期。从学校刚毕业的我，面临着"把教材知识转换为实践"的压力。刚开始的几周，我始终没有进入状态。从说课开始，我就在内容选择、材料准备、过程实施的策略等方面乱了阵脚，手足无措。之后不久，园内组织了园本教研。曹园长邀请了其他幼儿园园长进行跟班听课，引领新教师专业成长。从中我学习到了很多，包括怎么引导幼儿，怎么吸引幼儿注意，以及课堂管理。工作到第 6 年的时候，也就是 2009 年，我获得了两届园名优教师"教学能手"的称号。

坦诚地说，这几年来每一次公开活动要想做到"赏心悦目"，教师都要花费很多心血。印象比较深的一次是 2010 年，我开展了一个活动叫"牢固的纸绳"。活动目标是通过动手操作，发现餐巾纸的纤维走向，制作能承重的纸绳，感知人多力量大，进一步激发幼儿的合作意识与团队精神。首先是准备材料，到底怎样的纸才适合幼儿在活动中动手操作？我开始一次次尝试，先从身边随处可拿的餐巾纸入手，这种纸体形小，做成的纸绳也偏小，另外，它的纤维走向用肉眼看不清楚，有些上面印花的更是干扰了观察，所以把它排除；接着，我尝试 KFC 等公共场所的擦手纸，这种纸大小合适，纤维走向也较清楚，但是纤维排列密度不够，做成的纸绳一下子就断了，也不行。这可怎么办呢？我继续从身边以及幼儿都熟悉的纸张——尝试。功夫不负有心人，最终发现擦地纸完全符合要求，大小合适，纤维走向清楚，幼儿在操作中可以通过看、撕、拉等方式找出纸的纤维走向，动手做纸绳。另外，这种纸的密度做成的纸绳也完全能提起 5 斤的水桶。有了合适的材料支撑，活动中的操作便得心应手了。然后，我开始预设活动，利用开放性与封闭性问题，引发幼儿思考，帮助幼儿主动探索。我现在很喜欢和孩子一起做生成活动，而且总是尝试对幼儿游戏中出现的问题做出迅速、准确的回应。过去，一日活动是我必须执行的作息制度，是一个教育手段，而现在，它已经成为我观察幼儿生活的一个平台，成为我走进幼儿世界、调整教育步骤的一个依据，我努力在幼儿的生成和教师的预设之间寻找到平衡。

访谈者：新入职阶段、工作熟悉后的阶段、现在的成熟阶段有没有一些令您记忆深刻的事情？能否说几个典型的个人成长故事？

受访者：有，工作这么多年，遇见很多事情。忘了是我带过的哪一届，大概是 2011 年吧，有一个叫元元的小朋友很特别。其实，最开始知道元元的时候，我还没有带他们班，但有几次我不经意间在放学后幼儿园的小操场上看到他的外婆在呵斥别的孩子，当时就觉得这个外婆好凶。其后，我和老师们吃午饭的时候也听说过元元外婆是一个很溺爱孩子的人，而且不太好相处。在元元升入大班的时候，我带的大班刚刚毕业，领导觉得我带大班经验比较丰富，因此就让我接管了元元所在的大二班。我很快就注意到元元真的是一个"特别"的孩子，他不喜欢和小朋友、老师交流，不管是在区角活动还是在自由活动中大都是独来独往。在我组织集中教学活动时，他从来不举手，每次我叫他，他都是面无表情地站起来，再一言不发地坐下，包括班级里孩子们分享故事绘本的活动他也不参加。

　　有一天早晨，我在门口迎接入园的孩子，元元外婆用特别不好的语气告诉我，元元不想上幼儿园了。当时我一愣，问元元为什么，元元就是不说。后来，我就回想我们在幼儿园的一日活动，把我所能猜想到的原因问元元，元元一直摇头，当我说到是不是阅读的时候没有人和你交换你不开心了时，他点头。当时我在带大班的时候组织过读书月活动，让孩子们每天来幼儿园时带一本绘本，在区域活动的时候，孩子们可以互换绘本。元元不和别的小朋友交流，经常都是独自阅读。为了解决这个问题，我先是告诉元元让他自己去和小朋友沟通去换书，可他根本就不说话，也不动。没办法，我就充当了传声筒的角色，每次阅读活动的时候，我都得先说一句"愿意换书给元元的小朋友请举手"，然后我从举手的小朋友里选出一名，让这个小朋友去换书给元元。但是，我总这么做也不是办法，其实问题依然存在，根本没有得到解决。然后，我开始寻找元元不爱说话的原因。

当时我只知道元元是由外婆带大的，一直和外婆生活在一起，凡事外婆都要包办代替，平时的接送也是外婆负责，我见到孩子父母的机会非常少。我也尝试和元元外婆沟通，但是根本没有用。没办法，我约访了元元的父母。元元父母都挺通情达理的，愿意配合我们幼儿园工作。我记得，当时我提出的建议就是希望元元能自己说话，而不是别人代替他说话，在家里想做什么，需要什么就让他自己说。之后，在幼儿园我也是采取这种方式，比如，原来是孩子自己直接选择区域进行游戏，为了让元元能主动说话，每当进行区域游戏时我都会让孩子们先选择区域，并说明选择的理由，之后才能进行活动。最开始元元有些困难，后来才慢慢有效。

到了大班下学期，元元的表达能力好了很多。当时我们班有个活动，叫作"小小播音员"。活动主要内容就是让孩子都有一次为全班小朋友预报天气的机会。轮到元元的时候，他在前边看着我，和我说他忘了。虽然幼儿园规定在工作的时候不许拿手机，但当时我还是把手机拿出来了，让元元看天气，在我的提醒下，他顺利地预报了天气情况。然后，我又加了一点儿内容，让元元给大家讲故事，虽然元元的声音小，但我觉得元元已经进步了很多。这虽然只是一件小事，但我意识到孩子的成长过程正是由这样的一件件小事组成的，在与孩子相处的过程中，教师和家长都要善于把握各种小契机，不动声色地帮一把、扶一把，促进孩子的发展。对于学前阶段孩子的教育我们一定要从点滴小事做起，有耐心和爱心，相信总能看到孩子发生"质变"的那一天。

访谈者：有哪些人／事件对您产生了重要影响？您的家庭对您有什么样的影响？

受访者：在工作业务与管理方面对我影响特别大的人是我的园长。她是一个能力非常强的人，非常有头脑，管理能力特别强。从 2003 年我到幼儿园工作，就是她带着我。

我妈妈在业务上对我没有更多的指导，因为她是小学校长，和我的专业区别还是很大的。但是她对我为人处世的影响特别大，比如怎样来完成工作，怎样与领导沟通，怎样辨别事情的对与错等，我都是在妈妈的指引下学习的。

举个例子吧，那是在我晋高级的时候。当时的晋级比例是 4∶1，那一年有八个人，却只有两个名额。当时的全体选票我排第二，排第一的老师去年晋过一次，没有晋上。我是第一年晋高级，按照正常排名的话，我在第一年就能够晋到高级职称。那时候我做主任已经有五年了，大家对我也比较认可，我排第二名，那么顺理成章，正好可以晋级。但是当时园长找我谈话，说："刘老师，你能不能把名额让给排名第三的老师？"排名第三的是一名老教师，比我大十岁。园长接着说："因为你年轻，以后还有机会，并且你干得这么好。你今年排第二，那么你明年就会排第一，就算只有一个名额你也能够晋上。我也知道晋级这个事情是大家都盯着的，如果能够晋上，谁都不愿意放弃。"

其实在园长找我谈话之前，我和妈妈说了排名的情况之后，妈妈就这样告诉我："一定要顺其自然，因为你是第一年，如果今年你能晋，你就晋。如果园长经过衡量，有老教师需要这个名额，你就一定要让出来，你就听园长的就可以了。作为领导，是很难的，如果有更多的名额，园长会希望他手下的老师都晋级。但是名额是有限的，就必须有取有舍。"妈妈说她自己有的时候也会很为难，就会左右权衡。

果然在排名出来之后，园长就找我谈，当时我只说了一个字："行。"当园长和书记听见我说这个字的时候，她们都愣住了。在找我谈话之前，她们一定做了很多工作，准备了很多，我如果不同意，她们该怎么办？园长和书记谁都没有想到我一下就答应了，她们说当时很感动。

访谈者：您的哪些特质让您成为幼儿园骨干教师？您认为让您成功／战胜困难的最关键因素是什么？

受访者：首先，要有一颗责任心。责任心，不是空洞的说教，它需要落实，在日常工作的一点一滴中体现出来。责任心是一种态度，认真工作是态度端正的体现。凡事预则立，不预则废。虽然教师面对的是懵懂无知的小孩子，但是做事一定要负责。教案设计要精心，课前准备要细心，上课时要认真，把他们当成平等交流的伙伴。我常常在孩子们离园后和我的副班教师一起留下来布置教室、清洁环境。第二天孩子入园时，看到新布置的教室，都是露出惊讶喜悦的神情。他们发现了新奇的事情，立即就会开始探索，获得经验。每当此时，家长们都会向我们投来信任的目光，表达他们真挚的感谢。而且，我觉得具有责任心，还要求在工作中细致入微，把握细节。细节决定成败，粗枝大叶是幼教工作的大敌。比如，刚入园的小孩子去小便，望着便池不敢迈步。我递上一只手，牵着他们。小便完，我又递上一只手，拉着下来。就在这样的牵牵拉拉中，他们自己完成小便——有的孩子生来还是头一次自己完成小便。有的孩子大小便不能很好地自理，不免有弄脏衣裤、被褥的情况，这就要求教师仔细观察孩子的异常反应，及时发现，给孩子换洗干净，让孩子舒适，让家长放心。孩子们吃饭时有一些在家形成的习惯，有的挑食，有的磨蹭，有的不喂不吃，必须耐心地教他们改正。孩子们午睡时要注意多巡视，踢被、蒙头都要及时处理，免得生病。刀具、纽扣、药物等要放在孩子够不着的地方，以防刺伤、误吞、误服。热水要放好、放稳，免得烫伤。不能在无人接班的情况下离开孩子，要随时清点人数。发现异常，要及时与家长沟通，共同解决问题。在这一点一滴中，我成为孩子们的依靠，取得了家长的信赖。

其次，要不断反思，总结经验。比如之前带的大班，我组织过一节公开课——开锁。我准备了许多挂锁，并按照不同层次分类摆放，呈现在幼儿小篮里的有同品牌不同大小的挂锁、不同品牌同种大小的挂锁以及不同品牌不同大小的挂锁等。课堂中的每个环节都进行得很顺利，只是有一个地方让我很意外，那就是在操作过程中，孩子们开锁的方式比我想象中的要多。当课程结束之后，我将孩子们的这些表现记在了本子上。正是通过不断反思自己的教学行为，总结教学的得失与成败，才能不断丰富自身素养，提升自我能力，逐步完善教学艺术。通过反思，把幼儿当作学习的主人，把自己看作学习者中的一员，以平等的、合作的身份参与幼儿学习的过程，一同去探索，发现未知的领域。

访谈者：能否从自己的经历中，总结几个经验教训，以便后来人借鉴学习？

受访者：这几年的探索，也让我琢磨出了一点，那就是做一名幼儿喜欢的教师并不难，只要你能学会认同、学会共享、学会回应。首先是学会认同，就是认同孩子的世界，要能够"蹲下来看孩子的世界"，不仅仅是身子要蹲下来，心也要能"蹲"下来，把自己变成一个"孩子"，真正走到孩子的心里去。其次是学会共享，教师要"当真地和孩子玩"，这种玩不是做给家长看的，也不是做给孩子看的。最后是学会回应，要回应孩子关注的热点，学会对幼儿生成的问题进行价值判断，这是考验教师情感和智慧的问题。要想成为一名幼儿喜欢的教师，这种思考是绝不可少的。

除了这些，我觉得细心也很重要，特别要注意孩子的安全。

如果孩子受伤了，不管伤在哪儿，严不严重，一定要和家长沟通清楚。我之前带过的小班孩子，吃完晚饭后需要洗漱和整理衣裤。因为孩子小，吃饭的时间长，饭后整理的时间就变短了，给孩子提裤子的时候，整个班级乱哄哄的，比较闹。我这边正在给孩子提裤子呢，就听见卫生间有孩子哭，我就赶紧过去，结果看见我班一个淘气的男孩子捂着头哭，一看就是磕着头了。我摸摸他的头，没起包，脸也没红，看起来也没事儿，我安慰他几句，就带着回班级了。晚上家长来接孩子，我和副班老师一起送孩子，家长都堵在班级门口，孩子也乱，忙着忙着就忘了和他家沟通情况。我们是四点五十下班，那天我在公交车上接到了孩子家长的电话，当时的心就"咯噔"一下。我能猜到家长电话的原因，因为我忘记说孩子磕碰头的事儿了。当时家长的语气也不太好，和我说孩子头起包了，问孩子原因，孩子自己说是被别的小朋友打的。其实，我的第一反应就是孩子自己磕的，但是在电话里我也不能用太强硬的语气和家长沟通，怕激化矛盾。我就给家长讲了一遍我看见的情况，也告诉家长，这个年龄的孩子学话可能还没有逻辑性，分不清真正的原因。第二天，等家长送孩子来，我们又探讨了这个事儿，并给家长道歉。所以，孩子在幼儿园发生了什么事情，一定要及时跟家长沟通。

访谈者： 回头看自己的学习和工作经历，您认为哪些理论或者知识的学习对后来形成工作经验或者是处理人际关系发挥了作用？哪些经验不能从书本中获得，只能从工作和生活中获得？

受访者： 我觉得理论学习给我提供了很多的思路，也多亏有理论的学习，我才能在科研课题方面有所成就。我们幼儿园有大型的户外建构游戏，材料有万能工匠，有炭烧积木，还有很多回收的奶粉盒、牛奶箱。其他班级的老师都不太爱带孩子们玩户外建构游戏，因为收玩具的时候很麻烦。我不一样，我觉得玩具放在那儿就是要孩子们玩的。孩子们在最开始的时候是自由分组去玩，但是玩的过程中没有章法，只运用其中的一种或者两种材料进行游戏，个别幼儿能自发地组成小组进行搭建，而大部分幼儿自己搭建自己的作品。我觉得大班的年龄阶段是能够做到联合游戏的，所以我就去找这方面的书和资料，看人家是怎么组织大型建构游戏的。通过学习，我开始尝试给孩子们定主题、分组，并让孩子们讨论。慢慢地，我班孩子玩建构游戏玩得特别好，分工、分组都能自己完成。我只需要在游戏前了解孩子们的兴趣点，为孩子们提供主题以及实物就行了。根据我班孩子的变化，我写了一篇案例文章，还获得了省学前教研活动一等奖。园领导也觉得我活动组织得很好，让我牵头带领其他班级一起尝试。我觉得正是因为有理论，知道孩子年龄特点，知道建构游戏的特点，我才能实践得这么好，并能将实践转化为文字，促进理论与实践结合。

实践中，有一些知识是学校书本无法给予的，比如对孩子健康的关注，只有通过带班才会知道具体要怎么做。比如孩子是很容易出汗的，所以不管在室内，还是在户外，甚至孩子睡觉的时候，都要关注孩子是否出汗了，出汗了要及时为他擦汗。孩子在午餐和睡觉时出现了异常情况，很有可能是因为孩子发烧了，所以要摸摸孩子的头确定一下。天气冷了，孩子穿得多，在他们上厕所、睡觉的时候一定要注意他们的穿衣，为孩子塞好裤子，因为孩子是很好动的，如果没有塞好裤子就很容易着凉，感冒发烧。孩子咳嗽是一个很重要的表明孩子身体状况的信号，特别是孩子在睡觉的时候咳嗽，要记得把孩子在园的特殊情况和家长沟通，以便更好地预防孩子生病。

◆ 访谈感悟 ◆

　　保持教育敏感是教育者最可贵的素质之一，是教师做好教育教学工作的重要条件，是教师创造性教育的源泉。从访谈中可知，刘老师具有高度的教育敏感性，无论是在集中教学活动中，还是在一日生活中，她都会去观察孩子，捕捉孩子最细微的表情及动作的变化，探知孩子的需要，关注孩子的兴趣点。并且刘老师会根据孩子的个体差异修正教育思路，调整自己的方式方法，让孩子的行为习惯变得越来越好。

　　从刘老师的身上我们学习到：一个经验丰富的幼儿教师，需要修炼对教育教学问题的"敏感度"。只有善于在教育过程中洞察幼儿，"觉察"生活，"觉知"课堂，才能从众多的问题中"剥离"出"真问题"，"捕捉"到有用的信息，为我所用，为课堂所用。教育敏感除了能够帮助教师抓住教育问题以外，还能够促进教育教学工作的开展。刘老师正是因为对孩子和教学活动保持较高的敏感性，通过细致观察孩子们的兴趣点，开展让孩子感兴趣的建构活动，从而促进了自己的专业发展。

具有较高自我要求的胡老师

访谈日期：2018 年 7 月 28 日

访谈时间：10：00—11：30

访 谈 者：贺敬雯　张梦涛

受 访 者：胡老师（沈阳）

访谈者：您是怎样踏入幼教界的？当初的想法是怎样的？

受访者：我进入幼教界，应该有两个原因吧，一是我妈妈说我性格文静、没脾气，适合跟小孩子在一起；二是我初中的时候也有这个想法，日记里也写到过，我就想成为一名幼儿教师。我画画吧，能画两笔；唱吧，能唱两句；跳吧，能跳两下，就感觉这个工作还比较适合我。我初中毕业时正赶上省幼师第一期 5 年制大专班，我就报考了。当时我们初中同学都觉得我一步就跨到大学生活了，很羡慕我。当时那个年代，大专是很不错的学历了。5 年之后我就有大专文凭了，就可以直接去幼儿园工作。

访谈者：经过多长时间您走到了今天，成为一名优秀的幼儿教师？在这个过程中，有没有您认为是人生转折点的那些时刻？

受访者：从大专毕业到现在，已经有 15 年了。你知道大多数人在工作到四五年的时候，都会有一个职业倦怠期。记得当时我看过一篇文章，我怎么感觉这个文章就是给我写的呀！这篇文章说 5 年之后是职业倦怠期。职业倦怠期的意思是什么呢？就是你开始每天早上起床之后不愿睁眼，你睁开眼睛想到要工作你就闹心。后来我想了一个办法来度过职业倦怠期，那就是开始参加各种比赛，区里的、市里的、省里的比赛我全参加，后来军区比赛也参加。参加比赛为什么能够把职业倦怠期冲淡呢？我觉得是因为在比赛中获得的成功和喜悦。我是比较注重精神食粮的，物质食粮不太注重。我尽心竭力地工作，能够得到家长和孩子们对我的认可，我会很高兴。

昨天还有一个家长，给我发信息说："胡老师，这一阵子我忙着带老二，老大幼儿园的3年生活结束了，作为家长有些心里话想对您说一说，在这里是由衷而不是奉承。回首这3年，刚入园时的情景还历历在目，亲子见面的那半天，清楚地记得您站在小二班的门口，我带着孩子亲切地问了一声胡老师好。在小班您教会了孩子穿衣、脱衣、穿鞋和一些幼儿园常规，给孩子打下了很好的基础，让我一百个放心地把孩子的成长交付给您。孩子在您的教育指导下，学会了很多，变得独立，积极向上。您开发了孩子画画、唱歌等诸多潜能。3年的时光，对我们来说可能算不得什么，但对于孩子来说是至关重要的3年，很庆幸孩子遇到了您这样好的启蒙老师，养成了好的习惯，掌握了很多基础知识，领悟了许多学习方法，在增长知识的同时，还懂得了一些为人处世的道理，造就了老师眼中的小暖男。"最后，这个家长说："3年前我们结缘，3年中我们投缘，3年后希望我们彼此再续前缘。希望老大是那个您一想起来就值得骄傲的孩子。爱您的一家四口。"我觉得自己太幸福了！家长知道感恩，我也知道感恩，彼此互相成全。

访谈者：新入职阶段、工作熟悉后的阶段、现在的成熟阶段有没有一些令您记忆深刻的事情？能否说几个典型的个人成长故事？

受访者：有一件事对我触动非常大。前年带中班的时候，班里有一个小女孩，回家之后跟她妈妈说，今天老师打我了，打我屁股了，打了三下，可疼了。她妈妈当天晚上10点多给我发了个短信，说胡老师我给你反映个事儿，你班×××老师打我们家孩子了，打了三下，挺疼的。我回复说，明天我再跟那个老师侧面了解一下，因为幼儿园都是有监控录像的，要是真打孩子了，监控录像肯定能看见。如果要是真的话，她的作为我是不会姑息，也不会纵容的，咱们就找领导。我为啥这么说呢？其实是因为我根本不相信这老师打人。

　　我都这样说了，也没咋管用，她妈妈连着发了好几个短信。我一看她妈妈的情绪好像不但没有平复，还越来越糟，我就给园长打电话，说不行明天咱俩早点去把录像看一遍，调出来瞅一眼，到底老师打没打孩子。园长说行，明天我早点去。第二天早上我是7点到的，园长6点多就到了，我们把监控录像整个看了一遍，确实是没有打。然后我就给她妈妈打电话，她妈妈就带孩子来了。我们怕她妈妈尴尬，就说不用看录像了，确实没打孩子。结果她妈妈就是不信，和我的配班老师说："这件事如果没有，咱怎么都好说；如果有，你就等着瞧。"没办法，我们就又一起去看了录像，结果我们的老师不但没有打她家孩子，还非常耐心地给孩子喂饭。她妈妈这时候不好意思了，说孩子那么小，怎么能撒谎呢。遇到这样的家长，我们老师也真的很无奈。这其中值得一说的是我的配班老师，小姑娘很年轻，是"90后"，被家长这么冤枉，哭得上气不接下气。我去安慰她的时候，她还跟我说：胡老师，我没事，遇见这样的事情也算是对我的一种磨砺，让我在今后的工作中越来越好。

访谈者： 有哪些人／事件对您产生了重要影响？您的家庭对您有什么样的影响？

受访者： 有一天，我心血来潮算了下自己从进幼儿园到现在一共带了多少孩子，差不多150个。这个数字对我来说真的是不易，但又很自豪。幼儿园每年举办的毕业典礼都让我特别感动。为了纪念和孩子们一

起走过的三年，我们都会把毕业典礼搞得特别隆重，主题大多数是
"六月，我们放飞鸽子"，然后必选的是《老师再见了》这首歌。事
先我们几个同年龄段的老师都说："这次我们坚决不以眼泪来与孩
子们道别。"然后我就说："那就只能别放《老师再见了》这首歌，
否则肯定做不到。"他们都说不行，因为如果不放这首歌，那就不
是毕业典礼。这首歌很煽情啊，如同催泪弹，一放肯定哭。每次要
分别时，我最不忍看到的是家长，因为在歌曲还没放的时候他们就
在旁边流泪了。我再看孩子们，没想到孩子们也哭了。后来想想，
这三年真是没有白付出，换来了孩子和家长的信赖以及这一份深厚
的感情。这也是我一直坚定地从事这份职业的动力。

我家里人对我的工作都特别支持，但同时他们也特别心疼我，
因为幼师职业并不像大家一开始想的那样，每天跟小孩玩一玩，
工作很轻松，每天都很开心。不是这样的，因为你要对孩子负责，
所以不仅要保证他们的安全，而且要让他们在幼儿园有所成长，
获得经验。这就需要你在教学方面下很大功夫，去研究用什么样
的语言、用什么样的方式来教孩子，教的内容既要符合他们的年
龄发展特点，也要具有一定的趣味性，能激发他们的学习欲望。
所以，上一节课并不是很容易，需要在下面做很多准备。再加上
幼儿园过的节日也多，很多节日都要搞大型的活动，做环创，有
时候就会加班，甚至带回家做，就很累。我的父母、老公、孩子
很关心我，家里的一切事情都不需要我操心。有时候我回到家实
在累得不行，做饭、洗衣服都是我老公做，我特别欣慰。唯一让
我感觉有点内疚的就是对我的孩子关心不够，对他的脾气也不好，
这是很多幼儿老师做母亲出现的问题，在幼儿园里把小朋友都当
作自己的孩子，尽心照顾，但对自己的孩子却没有耐心，这是我
唯一做得不够好的地方，所以我现在就在积极弥补孩子缺少的爱，
让他感受到妈妈是很爱他的。

访谈者： 您的哪些特质让您成为幼儿园骨干教师？您认为让您成功／战胜困难的最关键因素是什么？

受访者： 首先，幼儿教师应该有一颗爱孩子的心，这太重要了。幼儿教师的所有工作都是建立在爱孩子的基础之上的，如果你不爱孩子，不喜欢孩子，那还是别当幼儿教师了。老师的爱应该一视同仁，平等地爱每一个孩子。此外，爱孩子也得有一个度，知道什么是适宜的爱，知道老师给孩子的爱应该是一个什么样的爱，这个分寸老师必须得把握好。比如中、大班的孩子还什么事都是老师帮着干，喂饭、把尿、穿脱衣服，这是爱吗？我认为这不是爱，这是对孩子成长的不负责任。虽然有的家长会觉得你给他们家孩子喂饭了、穿衣服了，就是爱他们家的孩子，但作为一名专业的幼儿教师，你应该有一个正确的教育观。

其次，幼儿教师还应该有眼界，把目光放长远。虽然老师们都是管各自的班级，每天都是围着自己班里的孩子转，但是你的眼界不能局限在一个班级，你关注的事情要长远，不是说我把我自己班里的孩子照顾好就行了，每天从早到晚把工作做一遍就行了，而是要把这眼界放到幼儿园的发展和幼教事业的发展上。人要通过不断的学习，眼界才能宽，见多识广嘛，那眼界宽了之后，你才会形成更广阔的教育观，才知道什么是对的，什么是错的，什么是长远的，什么是短视的。

访谈者： 能否从自己的经历中，总结几个经验教训，以便后来人借鉴学习？

受访者： 一是要学会跟家长沟通，这个很重要。我原来不会和家长沟通，有一件事做得就挺失败的。有一个孩子是兔唇，虽然做了手术，但还是有明显的疤。这孩子就有点不自信，其他的孩子可能就觉得他有点懦弱，有时就会欺负他。这个小孩也不敢吱声，没有跟我说。他回到家的时候给他妈妈说了，第二天早上他妈妈就来找我，问我：

"胡老师，我家孩子怎么总挨打呢？"我说："啥时候发生的事儿？不知道啊！""那你怎么能不知道呢？在班里发生的事儿你怎么能不知道呢？"他妈妈瞅我一眼，可生气了，然后就去找园长说要退园。虽然这件事后来解决了，但现在想想，这要是我的孩子，我肯定也受不了呀！那会儿就没有这样的想法，不会和家长沟通。

　　二是要会电脑。现在幼儿园老师上课不像以前了，以前老师上课只要拿着课本，拿点玩具、教具就行了，现在不是了，现在强调教学的多样化、丰富性，要激发幼儿的学习兴趣，吸引幼儿的注意力，所以什么图片、动画、音乐、视频，都要呈现在课堂上，而且现在老师的培训、学习和写各种材料的事情也多了，如果你连电脑都不会用，那工作起来就特别困难。幼儿园老师必须学会用电脑，做图片的啊，做视频的啊，做表格的啊，全得会，这样你才能把工作做得有声有色。最好还会点英语，现在有些幼儿园的英语教学都已经成了办园特色了，而且家长也特别希望孩子能在幼儿园里多学点东西。还有就是学学心理咨询非常好，现在不管是大人还是小孩，都会产生心理问题，大家都越来越重视心理这一块了，学了心理咨询之后肯定有用武之地。现在幼儿园老师心理压力这么大，其实很需要心理疏导，但幼儿园里很少有心理咨询老师。所谓技多不压身，我学完心理咨询之后，就开始觉察自己的问题，慢慢调节自己的行为，作用还是很大的。

访谈者：回头看自己的学习和工作经历，您认为哪些理论或者知识的学习对后来形成工作经验或者是处理人际关系发挥了作用？哪些经验不能从书本中获得而只能从工作和生活中获得？

受访者：理论是指导实践的，虽然幼儿教师做得更多的是操作性的工作，但也必须有理论的支撑，有了理论你才知道怎么做才是对的，所以书看多了还是有好处的。在理论方面，像幼儿的教育学、心理学、卫生学，这是帮助教师全面理解教育原则、人的发展的课程。还有五大领域的基本知识、基本理论和基本技能，这就比较专项了，能帮助教师以后更好地开展教学工作。我觉得关于幼儿的心理发展理论特别重要，因为我现在一直在学习这个，对我工作的帮助非常大。作为一名幼儿教师，首先必须了解孩子，他们的年龄特点、心理发展特点、学习特点等，你都必须了解。因为他们跟其他年龄段的孩子是不一样的，他们有自己的特殊性。当你深入了解孩子的发展特点之后，你会在工作上特别轻松，效率特别高。不同年龄段的孩子有不同的发展关键期，比如小班孩子，在这个阶段因为各方面能力的发展都还处于萌芽时期，尤其是思维、认知，在五大领域中，应该重点关注他们的健康领域，更多关注他们的健康、饮食、生活习惯等方面的内容，所以在设置课程的时候或者日常生活中，就应该依据这些特点，选择适宜的教学方法、教学形式。等孩子到了中、大班，各方面都有所发展，但需要进一步提升，就要相应地调整教学内容和教学方式。中、大班是建立合作性和社会性的重要时期，这个时候就可以设计一些发展他们这些能力的教学活动。

其实我觉得在幼儿园里最实用的经验是解决问题的策略和方法，这个经验也是不太能从书上学到的。有的书上也会有这个内容，教你当孩子发生什么问题的时候你要怎么办，但毕竟说的不是你班的孩子，虽然都是发生了这样的问题，但不同的孩子，他的性格不同，或许这个方法就对这个孩子管用，而用到别的孩子身上就不管用了。比如，孩子们刚上幼儿园，大多都会哭，因为离开妈妈了。有的孩子你去哄他，给他拿点玩具或者抱着去园里面转转，走一走，转移一下注意力，然后一会儿就好了，就不哭了。但有的孩子是怎么哄都不行，就是哭着喊着要妈妈、要妈妈，这种孩子差不多用一个月的时间才能完全适应幼儿园。所以，不同的孩子，真的就是要用不同的教育方式，这些就需要你从工作中、从实践中去慢慢积累。还有，幼儿园过的节日比较多，经常会邀请家长来参加，这种活动的组织就特别考验老师的能力，如果你之前没有这种经验，就很难上手。这也是靠多练，如果练得多了，经历得也多了，那对你来说这就很容易了。

◆ 访谈感悟 ◆

"理解幼儿保教工作的意义，热爱学前教育事业，具有职业理想和敬业精神"的幼儿教师的专业理念与师德在胡老师身上体现得淋漓尽致。胡老师在幼儿教师这一岗位上已经工作了 15 个年头，从刚毕业时懵懵懂懂的年轻教师，到如今成为能力精湛的专业骨干教师，其中经历的种种困难和挫折是无人能体会的。支撑胡老师在一个岗位坚持 15 年兢兢业业、永不退缩的不是工作的稳定、物质的厚实，而是对这一份职业的热爱和对专业成长的追求。幼儿园工作的琐碎，日复一日，年复一年，难免会让一个信心满满的老师产生职业的倦怠，有的老师或许因此而放弃，但胡老师通过对专业精神的追求，积极参与省、市、区各级各类的比赛，在竞争中获得精神满足，实现专业成长，从而找到自信和动力，以崭新的姿态重新迎接工作。这是胡老师改善自身职业倦怠所采取的一个有效措施，可谓独辟蹊径。从中可以看出胡老师自身所具备的优秀的专业能力和专业知识，也体现出胡老师是一个对自身要求很高、善于对自身进行管理和调节的人，这是很多幼儿老师需要学习的地方。作为一名幼儿教师，对幼儿进行专业的管理和教育是幼儿教师的职责所在，但对自身进行管理和调节就是自身能力所系，这一点恰恰就是骨干教师的优势吧。在胡老师身上，我既能看到她专业道德、专业能力优秀的一面，也能看到她自我管理、自我驱动的一面，这是值得每一位幼儿教育者认真学习的地方。

温柔坚毅的甘老师

访谈日期：2018 年 5 月 7 日
访谈时间：16：00—17：30
访 谈 者：但 菲 黄 昕
受 访 者：甘老师（北京）

访谈者：您是怎样踏入幼教界的？当初的想法是怎样的？

受访者：当时就是考的幼师，算是最典型的一种选择吧。我考幼师，更多的
是父母拿的主意，他们觉得十几岁的小姑娘嘛，什么都不懂，当幼
儿园老师保险。我也觉得和孩子打交道是一件很轻松的事情，就选
择了幼师这个行业。刚开始从幼师毕业后分到了老家的幼儿园工
作，结婚以后爱人在北京，我就跟他调到了北京的一所幼儿园。当
时幼儿园的园长一下子就相中我了，可能是觉得我长得好，身上有
种讨人喜欢的东西。我记得特别清楚，是 1990 年的 3 月 25 日，我
从浙江杭州去了北京。

访谈者：经过多长时间您走到了今天，成为一名优秀的幼儿教师？在这个过
程中，有没有您认为是人生转折点的那些时刻？

受访者：从我 1989 年毕业到现在，快 30 年了。当时我到了北京的幼儿园之
后呢，就理所当然觉得我应该就是当教师的，但是园长把我交到了
一个保育员手里，保育员和我说："小甘，你以前是做教师还是做
保育员的呀？"我说："我是做教师啊。"保育员说："那把你给我
了，你就得做保育员。"我当时特别意外，没想到我到了幼儿园要

做保育员，但是我什么也没说就跟着她干上了。保育员的工作就是拿饭、搞卫生，所有的粗活、力气活都干，这一干就干了两年。当时还是临时工，工资也就是几百块钱吧，但我还是坚持下来了。现在想想也觉得很奇怪。其实最难的不是钱少，而是工作苦闷，没有自己的圈子，同学、朋友、亲人都在老家，到了北京人生地不熟的，幼儿园的圈子也不是那么快就能融入进去的，那时候自己的社会交往基本为零。还有更苦闷的，就是看不到自己在职业上的前景，但就是坚持下来了，很奇怪。

在这个过程当中呢，我就写了一些东西，相当于教育笔记、教育随笔那样的东西，发表在当时的三大刊物——《幼儿教育》《学前教育》《早期教育》上。在 20 世纪 90 年代末期的时候，幼儿教师能发这样的文章还是很少见的。可能就是通过我写的这些文章，园长开始重新认识我。我记得是我工作两年以后，有一天园长突然跟我说："小甘你准备一次活动，我要看看你的教学活动。"当时我特别认真，准备了半个月的时间，把我爱人也调动起来了。我准备的是一次音乐活动，选择的是节奏乐，需要每个孩子人手一个小踏板。那时候没有任何资源，我爱人就从他工地上拿了那个小木板，我们自己装上厚橡皮筋，做成小踏板。园长观摩完我的课，当时就给我评了课，并跟我说："从 3 月份新学期开始，你就做教师吧。"

对于这个来之不易的机会我特别珍惜，那时候上早班是下午 3 点下班，我不走，留下来和下午班老师同时下班。那我干吗呢？我写计划，写第二天的活动计划，再把所有的教具都理顺了再走。就这样坚持了可能有一两个月的时间，慢慢地觉得心里面开始有了底儿。在教师岗位做了两年，我就做到了教研组长的岗位，代表幼儿园参加了北京市海淀区的教研活动，并在活动中得到了很多宝贵经验。生了孩子以后，我当了全园的教研组组长。在这个过程中，我们幼儿园也从二级一类园、一级一类园发展到了区级示范园，这期间的每个公开展示活动都是我来负责。我觉得自己的命运和幼儿园的命运是密切相关的，看到幼儿园一步一步走向成功和辉煌，想到自己在中间起的作用，心里面有那种不能言说的自豪感和成就感。就这么一步一步走过来，我心里很笃定、踏实。

访谈者： 新入职阶段、工作熟悉后的阶段、现在的成熟阶段有没有一些令您记忆深刻的事情？能否说几个典型的个人成长故事？

受访者： 有啊，主要是家长工作这一块会有一些事情，其实都是一些不太好的事儿。我姓甘，我们班保育员姓施，读音搭配得也挺有意思的。那时候我们班刚刚开学，从小班升到了中班。有个 4 岁多的小姑娘不怎么会系鞋带，施老师就开玩笑地说了一句："你这么大了，怎么鞋带还不会系呀？"这个孩子嘛，她比较敏感，其实那个施老师对孩子是非常温柔的。结果第二天一早，我上早班，她爷爷和爸爸就气势汹汹地来找我了，说你是甘老师吗？我说是。他说我要找你呢，我要跟你算账呢。然后说了一些很过激的话，给我弄得特别莫名其妙，他也不说过程，就说我对他家孩子不好，孩子回家哭了，委屈了。后来爷爷也上来对我横加指责，我问他什么事儿，他也不说。最后说了半天，他们可能自己想起来了，说你们班是不是还有一个施老师。我说对。他说那怪错人了，是要找施老师。后来我把他们俩送下楼，回来我问施老师，她想了半天才想起来，就把事情和我说了。当时我就是特别委屈，除了被家长错怪了，还有就是真心觉得幼儿园老师不容易。如果家长对老师不理解、不信任的话，老师会受很多很多的委屈。

　　家长工作这一块我觉得特别重要的一点就是，一定要多想一想，审慎一些。记得有一次一个孩子在户外玩滑梯，当时我就在孩子身边，他从滑梯上滑下来，由于下来得比较猛，他一个没坐住就歪倒在地上。我眼看着他在我旁边摔下来崴了一下，但是他爬起来拍拍屁股又跑去玩儿了，我就觉得应该没事儿。那会儿的幼儿园还是全托园，到了晚上吃晚饭的时候，他就跟我说，甘老师，我这儿疼。我说那你举举手吧。结果他说举手的时候特别疼，我就把他带下去看保健医，幼儿园保健医不是骨科专业的大夫，他检查了一下，说没事儿，回去吧。那个孩子当天晚上还住幼儿园，到了晚上七点多了吃完晚点上床，他说还是疼。当时我就有点害怕了，我联系了另外一个家长，他是北京积水潭医院的大夫，同时联系了孩子家长，赶紧打个车就给他送医院去了，送过去拍了片子，结果是锁骨骨折。如果说你当时听了保健医的，把孩子耽误了，后果真是不堪设想。一个是孩子受苦，第二个是家长真的要找上你的话，你会很被动。所以老师不能只听信所谓的"权威"，这个"权威"当然是要打引号的，是相对专业来说的，保健医可能比我们专业性要强一些，但是不能完全听信他的，还是要有自我的判断。一定不能大意，一定要缜密一些，这是我的第二个印象特别深的事。

第三个事儿是这样的，在我的班上有个孩子，他爸爸是中央电视台的一个经济栏目组的主任。那个孩子当时也是住宿。我们知道孩子在成长的过程中，他这个胯骨啊容易断裂。这孩子早上起来说胯骨疼，保健医看了也说没事儿。那天是国庆节，他爸爸就提前来接，他看见他爸爸了，跟他爸爸哭起来了。他爸爸就问他，他说我这儿疼。他爸爸抱着他就指责我们说，你们老师对孩子不负责。这个事儿对我教训也挺深的，回去以后孩子可能有半个月没来幼儿园，去拍片子，发现是胯骨有伤，医生说是生长过程中的一种很正常的生长发育现象。家长当时对我们也是没客气，说了很多"诛心"的话。因为这个家长比较特殊嘛，园长让我们老师拎着礼物上他们家看孩子赔礼道歉。这个事儿也让我心里面又委屈又愧疚，算是给自己长了一个教训吧。确实在幼儿园工作中，孩子的安全绝对是放在第一位的。

后来我也明白了家长工作这块，其实大部分家长都是通情达理的，都是愿意跟老师搞好关系的。家长把孩子送到这儿了，如果有一天他跟你发生冲突了，我觉得最大的问题就是你们沟通不畅，还有一个就是彼此没有建立起信任关系。因为如果他把孩子放到爷爷奶奶那儿，孩子磕了碰了，他是不会多想的，但是把孩子送到幼儿园，孩子在幼儿园磕了碰了，他第一个想法就是，是不是老师没关照好？是不是受欺负了？这时候可能就需要教师和家长多接触，你把你的心捧出来以后，他看到你对孩子的赤诚之心和负责任的态度，也会理解你的。

访谈者： 有哪些人／事件对您产生了重要影响？您的家庭对您有什么样的影响？

受访者： 首先是我们的园长，我们园长的管理风格传承了我们幼儿园的园风，就是制度化管理和人性化管理相结合。我老是开玩笑地说我们园长的眼睛会说话。我到幼儿园在一线工作了这么多年，她从来没有大声批评过谁，如果她真的批评谁了，那就是你真的犯了特别严重的错误。幼儿园老师有时候工作也有懈怠，你犯点小错误，上课拿着杯子喝点水、嘴里叼着零食、玩个手机，她眼睛一看你，你的心里面就愧疚得不得了。她的管理风格，潜移默化教给了我很多东西。她的这种管理风格，我觉得像春雨，润物细无声。因为人嘛，大部分愿意向上、向好，所以我们整个园的氛围是非常好的。

除了园长，还有我的家庭。我的家人都很支持我的工作，我不是一个事业型的人，有时间我还是会和家人一起出去旅游度假的。要说不好的影响，说起来不是我的家庭影响了我的工作，而是我的工作影响了我的家庭。这就要说说我儿子了，可能是受他爸爸的影响吧，我对我儿子期望特别高，对他要求特别严格。在他上小学一年级的时候，我总是对他很不耐烦、很急躁。这可能跟职业也有关系，在幼儿园工作了一天，看了一天的孩子，回家之后看到自己的孩子，总会有不耐烦的时候，再加上幼儿园老师看过那么多的好孩子，所以对自己的孩子可能会有高要求、高标准。后来我调整了自己的心态，不再要求孩子拔尖出头，之后我发现我很放松，他也很放松。我之所以意识到自己的错误，是因为我发现，我在跟家长、老师聊天的时候，总会说《幼儿园教育指导纲要（试行）》里面有句话说"为孩子的终身发展奠定基础"，到了我自己的孩子这里，我怎么就忘记这句话了呢？这句话看似很简单，但是真的挺有内涵的。比如让我选是让孩子上课外补习班呢，还是去让他踢场球？我肯定就会让他去踢场球，而不是让他去上课外补习班。从我儿子四年级开始，每当遇到有关孩子的冲突事件的时候，我就会想，这个事情对孩子终身发展有用吗？对他未来长远的发展有用吗？对他的性格塑造、他的意志品质、他与人交往的态度有用吗？站在这个角度，我对孩子的教育就会好很多，就会知道怎么去抉择。所以，对我儿子的任何事我都不轻易做决定，让他自己拿主意。现在我儿子很自立，在他需要我的意见的时候，我就说一说我的想法，不需要的时候他自己说了算，给他足够的空间和自由。其实想一想，父母给孩子最难能可贵的可能就是自由，有的时候家长给了孩子太多所谓爱的束缚。所以在孩子成长的同时，我也在成长，也在琢磨怎样才能给他更好的教育和更好的未来，我很感谢幼儿园的这份工作，它让我反观了我的生活。

访谈者：您的哪些特质让您成为幼儿园骨干教师？您认为让您成功／战胜困

难的最关键因素是什么？

受访者：第一，我这个人是比较正能量的，就算发生什么意外，我还是会往好的方面想。比如幼儿园的意外事故有的时候是不可避免的，就算是再有经验的老师，也无法预料一些意外。但是意外有时候并不全是坏事，尤其对新手教师来说，意外发生之后，你要怎样去处理，这是比较重要的。当你经历过之后，在之后的工作中你就知道怎样去处理意外事故，减少不必要的损失和伤害，这是最重要的。第二，我的大局观念比较强，考虑事情比较全面。我觉得做幼儿园老师，方方面面都需要考虑，我就是因为经历过这样的事情，在之后的工作中，不管是在一日生活中对待幼儿也好，还是对待家长、对待自己的教学活动也好，都注意考虑全面，顾及别人的感受，尤其是幼儿的感受。第三，就是比较善良，懂感情，讲感情，对于幼儿教师来说这点是比较重要的。幼儿园老师大部分都是比较感性的人，我们每天接触最多的是幼儿，孩子的天真烂漫真的对我有很大的影响，我以前的性格不是这样的，我觉得我和孩子接触多了之后我自己的性格变得更加温柔了，没有了年轻时的棱角，我想这应该是孩子教会我的东西。第四，就是我有一种能够体察别人情绪的能力，我觉得这是作为女人的一种直觉，让我能体察到幼儿的内心情绪，理解他们的心理。第五，我不记仇，胸怀比较宽广。比如在家长工作这一块，家长有时候情绪比较激动，说了一些不太好听的话，其实我能理解，都是为了孩子好，家长也是一时激动，虽然可能当时我也比较委屈、比较难受，但是第二天我们依然能对家长笑脸相迎。我觉得没有什么是过不去的，我们的初衷都是为了孩子好，有时候有些误会说开了就好了，没有必要一直记在心里，那样大家都很累。第六，我觉得自己还是比较优雅的，比较崇尚美，也爱美，我觉得幼儿园老师都应该这样。

　　我觉得战胜困难的最关键因素，是要坚持，坚持正确的东西，坚持积极向上的态度。还有就是对自己专业的自信，刚到北京的时候我们家老公就说你要不然就别干幼儿园的工作了，你就上我们公司吧。但我觉得我没有底气做别的工作，因为专业学的是这个，我觉得我只有在本行业、本领域当中，我才更自信一些，这种自信可能是支撑我做好这份职业的底气吧。

访谈者： 能否从自己的经历中，总结几个经验教训，以便后来人借鉴学习？

受访者： 一是面对意外事故，幼儿园有规范操作，幼儿教师一定要认真学习幼儿园的一日常规细则、安全常规细则等。所有的事情，只要严格地按照规范操作，就不容易出现责任事故或意外事故。二是幼儿教师应该以德立人，只有教师的师德师风良好，才能把园所的风气风尚立起来。三是幼儿教师应该有教育情怀，要有自己个性化的东西，要有灵性。四是幼儿教师要多读书，形成看书的习惯，写一些读书笔记，每周都要写，这样你的综合素质就会提升。五是幼儿教师应该是一个有文化的人，要有很高的文化素养，能够传承幼儿园的文化。

之所以这样说，是因为我们幼儿园比较重视传统文化。我们从北师大、山东曲阜师大请教授来做顾问，做这个《幼儿规》，它是仿照《弟子规》，从孩子的习惯养成，包括学习习惯、礼貌、生活自理等方面编的一套类似于行为规范的东西，每天孩子们早上入园的时候，就给他们放相关的音频，耳濡目染地对孩子进行教育。还有就是我们有个国医课程。是不是觉得国医太深奥了？其实跟幼儿的生活相关就不深奥了。比如说二十四节气，把它跟幼儿衣食住行结合，告诉幼儿现在立夏了，穿衣要注意什么，饮食要注意什么？出行要注意什么？孩子就能很快地理解课程的内容。还有我们艺术团的男孩和女孩，每天有一个小时的训练时间，女孩是形体训练，男孩是武术。这个来源于 2001 年我们园长去美国常青藤那些名校的幼儿园考察，发现那里的孩子特别的优雅，有那种贵族风范。园长回来就和我们思考这些问题。从那以后，女孩就有一个小时的形体时间，让女孩在音乐中知道什么叫亭亭玉立，什么叫优雅，什么是女孩儿应该有的气质；男孩有一个小时的武术时间，让男孩在武术中知道什么叫阳刚，什么叫威猛，什么叫顽强，从气质、个性、性别上一定要彰显男孩和女孩的差异。所以在这样的园所氛围下，幼儿教师也要有自己对传统文化的理解，才能把这种文化的内核传承下去。

访谈者：回头看自己的学习和工作经历，您认为哪些理论或者知识的学习对后来形成工作经验或者是处理人际关系发挥了作用？哪些经验不能从书本中获得而只能从工作和生活中获得？

受访者：我觉得更重要的是具有理论学习和知识学习的能力吧。至于哪些经验是不能从书本中获得的，那应该就是在工作和生活中获得的实践经验吧。我先说生活吧，我个人觉得，乐享工作的同时一定要乐享生活。把生活放在第一位，可以出去旅游啊。要懂生活，一个人生活得好、充满阳光，才能带着一种积极的心态去从事工作。幼儿教师尤其如此，更需要一种正能量的东西，因为幼儿教师面对的是孩子，有积极阳光心态的老师，才能做好幼儿园的工作。所以幼儿教师一定要乐享生活，这些生活经验是从课本上学不到的，是从生活中得来的。

　　至于工作，那是幼儿教师实践经验的主要源泉。对于我们幼儿园来说，我们的教育理念是育传统之根，塑现代之美。所以在我们幼儿园许多课程的开展是传统和现代的融合，以中国文化的学习为核心元素。像这样的经验，你在书本上是不太能学到的，因为这是幼儿园自身的特色使然，是你只有在幼儿园的工作中才能融会贯通的经验。有的时候你还会在工作中学到一些和书本上不太一样的知识，比如我们书本上讲要把安全放在第一位，但是我去看了"安吉游戏"之后，我觉得书本上对安全的界定其实也不一定对，你越害怕和想要远离危险，危险越是会无处不在。

◆ 访谈感悟 ◆

访谈结束的时候已是夕阳西下，黄昏的光照在甘老师的侧脸，很柔美。甘老师本人，举止优雅，声音温柔，却散发着坚毅果敢的气质。在近30年的幼儿园一线教师的职业生涯中，甘老师正是靠着这种温柔和坚毅，成长为一名优秀的幼儿园骨干教师。甘老师看起来非常年轻，时间并没有在甘老师的脸上留下太多的痕迹，也许留下的更多的是专业上的沉淀与累积。

正如甘老师所说，幼儿教师做的都是良心活，每天面对的是天真活泼的没有自我保护能力的孩子，只有热心是不够的，还必须要时时谨慎，事事考虑全面。尽管如此，在幼儿园中，每天还有可能会发生意外事件。但是从甘老师身上，我发现，良好的心态有时候比能力更重要，既然意外是不可避免的，那不如调整自己的心态，如果幼儿教师都能够拥有一个良好的心态去面对一切，那么就能够处理好一切意外。另外，读书是对幼儿教师自我专业成长的有效提升手段，除了专业知识以外，幼儿教师还应该尽可能多地涉猎各个方面的知识，优化自己的综合素质，以便能够应对幼儿未来成长发展的需要。因为未来社会的发展是多元化的，作为幼儿成长发展的指导者和引领者，幼儿教师自身的综合素质也应不断提高，这是毋庸置疑的。

反思中成长的姜老师

访谈日期：2018 年 7 月 28 日
访谈时间：10：00—11：30
访 谈 者：王小溪　蒋　娟
受 访 者：姜老师（沈阳）

访谈者： 您是怎样踏入幼教界的？当初的想法是怎样的？

受访者： 我是 1972 年出生，1988 年，考到了原来的省幼师，是四年制的中专。我家在大连庄河的一个小县城，当时考到沈阳的时候，我才 16 周岁。我是阴差阳错走到这条路上的，初中时自己学习很好，正在准备考高中的时候，发生了一些事情，我们班主任老师生病了。那时候其实班级的成绩基本上都取决于班主任对班级管理的程度，班主任生病了，班里没人管了，而且初三很多男孩子到了青春期，打架捣蛋的，搞对象的，班里的状态不是很好。正好这时候赶上省幼师来招生，当时省幼师叫辽宁省艺术幼儿师范学校，我不了解，从小我也没上过幼儿园。整个庄河就一个小县城，就一所幼儿园，这所幼儿园还不是普普通通的工人家庭的孩子能送的。所以说，在我心里没有幼儿园这个概念。当时说这个学校招生，一听说是艺术类的学校，说那就考一考吧，重点高中如果考不上，还能去一个中专，当时中专地位也挺高。这一考就考上了，当年在整个县城招了两个人，就有我一个。到学校后，才发现原来是这样，毕业后要到幼儿园去当老师，跟一开始想的差距特别大。但是我觉得已经到学校了，就要坚持下来。我是 1992 年从学校毕业，当时是 20

周岁。毕业之后，我就来到了幼儿园做老师，一直做到了现在。

访谈者：经过 20 多年的时间您走到了今天，成为一名优秀的幼儿教师。在这个过程中，有没有您认为是人生转折点的那些时刻？

受访者：在 1996 年的时候，我做的活动被评为辽宁省的优秀教学活动。倒不是说这个荣誉含金量多高或者有多显赫，但是因为那次活动，自己对于整个教育的理念以及儿童观、教育观发生了一些变化，这对我影响挺大的。其实准备一个活动是很辛苦的，从确定活动的主题开始一直到活动的实施，经历了很多个来回。我做的是一个社会类的活动，叫关心生病的小朋友。那个活动至今我还印象非常深刻，确实把自己融进去了，也体会到了如何真正地给孩子做活动，不是限定于形式上，而是要真正地调动孩子的情感，调动老师内在的情感，跟小朋友产生情感上的共鸣。后来这些年，我在事业上也取得了很多成就，包括被评为三八红旗手、巾帼标兵、三八巾帼。大家都觉得这些荣誉很高，我自己拿到这些荣誉的时候也是诚惶诚恐。我觉得现在最重要的就是自己把工作做好，珍惜眼前。去年我获评了沈阳市教育专家，教育专家的评选是以训代评的方式，对于一个教育者来说，这个过程对自己的锻炼考验也很多。

访谈者：新入职阶段、工作熟悉后的阶段、现在的成熟阶段有没有一些令您记忆深刻的事情？能否说几个典型的个人成长故事？

受访者：印象特别深刻的倒没有什么，在这个群体当中，每天的工作内容都差不多，面向的对象除了孩子就是家长。还是说一说我经历的一些有挑战的事情以及在幼儿园碰到的一些坎坷挫折吧。有的时候，反倒是这些能让自己成长。比如说在幼儿园里解决一些孩子家长的纠纷，或者是处理幼儿园发生的一些意外事件，也包括我们幼儿园在发展过程中经历的单位体制变化。在这个过程中你能看到一些骨干教师成长起来，走到幼儿园管理的岗位上，还有一些普通教师通过努力，成为幼儿园的骨干教师。1996 年，我当妈妈了，也恰巧在那一年，从怀孕 3 个月开始一直到生孩子，这 6 个多月我带的是幼儿园大班的小朋友，这些孩子马上就要毕业了，跟他们在一起朝夕相处的时候，我是怀着身孕，做省里的优秀课参加了比赛，那段时间，是我职业上的挑战压力最大的一年，也是取得荣誉最多的一年，更是自己成长最快的一年。

访谈者：有哪些人 / 事件对您产生了重要影响？您的家庭对您有什么样的影响？

受访者：在我成长过程中家庭很重要，尤其是对我精神上的支持。我的家庭是一个普普通通的家庭，父母都是工人，学历文化不是很高，家里的经济条件也不是很好，我父母不会给我太多的指导，不会给太多的意见，主要是他们的性格和行为影响了我。我妈妈是非常有正能量的一个人，我还有个妹妹，从小到大，妈妈没有像一些家长那样给我们规划一条什么样的路。但是不管在什么情况下，妈妈始终很坚强和乐观。妈妈身上的这种豁达和乐观，对我的影响非常大。还有我爸爸，他的品行特别好，身上有很多美德，比如说勤劳善良、不屈不挠。

我自己的小家很简单，一家三口人。我丈夫是搞科研工作的，孩子现在上大三。我自己在平衡工作和家庭的时候，倾注了很多心思，很用心地在经营家庭。幼儿园的工作很琐碎，事务性工作很多，回到家里，我会把幼儿园的一些欢乐带回去，但是不会把幼儿园的琐碎和烦恼带回去。幼儿园老师都有一个通病，就是回到家里也容易好为人师。我刚结婚的时候就是这样，总拿跟小朋友说话的口吻跟家里人说话。后来我丈夫跟我说，你就像管孩子一样管我。我刚开始觉得是开玩笑，后来想想这句话很严重。我意识到了在丈夫面前，我就是一个普通的妻子、普通的女人，不能高高在上。所以回到家里我就是一个普普通通的妻子和妈妈，要做家务，要体贴关心家人，要相夫教子。很庆幸我女儿健健康康地长大了，虽不是很出色，但是很健康快乐。

我认为，作为一名教师，首先自己一定要变成一个幸福的人，只有自己幸福了，才能为你的孩子以及身边的爱人、家人带来幸福。尤其是幼儿教师这个群体绝大多数是女性，工作不是你的全部，仅是你生活的一部分，你不仅要干好工作，更要经营好家庭。你一定要想着怎么样才能把自己的生活经营好，然后你才能没有后顾之忧，才能把工作干好。在孩子还小的时候，因为我比较年轻，那时候犯过很多错误，没有平衡好工作与家庭，所以到现在有时候想起来也很后悔。尤其是觉得自己就是老师，即使管不好别人家的孩子，自己家的孩子是一定能管好的。现在回过头去看看当时的自己，有点自以为是了。在管孩子方面，觉得自己专业，不需要别人干涉，家里人和我爱人的好言劝告都听不进去，最后弄得孩子和我都不开心，甚至家里的氛围也不好，自己也是后知后觉，很庆幸没有酿成大错，不然后悔都来不及！随着年龄的增长和经历的事情多了，我自己也慢慢想开了，孩子有自己的人生路要走，只要她自己觉得开心就好，不然我强扭着她，也许她虽然按照我说的做了，可是她不开心，又有什么意义呢？后来国家放开二孩政策，我其实挺动心的，想再生一个孩子。可是我年龄大了，内心也很纠结，最后还是选择不生了。要不然的话，我还是希望自己能再有一个孩子，因为我24岁的时候就生孩子了，我觉得那时候自己年纪太小，也不太会调整自己，不怎么会跟孩子相处，也不怎么会打理生活，谈不上经营婚姻、经营家庭，那么好的岁月就那么糊涂地过去了，现在想想就觉得很遗憾，却又无法再回去了。为此，有的时候面对我们幼儿园年龄小的老师们，作为一个过来人，我常常会劝告他们一定要珍惜眼前的家庭生活，好好经营，别等以后想起来觉得有遗憾。

访谈者：您的哪些特质让您成为幼儿园骨干教师？您认为让您成功／战胜困难的最关键因素是什么？

受访者：我乐观开朗，积极向上，有点儿智慧，比较贤惠，能包容，最重要的是我比较有亲和力。为什么我有这种亲和力？可能是从小到大我就比较乐观，遗传了父母身上的一些东西，受他们的影响，不怕困难，总是很高兴，我的笑容比别人多，尽管自己相貌平平，各方面条件都很一般。这是一种积极的生活态度，就是不管谁看到你，在你脸上感觉不到忧伤，不会觉得你很沉闷。有的时候人和人之间的信息传达，气场是相互的，你对生活笑，你对别人笑，别人自然会把一些积极的东西反馈给你，在幼儿园里面更是这样。所以我在幼儿园就是通过自己的笑容展现出这种亲和力，把自己的想法传达给家长、传达给孩子。

还有就是我善于记录和反思。这么多年来我一直坚持记录我的工作，还会记录孩子们的变化，对一些典型事例进行分析。我把这个事件原原本本地记录下来，我是怎么解决的，最后产生了什么样的结果，有什么样的经验教训，都写下来。这是我这些年一直在坚持的，对我现在的工作帮助非常大。通过记录，不仅能总结错误，还能发现美好，发现美好之后在教育孩子的过程中，就会把一些美好积极的东西呈现给孩子，让孩子始终怀着一种积极的态度去面对以后。你还会发现孩子有你所没有注意到的能力，然后有意识地引导，这样就慢慢做到了因材施教。

访谈者：能否从自己的经历中，总结几个经验教训，以便后来人借鉴学习？

受访者：第一个，我觉得人要有进取心。我在幼师的时候是中专，但在毕业前夕，国家开始有成人自学考试，我就参加了这个自学考试，在中专毕业的第二年（1993年）我就拿到了大专的毕业证。1994年我参加了成人高考，拿到了中文的本科毕业证。2004年，我又开始考教育硕士。2006年，我拿到了沈阳师范大学教育硕士的毕业证。到此为止，在学历上的求索算是告一段落。我觉得自己是一直在进取，这对于任何工作来说都是需要的品质。

第二个，我觉得要学会做事。因为在幼儿园，有很多工作内容，很多部门、很多具体的工作需要去协调，你要掌握事情的轻重缓急，然后根据具体需要去做，这样工作才能更有效率。尤其在发生问题的时候，你要思考应该怎么去解决问题，在做事的过程中你会有一个自我更新的感觉，通过别人的一些反应，去调整自己的认知，拿捏好处理事情的分寸。

还有就是我觉得年轻的时候可以允许自己犯错误，但是犯了错误之后要反思自己，避免在同一个地方再犯错。所以要善于反思，有的时候，不要固执，多听听他人的看法，如果真是你错了，要马上调整。

访谈者：回头看自己的学习和工作经历，您认为哪些理论或者知识的学习对后来形成工作经验或者是处理人际关系发挥了作用？哪些经验不能从书本中获得而只能从工作和生活中获得？

受访者：我觉得在对待孩子方面，不是靠书本学习就可以的。书本说要尊重孩子，那到底现实中要怎么尊重孩子，书本上不会那么细致地告诉你到底要怎么做。你只有通过亲自实践，跟孩子们去接触，慢慢地你才会把握这个度。最简单的办法是移情，你可以想想如果你是一个孩子的话，你要尿裤子了，你会有什么样的感受？你将多难为情？如果老师批评你了，当众指责你了，你会怎么样？所以我觉得最重要的还是应该站在孩子的角度上去为他们着想，更多地给孩子一种支持的环境。这些经验需要通过和孩子们接触慢慢积累，你不能照书搬，要去思考，学会灵活运用。

其实，我根据自己多年在幼儿教育一线的工作经验，包括教育教学、家长工作和处理同事关系，对于"尊重"有深刻的体会，形成了自己的理解。我认为"尊重"要从以下三点出发：第一个是尊重自然，第二个是尊重天性，第三个是尊重个体。我觉得这三个尊重，不仅指导我的教育教学，也反映出了我个人的儿童观。这不是一开始在校园、在书本学习中获得的，而是根据自己的多年经验，通过不断反思总结出来的。这三个尊重不仅适用于孩子，同时也适用于班级管理，在指导教师做家长工作、家园合作上也具有积极的意义。教师做到尊重家长，家长感觉自己和自己的孩子被重视，他们也更愿意配合教师的工作，家园联系会更密切，为幼儿的成长提供更有利的条件。作为幼儿教师，我们有职业引领上的责任，所以我一直强调这三个尊重，包括召开家长会，我一直觉得应该有这样的一种氛围，大家民主平等。之前学校的老师给我们上课的时候提到过"环境是最好的教育"，我很认同。可是这样的环境是什么样的呢？我在工作中也不断边干边思考。后来我意识到，如果我们能够为孩子提供一个充满尊重的氛围，当每一个孩子进到幼儿园里边，幼儿园的这个环境处处都会发生对孩子的教育，甚至对教师、对家长也有教育，这就体现了环境的教育意义。所以我强调，在幼儿园对于孩子时时都应该有影响，而且人人都应该是老师。每一个人进到幼儿园里，不管你是什么样的职业或身份，你都要想着自己，从自己的仪表举止、言谈修养上，用一个老师的标准来严格要求自己，给孩子一个正面的、积极的影响，哪怕这对孩子的成长过程只是一个小的触动，对孩子来说也是有意义的。再有一个就是，孩子未来的世界是我们现在每一个人都无法想象的，所以他将来的生活应该是比我们现在的生活更加美好、更加规范、更加公平、更加开放，所以我希望给孩子包容，不要把一些对错的观念强加给孩子，而是通过环境让他获得这个印象。让孩子不断尝试、不断调整、不断挑战自己，让他能够释放他的天性，不用那么多条条框框限制他。其实要说起来，人人都是平等的，在孩子的世界里有一些东西是我们成年人无法想象的，当我们不理解、不懂得的时候，我们给他以尊重，这可能就是最好的守护。

━━━━━━━━━━━━ ◆ **访谈感悟** ◆ ━━━━━━━━━━━━

姜老师能取得今天的成绩离不开其多年以来对自己教学生涯的不断记录和反思。反思是成为一名卓越幼儿教师必须具备的能力之一，同时也是形成教师自己独具特色的教育教学理念和方法的重要条件。孔子曰"学而不思则罔"，只有学思结合才能实现自身的专业发展，实现教师的专业价值。同时，这种反思不能仅是停留在纸面上，而应该深入过去，将经验、理论结合，"去粗取精、去伪存真"，构建出教师个人的知识结构，这样才能够在今后的教学中更好地指导教师的教育实践，反思不仅是一种意识，更是一种行为。因为实践性知识的隐蔽性、教育对象的特殊性，幼儿教师需要坚持对自己的教育教学进行深入的反思与总结，才能生成属于自己的实践性知识。作为一名卓越幼儿教师，只有在反思意识的支配下，才能打破自己固有的思维定式，从理论与实践的角度觉察自己，不断完善已有的知识结构，总结自身的教育教学方法，丰富已有的实践性知识，完成从一个"技术熟练者"到"反思型专家"的转变。所以，幼儿教师必须勤于教学反思，要成为反思性的教学实践者。唯有如此，幼儿教师才能把理论和实践更有效地结合起来，总结出宝贵教学经验和拿手的教学方法，从而生发出创新性的教学，为幼儿的发展提供充足、有利的支持。

守护幼儿的任老师

访谈日期：2018 年 7 月 26 日
访谈时间：14：30—15：30
访 谈 者：索长清　佟晓川
受 访 者：任老师（沈阳）

访谈者：您是怎样踏入幼教界的？当初的想法是怎样的？

受访者：我是市艺术幼儿师范学校毕业的，毕业以后就来到幼儿园，到现在工作 11 年了。当一名教师是我从小的一个志愿，这可能和我的妈妈以及姑姑家孩子都在教师行业有关，同时我自己也特别喜欢孩子。

访谈者：经过 11 年的时间您走到了今天，成为一名优秀的幼儿教师。在这个过程中，有没有您认为是人生转折点的那些时刻？

受访者：怎么说呢，我觉得谈人生的转折点有点儿太大了，在 11 年的教学过程中，就是一环扣一环，每一件事都努力认真去做，并没有什么大的跳跃。不过，我能在幼儿园坚持到现在，离不开园里领导给予我的支持、帮助以及关怀，同时也因为幼儿园提供的平台让我获得了多种荣誉。

记得当年我母亲帮我选择幼师时，我还是个不谙世事的小姑娘，对幼儿园的理解还停留在自己上幼儿园时的记忆。幼师三年，虽然知道了"学高为师，德高为范""师者，传道授业解惑也"，但对于"教师"这两个字的真正意义并不能完全理解。刚进入幼儿园工作，才刚刚十八九岁的我不敢说自己是带着对幼教事业的一片热爱踏上的工作岗位，对孩子像妈妈一样热爱更是无从谈起。当时幼儿园的一切对我是那么的陌生，怎么开始投入一种新的工作环境呢？那时候的我们幼师一毕业就要自己独当一面，我把工作当成游戏，和孩子们一起玩、一起唱、一起跳、一起闹，也会对他们发脾气。幼儿教师是一种专业化、艺术性很高的职业。为了提高自己的专业水平，几年里，我相继和几名有经验的老教师搭班，在与老教师共同带班的过程中，我受益匪浅。他们将自己的教育经验毫无保留地传授给我，教我学会了怎样做一名合格的幼儿教师，怎样与孩子们一起游戏。同时，在工作之余我经常参加学校组织的外出参观、观摩和各种学习培训，并将在外面培训学习到的理论和观念带回来与全体教师分享。随着岁月的流逝，我慢慢从幼稚一步步走向了成熟，对工作的理解也日趋深刻。我是这么想的，既然从事了这项事业，我就要全身心地投入，并把它作为自己最热爱的事业为之奋斗。当我做到这些的时候，我发现工作也不再那么的烦琐，有时还会觉得工作很快乐，因为每天能够和一群天真可爱的孩子们在一起生活、学习，孩子们的欢乐也会影响自己。

访谈者： 新入职阶段、工作熟悉后的阶段、现在的成熟阶段有没有一些令您记忆深刻的事情？能否说几个典型的个人成长故事？

受访者： 总的来说，这些年经历的事情很多，但是最刻骨铭心的还是和孩子有关。第一件事情发生在 2008 年 10 月，印象特别深刻。那时候我刚当主班教师，7 月孩子们报到，9 月入园，都是 3 岁左右的孩子。有一天中午午睡，2 点钟是起床时间，孩子们听到音乐声音就会起床了。但是有一个孩子一直没有醒，我当时的脑海里只有一个想法，要叫醒他起床，和其他小朋友一样去洗漱，吃间点。然后我就一直叫他，喊他的名字，可是孩子就是不醒。我们进入教师岗位的时候有培训，培训里面有"四个立即"，其中有一个就是遇见突发事情立即上报保健医生。我就如实报告保健医，保健医各种措施都做了，但孩子还是不醒。我们就拨打了 120，在 120 来之前我们一直在不停地呼喊。等 120 来了，大夫一看就知道孩子是因为低血糖昏迷，眼睛的瞳孔都快放大了，就立即给他注射了葡萄糖，孩子当时就醒了。晚上等小朋友们都离开之后，我就开始抱着园领导大哭。因为我觉得后怕，假如当时没有注意到这个现象，假如当时因为心疼孩子，想着他困就让他多睡一会儿，可能就会错过最佳治疗时间，孩子就会有生命危险，我的职业生涯可能也就画上句号了。现在有些家长也挺奇怪的，就是不愿意和你说孩子有什么身体上的问题，比如孩子有什么过敏史之类的，都不愿意和你说。可能家长有些顾虑吧，但其实家长应该相信老师，告诉老师之后，老师就会关照这样的孩子。就像这个幼儿，低血糖昏迷肯定不是第一次，大夫说他在家肯定出现过这样的问题。所以对于我们每一个幼儿教师，尤其是刚开始工作的幼儿教师来说，保持警惕性是非常重要的。在每一个环节当中，所有的孩子都要在你的视线范围之内。在活动的时候一定要观察每一个孩子正常不正常，发烧不发烧。有的孩子烧到 38℃ 你都看不出来，他还是活蹦乱跳的。我们每天都做晨检、午检、晚检，其实是非常有必要的。除了这三检，我们还会观察孩子，有的孩子脸色泛红了，或者本来是挺欢快的，但是今天有些蔫了，或者他情绪上有波动。如果发现孩子生病了，一是找保健医，二是及时通知家长。

　　还有一件事情是我带的一个患有轻度自闭症的男孩。最初入园的时候，家长也没和老师沟通，我们也不知道。后来发现孩子不与人沟通，心情烦躁的时候不仅摔东西，还自己撞墙。那我也不能让他撞啊，他撞坏了怎么办？我就让他往我身上撞，特别疼。

之后，他拿拳头咣咣捶我，捶完之后他还是特别难受，就开始咬。我不能让他咬其他小朋友啊？他就咬我，就把我的这胳膊，一点不夸张，咬得乌青乌青的。还有的时候，可能就是他心情不好了，或者是什么刺激到他了，比如可能是小朋友不小心挤到他了，就非常简单的一个小问题，发生在其他幼儿身上可能都不是问题的问题，他就受不了，他就发作了。他就会"啊啊啊"地尖叫。带这样的孩子，教师真的是身心俱疲，实际上都快承受不了了。我作为主班老师，首先不能让他伤害自己，每次咬都是让他咬我。其次，我还要保护其他幼儿，不能让小朋友受到伤害。最后，我还得尽量教育他。班级里其他的幼儿都是正常的孩子，在他咬我的时候，我会让副班老师把其他的幼儿都带出去，不让他们看到这样的一幕。那长期这样下去也不行，我就试着开导这个自闭症幼儿。在他入园之后差不多一年的时间里，我一边了解这个幼儿，一边去想解决方案。我单独给这个幼儿做观察记录，一周和家长做一次预约谈话，共同做孩子的个性化安排、计划，帮助孩子。经过这么多的努力，终于看见孩子的变化了，他能接受我了，能对话了，同时他能开心地笑了，并且说话的时候非常正常，就跟普通的孩子一样。在他每次咬完我之后，他自己也会和我说："对不起老师，我真的控制不住。我也知道自己这样做不好，我也在想办法控制。"这个时候的他比刚入园的时候表现得好太多，让我很欣慰。再后来，因为他和我特别好，他妈妈出差了，我带他回我家住了四天，这四天他和我在家也都挺好，各种表现也很正常。最后临近毕业的那几个月，他已经没有异常的表现了。这也许跟他年龄大点了有关系，同时也跟我们园里的努力以及他在外面医院做辅助治疗有关系，反正他基本上就是一个痊愈的孩子了，很正常了，有自己的控制力了。当这个孩子改变了后，我和全园的老师作报告，报告我是怎么做的。我说其实我们作为一个幼儿教

师，不管对待哪个幼儿，都要有爱心和耐心。我很欣慰经过我的
努力，这个宝贝可以正常地去生活，正常地进入小学。

访谈者： 有哪些人 / 事件对您产生了重要影响？您的家庭对您有什么样的
影响？

受访者： 工作这么多年，对我影响最大的，一是幼儿园的老教师。我从
2008 年开始当主班老师，在此之前当了 3 年的副班老师。当副班
老师的时候换过两次主班老师，我从他们身上学到很多东西，包括
上课的经验、带孩子的经验，以及管理班级的方式。

二是园里的氛围以及领导对我的影响。我们幼儿园是一个非
常和谐的大家庭，无论是主任也好，还是园长也好，偶尔我会和
他们抱一抱，就像离园的时候，我们会和每一个小朋友拥抱一样，
我觉得这是爱和力量的传递。在遇到困难和问题的时候，我会和
他们沟通。他们经历比我丰富，处理问题也比我有经验。遇到问
题，领导能帮我出一些想法，这个想法可能不能完全应用到我班
级里的小朋友身上，但是会激发我。他们对我的工作支持很大，
让我更有力量。

三是我的家庭。要坚持做幼儿教师这个工作，需要一个很有
力的家庭支撑。家庭支持你，你才能继续做下去；家庭要不支持
你，你不可能坚持这个事业。幼儿教师的工作是很烦琐、很累的，
待遇还比较低，光靠爱这个事业就可以坚持这么长时间不太现实。
除了做本班级的常规教学任务，还会有参观、检查、拜访等各种
活动，接待以及迎接检查要做的事情都非常多。同时我们还要准
备各种材料，进行环境创设，等等。这些工作都需要时间，有些
工作完不成还要带回到家中去做。这个时候，家人会帮助我，也
会宽慰我。我觉得家庭是一个强大的后备力量，也因为有了这样
一个坚实的后盾，我做事情也就轻松许多。

访谈者： 您的哪些特质让您成为幼儿园骨干教师？您认为让您成功／战胜困难的最关键因素是什么？

受访者： 首先，我很热爱我的工作。原来我们那个时候用 QQ 比较多，还没有微信。在 QQ 空间上，我会把每一个孩子从他入园起到毕业做一个小总结。这是我对我们班每一个小朋友的成长过程记录，记载的内容很多。从家长在空间给我的留言，可以看出他们真的是发自内心的感动。这是我一直坚持工作 11 年的关键，我是真的很爱这个工作，很爱孩子才去做的这些。现在看原先写的日志，真的是不一样的感觉。从小班到中班、大班去梳理每一个孩子，梳理孩子的年龄特点、生长规律，会发现每一届的孩子带给你的东西是不一样的。

其次，我的协调能力不错。作为主班教师我需要协调班级三位教师的关系，协调与家长的关系。班级三位教师的分工不同，但都在一个班级里面做事，为同一个班级的幼儿服务，相互帮助、相互理解是必须的。遇到问题，有不同意见时，我会坐下来和他们一起沟通。家园合作也很重要，这样家长才会信任你，才会把孩子放心地交给你，这样我们的工作也好开展。想让家长支持幼儿园工作，要用自己的真诚去感动家长。这样既可以让家长觉得老师亲切、好交往，在以后的交流中也愿意主动告诉你孩子在家的表现，便于家园共育。当家长有事耽误了接孩子时，面对心急如焚、满脸歉意的家长，我依旧微笑着说："没关系的，您别急。"幼儿在幼儿园难免会发生碰、摔、撞，无论事情是大是小，只要幼儿受伤了，我都会向家长如实地交代事情的经过。记得上个星期，我们班一个幼儿在上厕所时不小心摔倒，鼻子流血了，我赶紧让她洗洗鼻子止了血，然后时刻注意孩子的反应，在离园的时候跟家长解释了这件事，表示了歉意。孩子家长特别理解人，看到孩子没事儿，也就没说什么，反而安慰我，让我舒心。另外就是和家长协调，让家长支持教师在教学过程中对孩子使用的方式方法，这个非常关键。我曾经遇到一个多动的孩子，每周我和家长一起制订计划，督促孩子。孩子每进步一点儿，他妈妈会写一个总结，我也会写一个总结，然后我们再一起坐下来制订这个孩子下一周的计划，再后来换成一个月给孩子制订一个计划，让家长看到孩子一点点的进步。那这时候你就要和家长去协调，让家长知道你这样做的原因。这个孩子已经转了很多个幼儿园，其他幼儿园都不接受他。但是作为老师，我们不能放弃每一个孩子，遇到这样的孩子就要和家长多协调，形成教育合力，以便达到一个好的结果。

访谈者：能否从自己的经历中，总结几个经验教训，以便后来人借鉴学习？

受访者：八个字：坚持、爱心、耐心、学习。第一，是坚持。我觉得做幼儿教师一定要有自己的理想，也要坚持自己的理想，不是说单纯地坚持做这个行业，坚持做一名幼儿教师，而是在每一项活动中都要去坚持你的教育理念。幼儿的一日活动、各种主题教育活动，每一项教育活动都需要写教案，需要做教具，需要布置环境。在这一过程中幼儿教师要始终坚持积累。第二，要有爱心，你没有爱心就没法做幼儿教师，你就不能选择这个行业。你要没有爱心，孩子哭了，你都觉得闹心，你还能做幼儿教师吗？第三，要有耐心。一是要静下心来听孩子讲。孩子天真活泼爱问，作为教师需要平静地与孩子交流，倾听他们的"自言自语""唠唠叨叨"，教师从中可以获得很多信息，比如他们在想什么，什么是他们现在最需要的。二是要静下心来看孩子玩。孩子在游戏时，教师需要静下心来仔细观察，耐心去观察他们的行为，教师在静心的观察中能发现许多教育的良好契机。三是要静下心来和孩子说。教师若以童言无忌来理解孩子的幼稚、天真，以平常心态来看待这些问题，静下心来心平气和地和孩子谈话，那"耐心"也就自然而然出来了，就能耐心地帮助幼儿勇敢地面对错误，克服困难。对于家长工作而言，你想让家长支持你的工作，首先你要了解家长需要什么，你才能去做什么。现在带的这批孩子的家长已经和我是同龄人了，有的甚至比我还小。不同的人有不同的观念，所以在做家长工作的过程中，作为老师，我经常会遇到这样的情况，家长特别护短。当你和家长反映幼儿的缺点，如幼儿在学校老打人、推小朋友时，家长就会为幼儿寻找各种理由，反复向老师介绍幼儿的优点，对缺点避而不谈；还有的家长听老师说自己的孩子在幼儿园打了其他小朋友时，就赶紧说某某小朋友前几天也打了自己的孩子；有的幼儿在学校霸道任性，所有玩具都是他的，谁也不能动，老师向家长反映时，家长就会说自己的孩子在家里也这样，没关系的；等等。这个时候需要耐心地和家长沟通，让家长能够积极配合，不然，班级工作真的不好开展。第四，要多学习。学习分两种，一种是自学，还有一种是向别人学，包括向同事学习，以及从网络、书籍上学习。而且还要学会反思，反思很关键。只有会反思，工作才会开展得更快更好。不会反思，就永远都不会进步。只有你反思了，你才会成长，成为一个有经验的幼儿教师，成为一个优秀的幼儿教师。

访谈者： 回头看自己的学习和工作经历，您认为哪些理论或者知识的学习对后来形成工作经验或者是处理人际关系发挥了作用？哪些经验不能从书本中获得而只能从工作和生活中获得？

受访者： 我是师专毕业的，说实话，专业理论有很多已记不清楚，还记得的是幼儿心理学，讲的是幼儿年龄发展特点。像其他的幼儿教育学、幼儿课程论这些理论课程，我真是没什么印象，就是学了而已。真正的组织活动还得是来到幼儿园，你才知道是怎么操作的。我讲一个例子，就是上个月的事情。我去其他幼儿园做了一个"身体关节动起来"的活动，其他小朋友都是很开心地去做，有个小朋友可能是想要引起大家注意，除了引起后面很多听课老师的注意，也是为了引起我的注意，他就乱蹦。这就需要你用你的方式方法去把他吸引过来，那我就说："老师现在要选一位刚才做得最棒的小朋友来给大家做示范。"我就选的他，之后他整个活动都做得非常好。你引导的话很关键，而且不是每一个孩子都适用这种方法。比如说表扬小朋友，不是所有的孩子都可以用"棒"这个词的，你说你都"棒"了，还能有什么进步呢？所以在你的鼓励语当中，要有很多种变化，比如，"老师刚才发现那个小朋友做得最有想法"之类的，就是要用不同的鼓励语来鼓励孩子，从而进行你的课堂教学。这些都是在书本上学不到的，需要你从幼儿园的工作中得来。

◆ 访谈感悟 ◆

爱，是一个永恒的话题，也是一个幼儿教师必备的基本素质之一。《幼儿教师专业标准（试行）》在专业理念与师德中指出：幼儿教师需具备良好的个人修养与行为，教师要"富有爱心、责任心、耐心和细心。乐观向上、热情开朗，有亲和力。勤于学习，不断进取"。任老师正是依靠着自己对孩子的爱一直坚持从教至今。在这11年中，任老师因为爱孩子，所以能尊重每一名幼儿，让孩子做自己喜欢的事情。就算是遇见自闭症孩子，也能保护孩子的自尊心，蹲下来与其沟通，努力发掘孩子身上的闪光点。同时从孩子的角度观察事物，思考问题，真心诚意和孩子相处，让自闭症的孩子能够慢慢改变和成长。也是因为热爱这一份职业，任老师自发地利用自己的空余时间，定时写观察记录，记录幼儿的点点滴滴，记录孩子的成长瞬间。

除了"爱幼儿"，幼儿教师还需要具备专业的能力。任老师多次提到作为一名称职的幼儿教师需要拥有反思以及自学能力，她提出想要获得成长，想要成为一名有经验的幼儿教师需要不断地听课、观摩，同时一定反思自己，不断更新自己的专业知识，扩大自己的知识领域和范围。她提出，孩子喜欢新鲜的事物，教师只有具备了足够的知识魅力，才能适应和满足孩子对新事物的渴望。由此可见，除了爱幼儿，幼儿教师还需要具备专业教学知识，在实践中积累教学经验。

拥有"四心"的王老师

访谈日期：2018 年 7 月 30 日

访谈时间：10：00—11：30

访 谈 者：贺敬雯　张梦涛

受 访 者：王老师（沈阳）

访谈者： 您是怎样踏入幼教界的？当初的想法是怎样的？

受访者： 我是 1989 年从沈阳市幼儿师范学校毕业的。那时候是初中考上去的，师范还算是重点呢。当初考幼儿师范学校，是基于对孩子的喜爱。我的性格比较外向，像一个小孩子头似的。初中毕业其实我也想上高中，之所以去幼儿师范学校也是有家里的原因。我姑姑是在街道做幼儿园管理的，她说："就报个小幼师吧，报幼师真的挺好的。对于一个小女孩来说工作也不是特别累，而且你也喜欢孩子。你就考幼师吧。"当时考幼师也不是那么轻松的，要过三关：初试、复试和面试。我文化课分数高一些，专业课也还行，就是现学现卖，和人家学一学听音，我对绘画比较感兴趣，还有点绘画基础。然后分数还挺高，就进幼师了。进入幼师对幼儿教育才有了初步的了解，我觉得还是比较适合我的。

访谈者： 经过多长时间您走到了今天，成为一名优秀的幼儿教师？在这个过程中，有没有您认为是人生转折点的那些时刻？

受访者： 我们幼儿园 1989 年才正式成立，我是第一批到幼儿园的，现在算下来都有 20 多年了。当时的幼儿园还是一个小楼，有 7 个班。第一批分到幼儿园的一共有 13 位老师，那个时候我也就是个十八九岁的小姑娘。我接的是大班，也就是六岁的孩子，初见他们呢，就像带自己的弟弟妹妹一样，就是一起玩。那个时候也没有崇高的理想，就是和孩子一起上课、游戏、生活，然后照顾他们。然后慢慢觉得对这个行业还是比较热爱的，真的。怎么说呢？孩子确实很可爱、很天真。这些年，如果说不是爱孩子、爱这份事业，我也不会在这里坚持这么长时间。

回想起来忙忙碌碌这么多年，真的就是一步一步在做。幼儿园的每一次进步与提升同样要求教师的进步与发展。我 1989 年到幼儿园，1993 年我们园晋升"示范幼儿园"，示范幼儿园的评价指标对教师是有要求的。我们就按照上面的要求不断地完善自己。2000 年霍园长到我们幼儿园，幼儿园开始扩建。到 2003 年，我们已经有了 15 个班。这对我来说也是一个转折点。因为我们一直是 7 个班，这 15 个班的扩建完成，使得我们幼儿园的环境硬件在沈阳市位居前茅了，幼儿园的势态越来越好。对于我来说，也越来越有自信了，我也越来越热爱这个事业。我的很多同学早就不再从事这个行业了，但是对于我来说，看到幼儿园的发展有我的贡献，很自豪，我很爱幼儿园，幼儿园就像我的家一样。2003 年扩建之后，我们幼儿园就扩大了招生，可以说在沈阳市声望越来越高，业绩越来越好。一方面是园领导领导有方，另一方面就是我们老师踏踏实实、辛辛苦苦地做自己的每一份工作。踏实才能留下足迹嘛，这是我们园的宗旨。接下来就是十年的跨越，2013年我们园进行了整体的硬件改造，2015 年又进行了幼儿园园所文化的建设。整个园走到现在，真的是大家共同努力的结果。正如你所说，我见证了幼儿园一步一步地成长，我自己也不断地成熟，越干越有心劲，越来越有信心。

访谈者： 新入职阶段、工作熟悉后的阶段、现在的成熟阶段有没有一些令您记忆深刻的事情？能否说几个典型的个人成长故事？

受访者： 都 20 多年了，这一路走来，对工作也可以说是兢兢业业吧。无论是做课，还是带班，我对自己要求都比较高。园里有哪些活动、区里有哪些活动，我都会积极参加，慢慢成绩就出来了。在区里、市里经常参加观摩活动、评优活动，慢慢就选上了，开始在市里做观摩活动了。我记得我的那个"动物运动会"，就是让孩子扮作各种小动物，然后自己布置自己的家的小活动，在市里、省里都获得了一等奖，还进军到全国，获得了二等奖。可以说就是这个活动吧，让我"一炮而红"了，之后在市里有了一定的知名度，在教育教学上对自己也更有信心了。随着年龄的增长，经验也不断地丰富起来了，然后把自己的经验不断传授给新进来的年轻教师，就带了一些小老师。

在带小老师的过程中，我做主班，她们做配班，她们都比我小，我拿她们当我的小妹妹，她们也一直"王姐""王姐"地叫我。我经常在空闲的时候指导她们一些教学上的东西，还关心关心她们的生活、家庭、感情，等等，没事就经常跟她们聊聊天，我们之间的感情特别好。你别看她们年龄都不大，一个个才十八九岁，但都特别聪明，虽然在教学方面弱点，但她们在技能方面，如手工、唱歌、跳舞、画画根本没问题，园里组织大型活动的时候全靠她们。她们在教学上遇到问题的时候也特别认真，学习的劲头很足，不会的问题也会经常请教我。我除了经常反思教育教学方面的工作，也在琢磨怎么能把这些小老师快速地带出来，让她们成长得更快一点。慢慢地，我开始摸索出自己的一套方法。

因为我在园里的工作成绩比较突出，带人方面也有一些经验，之后没过几年，我就当上了园里的教研组长。当了教研组长，我就开始想，之前都是指导自己班里的老师，现在要指导全园的老师，那怎么去带领全园老师进行教研活动呢？教研什么呢？我就结合我们园的最大特点——教室大，区域特别宽敞，我组织的第一个教研活动就是园里的区域活动。幼儿园区域的材料非常丰富，我们园的老师会随着教育教学内容、孩子的个性发展需要，提供很多自制玩教具，去促进孩子发展。所以说，每个区域都很完善。区域打造出来之后，我又带领老师们做特色课程。我们幼儿园的特色是艺术领域的美术活动，我领着老师们做主题活动、领域活动，还有一些美术创意活动，慢慢做出特色。经过这两年的尝试，我们的孩子对美术活动越来越感兴趣了，我们的老师在这方面也不断有研究成果。

访谈者： 有哪些人／事件对您产生了重要影响？您的家庭对您有什么样的影响？

受访者： 我觉得当一个人刚进入社会、进入一个陌生环境的时候，是最需要有一个依靠，有一些比较好的小伙伴相互陪伴、相互扶持、相互帮助的。跟我同一批进入幼儿园的当时有 13 位老师，都是十八九岁的小姑娘，刚从学校出来，那时候自己还是个小孩，还要照顾小朋友，想想真是不容易。我们几个老师当时也没有什么经验，没带过孩子，就天天琢磨怎么带孩子，一日生活中的各个环节怎么组织，孩子发生的问题怎么解决。我们特别团结，虽然大家刚进来都不认识，但一进到幼儿园成为同事，我们就相处得特别好。那会儿每个人每天都像打了鸡血一样，干劲特别足，也可能是因为年轻，组织活动、手工制作、排练节目，说干就干，大家在一起讨论怎么做效果更好。而且当时也没有人斤斤计较，抱怨自己干得多了，其他人干得少了，完全没有。当时我们几个老师相处的氛围特别好，我们全凭自学、自己慢慢摸索着掌握了一套教学方式，就感觉自己成长得特别快，时间也过得特别快。所以我觉得任何一份工作，同事之间的这种互动也好，影响也罢，是非常重要的。

　　对我产生影响的事情也有很多。有一年我们班里转过来一个特殊的孩子，别的幼儿园都不要他，我们园长也是出于爱心，觉得每个孩子都有权利受到教育才把他收下了。当他进入班里之后，事实证明他确实跟其他孩子不一样，特别好动，而且他是和奶奶在乡下长大，普通话极其不标准，和其他人交流起来就有一点障碍。他喜欢摸小朋友，碰碰这个，摸摸那个，可是小朋友刚开始不明白他这是在干什么，以为他是在打人，就告状，家长也经常反映，闹得不可开交。园长也做我们的工作，帮助说服家长，跟家长说明情况，希望能给这个孩子一个机会。我们也下了很大功夫，用各种方法帮助这个孩子慢慢改善。过了一段时间，这个孩子取得了很大的进步，小朋友们也慢慢接受他了，家长们也不闹了，这个矛盾就解决了。最后，这个孩子顺利毕业，快毕业的时候孩子的爸爸给我发了一条短信，说特别感谢我们的付出，让孩子在这么温暖友爱的大家庭里健康快乐地成长。我特别感动，也特别欣慰，第一次觉得自己真的好，做这个职业也特别神圣。每个孩子都是祖国未来的栋梁，是祖国未来的希望，我们当老师的就应该一视同仁，不应该戴着有色眼镜去看待一些特殊的孩子。

　　我觉得每一位幼儿园老师背后如果没有一个家庭的支撑是不会走到现在的。幼儿教师，平时加班加点的都是没数了，一有大型活动，那就是更多的加班加点。我的父母、爱人、孩子，真的是非常支持我的工作。我的父母都是高级工程师，都是知识分子，级别都比我高。尤其是我妈，前几年得了脑血栓，知道我忙，我妈就说："你太忙了，你就别过来了。你忙你的吧。"我也真的就是抽空，只有晚上才能回去看一看，住院都是家里其他人照顾的。幼儿园老师真的是一个萝卜一个坑，这个老师请假了，其他老师就会很累，而且其他老师也不了解你班上的孩子，对孩子不熟悉的话，容易发生安全事故。

访谈者： 您的哪些特质让您成为幼儿园骨干教师？您认为让您成功／战胜困难的最关键因素是什么？

受访者： 我觉得作为一名幼儿老师，必须具有"四心"：爱心、责任心、耐心和细心。这"四心"一直是我坚持的，也一直是我认可的。可能有些老师刚开始接触这份工作，有一种新鲜感，在跟孩子们的每天接触中慢慢产生了这"四心"，但随着时间的流逝，日复一日，年复一年，他们可能由于各种各样的原因渐渐失去了这"四心"。我之所以能有今天的成就，不是说我比别人爱学习、求上进、做事认真，这些特质都是后来衍生的，每个人都可以获得，而是我一直从始至终坚持这"四心"，我真的就是把这"四心"刻在我心里，时时刻刻要求自己这样做。每个我带过的小老师，只要跟了我，我就先跟他们讲：没有这"四心"，你是不可能成长的，也不可能永久地干这份工作。至于其他的能力，反思、学习、教学能力，这些都是慢慢习得的。所以先把基础打好，后面再搭高、装饰，就都不是问题了。我相信，只要一个人能把这"四心"时刻记在心里，不断去用这"四心"要求自己、反思自己，那他未来一定也会成长为一名骨干教师。所以，这"四心"是根本。做到这"四心"并不难，难的是一直坚持下去。

在做每份工作的时候，大家都会遇到困难、挫折。我觉得如果你不是因为对这份工作充满了热爱，很难战胜这些困难。对一份工作充满热爱，会支撑你战胜一切困难。如果你从事一份工作，仅因为它的物质丰富、给的条件好，那不会支持你走很远的。我对现在的这份工作是真的非常喜欢，非常热爱。我的身体特别不好，有段时间生病切除了一片肺，休假了一年。这时候就有点儿打退堂鼓，不想再做了。但是园里经常找我，这么多年了，我在幼教岗位上还是有一定经验的。教育教学这块我算是一个领头人吧，我一撒手，后备军也没有，所以让我先带一带其他老师。我一想市里、区里对我也挺重视的，给我一定的培养，幼儿园这些年对我也挺照顾与关心的，我也可以对幼教事业再作一点儿贡献，发挥自己的余热。2014 年 9 月我做的手术，到 2015 年 9 月，我又回到了幼儿园，把幼儿园的美术活动又重新干起来。要是说什么力量支撑我，我觉得就是对这份事业的热爱。

访谈者：能否从自己的经历中，总结几个经验教训，以便后来人借鉴学习？

受访者：第一，要热爱幼教事业。因为你不爱孩子，你到幼儿园来带班，对孩子就是一种折磨，你自己也会身心疲惫。所以，爱孩子是做幼儿教师的关键。举个例子：我第一次带小班的时候，小班孩子是幼儿园里年龄最小的，当他们第一次来幼儿园的时候，会产生分离焦虑，跟爸爸妈妈分别的时候就哇哇地哭啊，我就抱着这些哇哇哭的孩子，轻轻地安慰他们，用故事、儿歌、游戏等转移他们的注意力，缓解他们的分离焦虑。其中有一个小孩叫浩浩，特别爱哭，也不和其他小朋友玩，每天都哭着喊着要妈妈、想妈妈，所以我就抱着他说："来，老师和你一起想妈妈！"这时候我就教他《想妈妈》儿歌，让他理解想妈妈可以有很多种表达方式。休息的时候，我就把他抱在怀里，让他在我的怀里想妈妈，我就像他妈妈一样关心他、安慰他。就这样，经过一段时间后，他就从我的怀里走出来跟小朋友们一起玩游戏、交往了。所以，如果你不爱孩子的话，你根本做不到这些，也根本完不成任务。爱孩子是最基本的要求。

　　第二，幼儿教师最重要的是要有吃苦奉献的精神。这个行业并不是别人看起来那么轻松的。像小班的孩子，还没有什么自理能力，可能会需要你帮他们穿衣服、梳头发，给生病的孩子喂药，安慰爱哭的孩子，这是生活方面的。除了这些，你还要会讲故事、唱歌、跳舞、画画，这是专业技能方面的。还有你要自我成长、提升自己吧，就还得要有不断学习、不断钻研的能力，去不断磨课、讨论、请教，等等。现在社会上流行这样一种说法："幼儿老师都是全才，上得厅堂，下得厨房"，就是形容幼儿老师啥都会，样样行。

第三，需要有交往的能力。因为幼儿教师面对的不仅是单纯的孩子，还要面对家长，与家长的交往能力是教师必备的一个重要能力。家长是一个很大的群体，家长工作如果做不好的话，就会直接影响幼儿园的教育教学工作。家长工作是幼儿园里的一项重要的工作，教师如何与家长沟通、交流就是一门艺术，也是教师的基本功。特别是现在大多数都是独生子女家庭，爸爸妈妈是独生子女，孩子也是独生子女，孩子到了幼儿园以后，家长就担心这担心那。作为幼儿教师就必须注意与家长交流的技巧，因为一个不经意的眼神或者一个动作，家长们也许就会非常留意，说不定还会造成不好的后果。比如：当孩子不小心磕着碰着了，不管是严重不严重，你都必须第一时间跟孩子家长打电话说明情况，如果你觉得这是小事不用跟家长说，等孩子回到家被家长发现了，即使是小事，家长都会跟你争论个没完没了。因为这反映的是你的工作态度问题，你第一时间跟他们说明情况，说明你对他们家孩子是上心的，家长一般都会很理解，毕竟你是他们家孩子的老师，他们也能体会到你工作不容易，孩子多，磕了碰了都是常事。但如果你没有事先跟他们说这个事，而是等他们问了你才说，这就有严重的后果了。所以，跟家长的沟通技巧真的很重要。

访谈者：回头看自己的学习和工作经历，您认为哪些理论或者知识的学习对后来形成工作经验或者是处理人际关系发挥了作用？哪些经验不能从书本中获得而只能从工作和生活中获得？

受访者：要说理论上，我觉得《3—6岁儿童学习与发展指南》真的挺好。《指南》我是不离手的，没事时就会翻看一下。《指南》中的每一句话，都对我有不小的影响，《指南》中的每一句话总结得都特别好。从孩子的学习特点、学习品质、五大领域的教育建议指导得非常到位。我现在观摩其他老师的活动甚至是创建我园的园本课程时，都在参考它，就是科研的时候，我也带我们的老师学习《指南》。它是一个很好的工具，对我们起一个引领的作用。但理论学习需要结合实践进行，记得我在西安学习的时候，给我们上课的是位"90后"，她是西安市第一保育院的老师。她在两到三年的时间里，就是钻研绘本，每项活动她都会让家长参加，然后做记录，做及时性拍摄。说实话，我没有她那个研究学术的水平。理论水平强的人到一线工作岗位，如果能够以一项内容进行研究，进一步深化的话，肯定会出更好的效果和成果。

　　带班的一些经验真的就是需要在幼儿园实际工作中习得了。需要你一步一步接触孩子，接触家长。其实幼儿园每年都会举行很多活动，在这些活动中幼儿教师会很快成长起来。比如说"三八节"的亲子活动、端午节活动、"庆六一"活动、大班的"毕业季"系列活动，这一轮轮的活动体验下来，经历下来，你就能获得很多经验。

◆ 访谈感悟 ◆

　　"喜欢孩子"这简短的一句话支持王老师踏踏实实、认认真真当了20余年的幼儿教师。没错，如果不是秉承着这一份初心进入幼教行业，或者途中改变了这一初心，那么任何人都是难以坚持下去的。"富有爱心、责任心、耐心和细心"是《幼儿教师专业标准》中的重要内容，它时刻提醒着进入幼教行业的人首先要具备这"四心"，这是最基本的要求。幼儿教师不同于其他阶段教育的教师，工作的烦琐性、持久性，受教育者的不成熟性、幼稚性，等等，都体现了幼儿教师工作的难度，但王老师一做便是这么多年，可以说王老师是幼儿园从起步到现在成为省级示范幼儿园的见证者，她把幼儿园当作自己的家，把幼儿当作自己的孩子，把新老师当作自己的小妹妹。就这样，王老师将自己20多年的青春和精力都奉献给了这所幼儿园，即使病痛缠身，也依然坚守在这一岗位上。如果不是喜欢孩子、热爱这份工作，我想不会出现这个令人钦佩的数字。所以，我们作为一个独立的个体，首先要做的就是尊重个体，无论是他人还是自己，都应该秉承一份尊重之心。对孩子，我们要尊重他们的兴趣；对父母，我们要尊重他们的意见；对自己，我们也要尊重自己的内心。由"热爱"而引发的一切事物都是美好的，即使最后未成功，但我们有经历和努力，也会给自己留下一份美好的记忆。在我看来，王老师是一位真真正正的"从心所欲"的优秀的幼儿教师。

果敢干练的顾老师

访谈日期：2018 年 5 月 8 日

访谈时间：10：00—11：30

访 谈 者：但 菲 黄 昕

受 访 者：顾老师（上海）

访谈者： 您是怎样踏入幼教界的？当初的想法是怎样的？

受访者： 应该说我整体的成长经历非常简单，我是 1996 年从上海的幼儿师范专科学校毕业，然后就进入了上海的一所示范幼儿园做老师，这所幼儿园有一个分园，分为小、中、大班，共 16 个班级，有 200 多个孩子。2012 年我去了分园，做了幼儿园的保教主任。我整体的从业经历比较简单。我从读书的时候就比较上进，基本上从小学开始一直到中学都是班长，进入幼儿师范专科学校，就当了班长和学生会的文艺部部长，组织能力还是比较强的。毕业的时候就想选择一所比较好的示范幼儿园，给自己找一个比较好的起点。当时去面试的时候，其实很多家幼儿园都要我了，因为我自己比较喜欢艺术，所以我选择了现在的幼儿园。在幼儿园我的成长也是蛮快的，在做了几年的教师之后，又做了业务主任，在这个过程中我的园长对我的培养也蛮多的。

访谈者： 经过多长时间您走到了今天，成为一名优秀的幼儿教师？在这个过程中，有没有您认为是人生转折点的那些时刻？

受访者： 我做教师有 20 多年时间了，我一直是在这个幼儿园，只不过是总园和分园的区别。在我从教的过程中，我是一直在不断成长的，从一开始的不成熟，到现在的得心应手，甚至能够用我的观念去影响别人，这个转折点就是参加了很多比赛。在工作大概第二年的时候，也就是 1998 年，我参加了园里的青年教师评比，获得了业务评比一等奖。2000 年我参加了区级教师讲课技能比赛，也获得了一等奖，从此成为区里比较关注的一个培养对象。2009 年我参加了一个非常重要的教学评比活动，是每四年举行一次的教学奥林匹克比赛，也就是全上海市最优秀的学校经过区级选拔推选出七十几名老师进行一个关于业务能力、答辩能力、现场教学以及反思能力的综合性比赛。在那次比赛中，我的成绩非常好，在整个上海市青年教师教学比赛中一等奖一共有 16 个，我排在一等奖的第一名。这让更多的人认识了我，我也结识了很多良师益友。因为这次获奖，我有幸加入了上海市课程指南专家组。我还参加了上海市最优秀的骨干教师在一起举办的一个教学沙龙，受邀参加了一个上海市教材的编写组。在这些学习平台当中，我看待课程的眼光和以往看待课程的眼光不同了，以往我更多地在想我怎样上课，我怎样去讲一个问题，我怎样和孩子互动。而现在我会更多地去思考我为什么这么做，我背后的课程意识到底是什么，我如何整体系统地看待我给予孩子的一切。也正是在这么多的比赛和评比的过程中，我有了很多的锻炼机会，接触到了很多比我优秀的人，激励我不断提升自己，这是我从教过程中比较重要的转折点。也是在这个过程中，我担任了园里教研组长和专题组组长，由此我还学习了怎样去引领一个教研组，怎样去带动一群人一起进步，怎样去组织他们，怎样预设问题，这段经历还是蛮丰富的。

访谈者： 新入职阶段、工作熟悉后的阶段、现在的成熟阶段有没有一些令您记忆深刻的事情？能否说几个典型的个人成长故事？

受访者：之前参加了很多的比赛，后来生完孩子，再到幼儿园的时候有了一些工作上的变化，就是让我兼职做管教学的业务主任。对我来说还是蛮有挑战的，因为以往只是管一个班级，在做的过程中更多地关注的是我在教什么，但是教学主任要懂得更加全面，所以当时我压力非常大，曾经有一段时间失眠很厉害。我为什么会这么焦虑呢？是因为在我之前的业务主任都非常厉害，他们可以在整体的一个教学活动结束以后马上告诉你，问题出在哪里，并且马上帮你做一个演示，直接和孩子进行互动。可见他们有非常敏锐的观察能力以及现场问题解决能力。这对我来说挑战是非常大的。后来我和园长在谈话的时候，园长说很欣赏我在带孩子的过程中不仅仅给他们认知经验，更有一种育人文化在里面，不过我写的东西不够好。园长说她经常把我讲的故事引到她的案例当中，因为那个故事背后蕴含着我的育人理念，但是我自己却不会提炼。她说我进步了，说我更多地学会了思考事情背后的东西，会去思考它背后的价值，而不仅仅在说那个案例，所以她觉得我会思考了。我也知道我的思维方式发生了变化，原来只停留在浅层次，现在更多思考背后的意义，归根到问题的本源。所以在承担业务主任的过程中我进步很大，我突然之间发现我刚刚学会上课，我之前更像个演员，别人帮你想题目，帮你想很多背后的预设，我把它演出来就好。我现在会上课，是因为我知道所有的问题给我的时候，我知道我该如何去想，我该如何去解决。所以说我现在可以上任意的课，因为我的思维模式建立了，在想问题的时候就不会觉得它是一个困难。可以说这是一个从量变到质变的过程，只要你的量积累到一定程度，达到练习的频率，面对足够多的问题情境，你就会成长。就像我当业务主任的时候，每天面对大量的老师追问我：顾老师怎么办？这个怎么办？于是在解决这么多复杂性的、多变性的问题情境当中我飞快地成长起来。我知道身为业务主任我要讲给别人听，我要带给其他老师一些有益的帮助。

　　我曾经写过一篇文章叫《成长的沃土》。一个人的成长其实来源于各种环境。我特别感谢我们幼儿园给我的各种平台。我参加各种开放的教学活动，参加一次等于加速度成长一年，因为在磨课试练的过程中，你会加速度地去理解你的教学互动，去理解教材。如果你是一个聪慧的老师，你还会举一反三。然后我还去了上海市的名师培养基地，区教育局又让我去英国剑桥学习了一个多月，前两年又让我去香港读了硕士，学的是学前教育管理专业。我的专业成长就是在各种各样的平台中，大踏步行进。在这一路上有很多很多人扶持我，我获得了那么多，我也愿意把我所学的无私地分享给别人。现在我和我的团队在一起工作的时候，他们经常会说，顾老师我们非常喜欢你，可是当你真的坐到我教室里来听课的时候，我又很害怕你。我说那就对了，你害怕的是我的专业，喜欢的是我的为人，因为我一跟你讲话，你就知道我直捅到你的腰间，我跟你提出来的一定是你没有想到的，或者是你一直搞不明白的问题。我并不认为这是一件不好的事情，正是在这样的一个喜欢又害怕的过程中，我们团队才能够不断地成长和进步。

访谈者：有哪些人 / 事件对您产生了重要影响？您的家庭对您有什么样的影响？

受访者：首先是我遇到伯乐，她是我人生中非常重要的一个人，她就是我的园长。她的学术涵养或者说她的思维模式对我影响颇多，因为幼教老师更容易感性，相对来说能够理性思考的园长，或者说学识涵养非常丰富同时又能系统性思考问题的园长，并不算多。我很庆幸遇到了这样一位园长，她对我的培育更多的是引导我形成一个良好的教育观和儿童观，引导我"做事要高调，做人要低调"，所以我会很辩证地去做一些事情，学做事之前，先要学会做人。另外我们幼儿园在园长的带领下有特别好的氛围，所有的老师都有那种学习的积极性，并且大家都很团结，我们总是携起手来，一起做事情。我们不仅仅是一个人在进步，更多的时候是一群人在共同进步。

家庭对我的工作和学习也是有一定的影响的，我的家人都非常支持我、理解我，从我选择幼师这个专业开始，家人给我的帮助是很大的。幼儿园老师的工作是很繁忙的，每天照看一个班的孩子，有时候回家之后很累，会什么都不想做，但还要去备课，去准备第二天上课要用的教具。有时候我自己的孩子我都很少去管，都是我爸爸妈妈帮忙照顾，所以我对孩子也感到很愧疚，在他成长的过程中我给予他的照顾是很少的，但是没有办法。做了主任之后，工作更加繁忙了，因为要去处理的事情变得复杂了，要应对各种各样的家长提问，要帮助教师更好地提升自己，要做课题，要开研讨会，有时候开会到晚上八九点，累虽然累，但是我一直是累并快乐着，我是真的感觉在幼儿园工作很快乐，周围的同事相处融洽，每天和孩子在一起，看着他们天真的笑容，我感到很快乐。我的家庭也很幸福，家庭幸福对我的工作来说真的很重要，他们是我的后盾，每当我工作很累回家之后总能很好地休息，很安心。所以我认为一名优秀的教师要想做到卓越，离不开家庭的支持和理解，家庭幸福是幼儿教师能够安心工作的基本保障。

访谈者： 您的哪些特质让您成为幼儿园骨干教师？您认为让您成功／战胜困难的最关键因素是什么？

受访者： 我认为一个教师，首先要有教育热情，有热情才有源源不断的动力，才有不断的幸福体验。热情的人，对孩子也好，对事业也好，对生活也好，对家庭也好，永远活得有滋有味的。所以我觉得一个人的热情很重要。其次，我觉得幼儿教师重要的品质是好的思维品质。只有思维品质好的人，他才知道他做的那个东西是否朝着一个正确的方向在走，否则一直在忙碌地做，你都不知道自己做什么呢。我一直认为思维是可以训练出来的，就拿孩子来说，孩子的思维是从点状到网状发展的，如何培养孩子的思维呢？就需要有辩证思维的教师，所以幼儿教师不仅要有思维的深度，还要有思维的广度。老师本身思考问题的方式也很重要，做得怎样不重要，你为什么要这样做才重要。你有没有去仔细询问自己这样做的意义？当你没有思考清晰，盲目地做是完全没有意义的。再次是合作能力，未来社会需要的一定不是只会独干的人才，对于幼儿园来说，一定是一群人一起干，共同享受成果。幼儿园成果的获得不是你一个人的功劳，而是一个团队的成果。即使你一个人出去比赛，你也并不是团队唯一最好的，你只是一群人的代言人，你不是不可替代的，所以我觉得合作很重要。最后是专注，现在我们经常说一个人有学习动力，有学习能力，但没有学习毅力，包括我自己也是，往往做一件事情做到一半了累了，就放弃了，没有学习毅力和专注力。现在信息来源这么方便，你一打开手机就容易被干扰。又比如做课程，不能外面流行什么你就做什么，那样你就会很少专注自己的研究。但一个好的学习者是专注的，当你专注在里面的时候你就会发现教育有很多很多的内涵是值得我们研究的。热情可能是你的动力，是你的幸福指数的点燃器；品质是你在这个过程当中的核心力量；合作能力是你的智商和情商之间的关联点；专注是你走向成功的非常重要的持久燃料。我个人觉得这四点应该是非常非常重要的。

访谈者： 能否从自己的经历中，总结几个经验教训，以便后来人借鉴学习？

受访者： 教师要善于发挥自身的主动性。教师的差异性是很大的，每个人的经验差异、年龄差异、发展差异和需求差异都不同，于是教学差异性还蛮大的，所以我觉得在教师专业发展中应该发挥教师的自主学习能力，激励自身的学习动机，这个很重要。发展学习能力最主要的途径就是参加园所的教研活动。以我们幼儿园为例，我们幼儿园一直在做的就是有针对性的教研活动和高效的指导活动，我们针对年级的分组，也就是小班、中班、大班各一组，依据年龄段进行教研，为了更有针对性地去研究不同年龄阶段孩子的教研对策，小班到底用什么方法？中班到底用什么方法？大班到底用什么方法？然后我们还有针对青年教师和成熟教师的分组，青年教师的教研更多的是研究青年教师需要的基本课程是什么，例如班级常规该怎么做？孩子注意力老是不集中，我讲话他老是不爱听该怎么办？没有做过母亲要怎样去保育孩子呢，保育细节该在哪里？我该怎样去和比我年龄大的家长讲话呢？该如何和家长讲话才能让他们觉得我虽然年轻，但是非常专业的呢？如果班上的孩子摔了一跤，我到底该如何和家长说呢？对于青年教师来说，这些都是最需要的，因为知道了就可以用了。而对于成熟教师来说，更多的是研究在各种活动中如何做一个有效的互动，包括课程应该怎样去做一个创造性的实施。我们经常让成熟教师去讨论关于两难的问题情境的话题，比如孩子们在玩区角活动，其中一个小男孩喜欢搭建积木，我们可以称他为金牌工程师。他搭得非常好，于是这一个多月天天去建构区搭积木。如果你是教师，你是引导他出来呢，还是等待他？这就是一个非常妙的两难问题。这种两难问题背后不是对和错，而是你的价值观。我引他出来，有我对他全面发展的期待，因为在启蒙期的幼儿是需要全面发展的。我等他出来，因为这是孩子的天性和需要，说不定再过一段时间，当他满足了以后，发展了以后，他自己就会出来。这就是背后的价值观，我觉得这是很高级的话题了，而这种高级话题可能是青年教师不一定能够理解的，所以不管是青年教师，还是有经验的教师，在园所教研中都可以学到很多。

访谈者：回头看自己的学习和工作经历，您认为哪些理论或者知识的学习对后来形成工作经验或者是处理人际关系发挥了作用？哪些经验不能从书本中获得而只能从工作和生活中获得？

受访者：关于理论和实践这方面，我认为我们的教师应该是一个学习共同体，或者说要做研究型教师，不是说每天泡在图书馆就是研究型教师，而是我已经能够感觉到看书很重要，每次看书都能找到很有感悟的地方，这是因为你有很多实践的东西放在你脑子里了，然后你看到这个问题才能想到原来它就是这样的，但是你读书的时候是从来没有感觉的，就像你没有去旅游过，他们跟你讲的这些信息只是塞进你的脑子里，如果你去旅游过了，别人再跟你说的时候你就知道是怎样的，所以那是不一样的，那才是实践性的建构，是真实的建构。比如说我们在做研讨话题的时候，我们希望把话题变成课程。比如说关于激励的问题，我们会疑惑激励到底应该怎样表达呢，今天我们就带来一段录像给大家看看游戏当中的激励，看完之后讨论：你觉得他真的激励了吗？你觉得他的激励带有情感吗？你觉得激励了以后孩子会高兴吗？你从哪里看出来激励是有效的呢？那么最后你就能够总结出很多东西，这是通过案例真正地理解了，原来激励是具体的，原来激励不仅仅是说一句话，更是一种情感的表达，原来激励很多时候是孩子对作品的成就感的满足，原来激励带给我们的是其他很多很多的东西，这时候你就会觉得那不仅仅是理论的东西，是实实在在的已经理解和内化的东西。所以当我们再去找理论的时候，就会发现理论支撑了我的实践。这样你就可以在理论和实践之间来回走，对老师来说你需要的不是理论，也不是实践，而是实践中有理论，理论中有实践。

◆ 访谈感悟 ◆

　　如果让我用一个词来形容顾老师，那就是果敢干练。从教20余年，她的眼神中依然透露着灵动、果敢和坚定。一个人的成功背后，是一群人的努力和支持；无数个一等奖的背后，是内心对团队的感恩。顾老师说，她今天的成就和成长，源于幼儿园这片沃土。在这片沃土上，有园长对她的培养，同事、家庭对她的支持，以及自身无数次的跌倒爬起。她在解决无数的复杂性多变性的问题情境中飞快成长起来。是的，从顾老师身上我们可以看到，成长来自你所面对的问题情境，有了责任感和使命感，当你每天面对那么多的问题，在解决问题的过程中，加之不断的上进心，你就不知不觉成长了。所以当你能够解决的问题越来越多的时候，你就越来越具有专业能力了。如今的社会，提倡培养孩子的基础高级能力，那么具备高级能力的孩子要怎样培养呢？那就一定需要高级教师的指导和引领。卓越的幼儿教师，一定是具有高级能力的人，有热情、能合作、善思考。从访谈中我看到了顾老师身上的优秀品质，或许不是几个词语能够概括的。我看到了普通教师应该如何从平凡走向卓越，在这个过程中，环境就如同教师专业成长的土壤。在一个良好的环境里，加上教师本身坚持不懈地一次次自我突破，我相信终有一天，雨后不仅会有绚丽的彩虹，也会有破土而出的希望。

为爱而坚持的赵老师

访谈日期：2018 年 7 月 28 日

访谈时间：10：00—11：30

访 谈 者：王小溪　蒋　娟

受 访 者：赵老师（沈阳）

访谈者：您是怎样踏入幼教界的？当初的想法是怎样的？

受访者：首先我是一个挺喜欢孩子的人，特别喜欢小孩，我还喜欢唱歌跳舞。在考幼师之前，我们班主任就问你要考哪儿呢？是考重点高中还是考师范呢？我们那时候初中就可以考师范，师范和重点高中是一个分数线。然后我说我想考师范，那我们老师说，你不适合当小学老师，适合当幼师。28 年前我对幼师很陌生，但是一说这个我就挺感兴趣，这适合我，你看我唱歌也行，跳舞也行，画画也不错，毕业以后跟小朋友接触多好，我就考了，一考就考上了，也没费劲儿。进了幼师之后吧，我就如鱼得水，特别喜欢，没有负担，在学校里一直担任团支书工作。毕业后到幼儿园工作，再顺利不过了。别人可能是分配，我是在这幼儿园实习的过程中，表现很好，直接就能上手，那个园长就说这个苗子得留下，然后她们就把我留了下来。说起来很幸运，留在我们幼儿园挺难的，都是连跳带唱加考核又上课才能留下的。我这些步骤都没有，是直接留下的。

访谈者：经过多长时间您走到了今天，成为一名优秀的幼儿教师？在这个过程中，有没有您认为是人生转折点的那些时刻？

受访者：我 1992 年毕业之后就一直从事教师工作。对于我来说，没有什么惊天动地的事儿，我只不过在一线工作岗位上按部就班地做一些很平凡的工作，我觉得我做的就是我该做的工作，没有什么特殊的，可能像我这样的老师在一线上有很多很多，主要是我很荣幸，很幸运，有了这么多的荣誉，我没有什么特殊的地方。

　　我报考幼师的时候，就是一个转折点。在第一次实习真正接触孩子的时候，我就喜欢上孩子了。毕业的时候，我们还可以进小学，好多同学能选小学都选了小学，我就是毫不犹豫地选幼儿园，因为我特别喜欢这个有吸引力的地方，我能够胜任这个工作，这里有磁场吸引我，我来到这儿，跟孩子在一起，轻松快乐，而且幸福。

　　另一个转折点，是我工作之后第一次参加区里的一个半日活动评比。那时候我刚参加工作半年的时间，领导对我特别重视。参加半日活动的评比之后，我成长了很多。那时候为了评比，我一次次地组织活动，全体老师一次次地对我提出宝贵的意见。园长又领着我去别的幼儿园参观。我的眼界就开阔了，我一下子就意识到，我光喜欢这个工作还不行，就想每天顺顺利利地跟孩子一块活动，那是不行的。半日活动要系统化，幼儿园的每一个环节，都不是随随便便安排的，一个环节里面有一个目标。在大目标的前提下，还要有小目标，要有意识地根据每个孩子的特点制定一个他们能够达到的目标，做到心里有数。幼儿园的教育，看似是很单一的工作，实际上蕴含着很丰富的内容，体现在每一个环节，生活环境也非常重要，不能只注重孩子知识、技能的获得，生活习惯和情感的养成更重要。所以对那次评比我印象很深。经过这次评比之后，我开始参加市里的、省里的评比，取得了很多荣誉。

访谈者：新入职阶段、工作熟悉后的阶段、现在的成熟阶段有没有一些令您记忆深刻的事情？能否说几个典型的个人成长故事？

受访者：很骄傲的事情是我教过的学生中，有一个已经上大学了。这个孩子，我从小班开始带，带到大班，感情很深，我特别喜欢他。这个孩子是一个非常突出的孩子，各方面能力都非常强，幼儿园演出时他都是主持人。后来他就上学了，一般上学了之后对幼儿园的记忆是最浅的。他想到他的启蒙老师可能会想到小学老师而不会想到幼儿园老师，但这个孩子上初中的时候，他来看我。他说：老师，小学这个阶段我挺忙的，就压根也没想起来您。初一的时候他生了一个严重的病，住院的时候他回忆起幼儿园的生活。他说我特别想念您，想念幼儿园的时光。之后我和他爸妈沟通了解他的病情，他爸妈特别难过，因为这个病他爸妈还离婚了。现在他是单亲家庭，他爸爸带着他，他还得常年住院。我在他来看我之后一直和他联系，鼓励他。后来他终于战胜了疾病，住了两年院，他出院了，然后正常地上初中、上高中，现在上大学了。这是我最难过也是最骄傲的一件事，这个孩子在他青春期的时候想起了我，然后在他青春期有困难的时候，我鼓励着他，他把我当作最亲的人。我教这个孩子，不图他以后来看我，但是当他长大以后还需要我来爱他，我觉得我的爱有了延续，这是让我感到骄傲和幸福的一件事。

访谈者：有哪些人／事件对您产生了重要影响？您的家庭对您有什么样的影响？

受访者：首先是单位历任领导对我的厚爱。每届园长都给过我荣誉，我特别感恩。她们特别信任我，把刚毕业的一些年轻教师交给我，让我带，这对我是一个肯定和信任。所以在工作上我没有什么后顾之忧，可以大胆地、放心地去工作。

　　再有就是家庭对我的影响。我有一个兄长式的爸爸，让我永葆一颗童心。但我爸爸在我 20 岁的时候就去世了。我妈妈身体不好，有什么事情我需要照看一下，其他方面就没什么事情了。记忆中我和妹妹从小就是在父母的呵护下长大的，很幸福。小时候生活很困难，我爸看到别人家的孩子穿那种很贵的彩色羽绒服，就省吃俭用地把省出来的钱给我们买羽绒服，他们是宁愿苦自己也不苦孩子的人。我父母生活得非常有情趣，那时候我们住平房，别人家里都是土地，我爸和我妈愣是把土地弄成了水泥地，做成土暖气。虽然我们生活不富裕，但是父母很用心地在生活。我和妹妹从小就是在这种有爱的环境里长大的，所以我们一直心存美好，做事情永远想到好的一面，这是受父母生活热情的影响。我爸妈不管每月的生活开支是多少，都会领我和妹妹一起出去吃一顿饭。吃完饭逛中街，溜达看灯啊，我爸扛着我妹妹，我妈拉着我，记得我 5 岁、妹妹 3 岁的时候，我爸给我俩买冰棍，那时候还是推车卖冰棍。我俩一人一根，从小我吃东西就少，我妹吃得多。我爸就说，你给妹妹点，你是姐姐，妹妹吃完了你给她咬一口。我就给她了咬一口，然后她还看，我直接就给她了。后来每次都买冰棍，妹妹吃完了我就把剩下的给她。我开始学会关心妹妹，也许就是从这一口冰棍开始的吧。可以说这样的家庭氛围，对我以后带班影响是很大的。父母的这种生活的热情、教育的智慧让我也成为这样的人。

　　我公公婆婆都在外地，由自己的女儿们照顾，我就是逢年过节回去看一看。我的家庭温馨又幸福，在家里我没有任何的压力。家里所有事都是我妈管，我就管管儿子就行了，啥事都不用我操心，没有任何后顾之忧，我可以做我自己想做的事。我的爱人呢，是一个特别有责任感、宽容大度的男人，他以前是军人，现在转业了。我爸走得早，我和我爱人处对象的时候我爸去世了，他对我的帮助特别大。我爸去世之后，我妈和我妹妹一直都是跟着我过的，我妹妹是从我家嫁出去的，我老公一点儿怨言都没有。他还特别包容我，他经常对朋友说我家俩孩子，一个儿子一个姑娘，姑娘就是我。我爱人对我说，你做你自己就行了，你不用去迎合别人，你觉得高兴快乐的事你就去做，不用考虑什么挣多少钱养家，不用让别人看着多好看，你快乐、有幸福感就行了。他特别支持我的工作，我加班加点，有时候上课把家里的东西拿去幼儿园用了，这些他都支持我。

访谈者： 您的哪些特质让您成为幼儿园骨干教师？您认为让您成功／战胜困难的最关键因素是什么？

受访者： 对孩子的爱吧。来到幼儿园，一直工作了 25 年。那些和我一起来的老师，十几位老师都调走了，都去做管理了。我实际上也能走，比如到机关里做个文秘，当个后勤。但我还是留在了幼儿园，我觉得关键因素就是我对孩子的爱，没有爱是不会支撑到现在的。我就想着我怎么跟这些孩子在一起，我跟他们在一起很开心，很快乐，很放松。我跟他们在一起的时候，往往只需要一个微笑，一个眼神，不像有的老师天天管孩子，累得够呛。当你真正走入孩子的世界，孩子会了解你，你把规则等一些原则性的东西定好之后，孩子全都懂。就是 3 岁的孩子，也有规则意识，也懂得心和心的交流，你只要定好规则，然后跟他有一个约定，他会跟着你、配合你。那些无理取闹的孩子、打闹的孩子、特别淘气的孩子，是因为你没有跟他有一个好的约定，没有跟他交流好。所以你要爱孩子，对孩子耐心、细心，多对孩子微笑，微笑能拉近人与人之间的距离。我有时候很累很倦了，但是一看到孩子就好了，不累了，也不乏了。

访谈者： 能否从自己的经历中，总结几个经验教训，以便后来人借鉴学习？

受访者： 年轻的老师首先应该有一颗爱心，然后从事这个工作的时候要非常用心、认真，愿意蹲下来走进孩子的世界，对孩子耐心，细心。还有就是在学校学的那些东西吧，要和实际工作结合起来。现在的好多年轻的教师没有把在学校学的东西运用到工作中，没有很好地把学到的理论用来指引实践中的行为。

　　还有就是一定要重视家园沟通。好的家园沟通能够让家长理解教师、支持教师的工作，乐于配合幼儿园展开各项活动，使幼儿园的教育对家庭产生积极、正面的影响。而不好的沟通会让家长和教师无法彼此理解与支持，让幼儿园的教育大打折扣。孩子的成长和教育单靠老师一个人的力量是不够的，老师不可能把每件事情都做得很完美，尤其是当家长的一些观念和你不相同的时候，你是真没法教育孩子，因为家长不认可你的教育观念，他有时会起反作用。比如说我们班上有个孩子叫果果，有一天她是最后一个吃完饭的，在送餐盘的时候我发现她的餐盘里都是吐出来的饭，我就把她单独叫到一边，我说："果果，你看看餐盘里的是什么？你觉得这么做对吗？"还没等我把下面的话说出来，果果就开始掉眼泪。我说："果果，你为什么吐？"果果说："奶奶说了，吃不了就吐，不能憋着。"我说："想吐的时候是不能憋着，可是老师不是告诉过你要吐到垃圾桶里吗？"她低着头不吭声。我说："老师特别理解你，但是你自己想想，你做得对不对？"她摇摇头，表示知道自己这么做不对。我接着说："今天这个事老师记着呢，你做得不对，而你也知道不对，今天咱们就这样，但是明天和以后绝对不能这么做了。你以后吃饭，你要觉得特别难受，想吐的话，你就吐，但是要吐在垃圾桶里。"她点点头，不哭了。第二天果果奶奶来送果果的时候，跟我说，她家孩子难受了想吐，但是老师还不让孩子吐。我就跟奶奶解释了一下我昨天跟果果说的话，并且把果果叫过来，问她昨天我跟她说可以吐在哪里，果果说老师说不能吐在餐盘里，要吐在垃圾桶里。通过这件事我发现，在交代事情的时候，老师跟孩子家长必须得交流，说清楚具体怎么回事儿。孩子小，有时候说不明白，家长就容易断章取义，还没弄清楚客观事实，就认定是老师对孩子不好，就先入为主对老师有意见，不积极配合老师的工作，产生一系列的蝴蝶效应。我觉得有时候误解老师没有关系，咱能解释清，关键是家长因为误解老师，他的态度会影响孩子，那幼儿园老师的工作就会很难做。作为一名专业的教育工作者，不仅要学会如何与家长打交道，还需要具备细致的观察能力。比如某个表现是所有孩子都有的特点吗？也许不是，主要是这个孩子身上才有的特点。就拿吃饭来说，一个孩子是吃多还是吃少？吃得少是为什么？是在家里吃过了，还是今天身体不舒服？老师都要去思考，然后仔细观察和询问为什么，等到晚上见了家长好好沟通一下。你说得细致，有理有据，家长就知道你对孩子上心，就会理解你，知道你都是为了孩子好。每个孩子都有不一样的地方，你都得用不一样的态度、不一样的要求去对待他，采取适合他的办法，这就是看你老师用心的程度。

最后，作为一名教育工作者，教书育人，为人师表，你的心态很重要。其实，老师也是一名普通人，有的时候也是有情绪的，那你就要有一个合理的宣泄口，有一个合适的宣泄方式，尤其不能拿孩子撒气。就像我们班的小老师，生气了，气得自己拍桌子，然后我就说你生啥气呀？你生气不要拍桌子，这样孩子一是会被你吓到，时间久了可能也不会拿你的拍桌子当回事；二是孩子可能会跟你学，以后也用这种方式发泄情绪，甚至这种影响会带到家里，家长要是知道你这么做，对你会有想法。生气的时候你得有个情绪发泄的出口，要合理，让别人也觉得不难受，你可以出去走一走，或自己一个人静一静，听个音乐。我建议她放音乐，她爱跳舞，带着孩子跟着音乐蹦，大家一起蹦，情绪就全出去了。

她后来生气的时候就跟着音乐蹦，慢慢地孩子们也喜欢这种方式，跟她也亲近很多，也比较听她的话了，她生气的时候也越来越少了。可能在工作中教师会遇到各种各样的问题，遇到问题的时候，不要急，冷静下来找一个解决的出口，只要是问题都有出口。而且作为一个老师，你不光得自己有这个心态，也要带动周围的人，把你的好情绪带给别人，好方法教给别人，用你的好行动带动别人，我觉得这也是我们应该做的。

访谈者：回头看自己的学习和工作经历，您认为哪些理论或者知识的学习对后来形成工作经验或者是处理人际关系发挥了作用？哪些经验不能从书本中获得而只能从工作和生活中获得？

受访者：首先你要学习新的教育观念和教育理念，与时俱进，不断地去学习对孩子而言更好的、更先进的东西。通过先进的理念不断地武装自己的头脑，学习之后你还要面对理念怎么转换成实际工作中的行为的问题。这个转换过程是缓慢的，是慢慢把理论渗透在每一个生活环节，渗透在孩子的每一项活动中。谁都可以去学理念，理念怎么变成你工作中的一些目标、工作中的一些方法、工作中准备的一些玩教具，这就是每个老师自己的一个过程。要把理论变成你自己的，需要你自己用心地来完成。这个过程就是一个老师的成长过程。

　　有些经验是你在和孩子接触的过程中才能知道的。每个孩子都是不一样的，理论的东西就是一个指引，你要跟孩子生活在一起，观察孩子在生活中的每一个环节，你就会发现他有什么样的问题，他处理问题的方式，他存在哪些不足，然后你根据具体问题采取具体的方法。现在的年轻教师，态度都特别好，都挺喜欢孩子的，但是他们跟孩子还是接触得少，不知道怎么给孩子一些好的影响，不知道怎么对孩子实施一些教育。学习的理论知识，他们用不上，也不会用，就像那个教学教法吧，他们都学过，但是让他领孩子进行活动，就会很生硬，像背书一样。所以理论要和工作相结合，理论要和实践相融合。

◆ 访谈感悟 ◆

赵老师为爱而坚持，20多年如一日坚守在幼儿教育一线，用爱守护一批又一批孩子的幸福童年，深深地打动我们的内心。在与赵老师访谈的过程中，每当提起幼儿园孩子们的时候，赵老师的脸上就不由自主流露出幸福的微笑，我们可以看出她发自内心对孩子、对幼教事业的热爱。我想赵老师这20多年的坚持，离不开家人的理解与支持，更离不开赵老师自身"对幼教职业的喜爱程度"，就如她自己所言"我是一个挺喜欢孩子的人，特别喜欢小孩，我还喜欢唱歌跳舞"。赵老师认为自己比较适合幼儿教师这个职业，所以最终选择了与自己兴趣相匹配的职业，并坚持到现在。

在从教的过程中，赵老师表现出很明显的教师专业性，即对孩子的敏感性、爱的品质、与孩子交流的意愿、优异的专业技能。她对孩子具有很高的敏感性，能够在教育过程中及时发现一日生活中孩子身上细微的问题并运用自身的教育智慧有效解决问题；具有爱孩子的品质，因为喜欢孩子而选择这份职业，并且没有因为工作时间久而产生职业倦怠，而是更加热爱幼教事业，希望将自己的爱延续下去；愿意与孩子积极交流沟通，在孩子做错事情的时候耐心地讲道理，不蛮横、不严厉指责，引导孩子自己反思问题；具有擅长的专业技能，从最初进入幼师学习的时候，她就"如鱼得水，特别喜欢，没有负担"，到后来工作中独立带班，能够仔细观察不同孩子的特质，对不同的孩子采取个性化的教学方法。赵老师为爱而坚持，用一颗温柔、细腻的心守护了无数孩子的童年，为孩子们的成长奠定一个幸福的基础。

虚心求教的张老师

访谈日期：2018 年 7 月 28 日

访谈时间：10：00—11：30

访 谈 者：索长清　佟晓川

受 访 者：张老师（广州）

访谈者：您是怎样踏入幼教界的？当初的想法是怎样的？

受访者：我是很偶然地考进了师范学校。上学经历比较坎坷，因为父母工作
的原因，经历过很多次转学，刚和班级的同学熟悉就要离开。这样
的环境也让我变得很叛逆，不喜欢学习，不喜欢学校，后来考高中
的时候，我的分数非常低。父母都没有办法，他们认为我这么低的
分数就算上了高中一样学不好，然后大学也考不上，浪费时间。刚
好我舅舅的同学是幼师学校的数学老师，她推荐我考幼师学校，说
幼师学校里除了学前专业以外还有美术专业，适合小女生，而且毕
业直接是专科文凭。我父母也认为这是个好的办法，因为高中三年
之后我一定考不上大学，到时候再选择一个三本院校或者专科学校
不如现在就选择职业学校。当时，父母也问过我的意见，我当时根
本没有什么特殊的想法，既然父母想好了，我就去好了。

应该是 1993 年，我进入新学校。那是我第一次住校，什么都
是新鲜的，自己的事情自己说了算，不用被父母管着的感觉很好。
专科第三年，教育局好像是实行改革还是什么，反正有个政策，
专科通过考试可以升本科，但是专业不能更改。当时家里人也觉
得这是个好机会，我就去报考了。因为没有任何压力，考试也非

常轻松就通过了，分数也不低。

　　其实，美术生找工作不是很容易，实习的地方也觉得不合适。后来，我的一个同学去幼儿园当美术老师，她刚好知道一个幼儿园招聘，我去面试，然后就进入幼儿教育这个行业了。工作的时候才了解，幼儿园也不像自己想象的那样轻松，除了写教案以外需要做很多事情，做环创、组织活动、跟家长沟通。因为和学校生活的反差太大，我感到有压力，有的时候环创做不好、课上不好，等等，我都会半夜偷偷摸哭。后来适应了，也找到方法了，这种情况也变得好多了。所以，没当幼师和当幼师之后，我对这个职业的认识是有着巨大反差的。

访谈者： 经过多长时间您走到了今天，成为一名优秀的幼儿教师？在这个过程中，有没有您认为是人生转折点的那些时刻？

受访者： 我之前不在这个园工作。我是 1998 年毕业的，去了一所私立幼儿园。私立幼儿园的万园长是一位可敬可亲的好园长，她从来没有领导的架子，我非常喜欢她。在私立幼儿园工作的过程中，我学到了许多新的教育理念。万园长在教育教学中敢于放手让我们自己闯，我就是这样在实践中成长起来的。也正是因为有了这样一个经历，我能够自主学习、探究关于幼儿教育的一些东西。

　　2002 年 8 月，我来到了现在的幼儿园。记得怀孕时因为身体原因在家休息了一年，刚上班时，发现自己好像一下子与社会脱节了。那时候刚用电脑不久，因为产假我将所有东西都还给了计算机老师，打文档还要问我同事，还被同事笑话："我计算机当初还是你指导的呢！"所以说，人真的不能长时间待在家里无所事事，否则真的会与社会脱节，什么都跟不上别人的脚步。从那以后，我重新学习、尽量保持最好的状态去工作。2005 年，我有幸参加了市优秀教师培训。在学习中我认真听取经验，仔细记录，并在活动后的空余时间认真思考推敲，有目的地在班中进行一些尝试。如幼儿在进行涂色时，由于小肌肉群发育未完全，手眼协调能力弱，注意又以无意注意为主，所以他们的作品往往会出现白色空隙，会画到边线外。针对此现象，我尝试着用儿歌的形式帮助孩子们，从而在愉快地念儿歌声中又浓又满地着色。色彩鲜艳了，孩子们获得了满足感，作画的兴趣也提高了。在教研活动中，我认真投入，认真学习，我感到人人都是我的师长，我能学、要学的东西还很多，各种教育活动交流，我都积极准备，认真参与。每次实践后我总对自己说："这并不是过了就结束了，而是要仔细想想，认真听听，好好学学，哪儿还不够，该怎样做会更妥当。"通过一次次的自我反思与实践，我觉得自己只要坚持认真学、认真做，我会更上一层楼的。在空余时间，我会阅读一些自己订的幼教杂志，去图书馆翻阅有关幼教资料，去书城自费购买与教育教学有关的各类书籍和音像资料进行学习。我学得有滋有味，深切地感受到学习对自己的帮助确实很大。在这样的状态下，2010 年，正好赶上我们幼儿园工会与小学分开独立，我在园领导和老师们的支持下当选了工会委员一职。这是对我努力工作的肯定，也是我成长道路上的一个转折点。

访谈者：新入职阶段、工作熟悉后的阶段、现在的成熟阶段有没有一些令您记忆深刻的事情？能否说几个典型的个人成长故事？

受访者：让我成长最快的是上公开课。当时我要组织的活动名字是"城里老鼠和乡村老鼠"，属于语言领域，通过城里老鼠去乡下做客与乡下老鼠去城里做客时所引起的一系列有趣的事，引领孩子们去了解不同生活环境下的生活方式。

为了有效开展这次活动，课前我不但自己收集许多有关城市和乡村的图片、照片，还让孩子们收集尽可能多的有关城市和乡村的图片、照片并带到幼儿园，同时要求孩子利用双休日和家长一起有意识地观察了解城市和乡下的不同，积累一些经验。活动的开始，我先让孩子们一起在投影仪上欣赏这些画面，聆听孩子们的介绍。在活动中，我和孩子们围绕"如果你是小老鼠，你喜欢到城里生活呢？还是喜欢到乡下生活？"进行谈话，鼓励孩子们大胆阐述自己的意见。孩子们的精彩回答让我赞叹不已，感触很深，孩子们的表达是整个活动的亮点。其实在组织活动之前，我们园长也很担心，我也才刚刚毕业两三年，但是我们的教学主任非常信任我。

在第一次观摩课的时候，因为经验不足，活动开展的效果远远没有达到预期，我很难过，就去找教学主任取经。真的，经过她点拨了几次之后，整个过程组织得就比较好。

想当初，我对课程的认识是一味地严格执行教案，忽略了孩子自己的表现。比如在表演活动中，为了追求孩子在表演活动中的效果，经常因为孩子不愿意上台表演，或者表演时声音不够响亮、动作不够夸张而着急。随着参观学习，和多位名师交流，各种想法开始在我的脑海里激荡。我是不是应当给孩子自主学习的空间，我是不是不应当过多地干预和指导。在表演游戏中，孩子的经验该如何提升呢？表演中究竟应该给予孩子什么？老师的作用又如何体现呢？后来，我通过不断地与孩子们磨合，不断地调整自己教学方案以及策略，最终找到了我想要的答案。

记得有年夏天，一直下雨，连续两三天没有户外活动，孩子们很沮丧。我们幼儿园有固定的户外时间，如果户外时间的时候不能出去，教师可以安排任意的活动，一般我都是弹琴，带孩子们唱歌。这天，看到孩子们沮丧的样子，我没有弹琴，而是组织孩子们在室内进行游戏。当时我一直在探讨如何能让孩子在游戏中进行角色扮演，不知怎么我就想到"门"这个主题了，就给孩子们出了一道题，让他们表演"门"。我没有任何的设计，也没有任何要求，就是临时想出来的。但是，孩子们给了我很大的惊喜，居然很少有孩子摆出重复的造型。有的孩子两腿分开，手臂朝两边张开，做出宽宽的门的样子；有的孩子侧身站立，模仿门打开时的状态；有的孩子则用两只手臂的开合模仿开门关门的动态；还有的孩子和好朋友一起合作表演，其中有一个组合引起了我的兴趣，只见一个孩子笔挺站直，另一个孩子对面站立，弯腰呈90度状，头顶住他的腹部，询问了之后我才知道他们表演的竟然是门和门把手。孩子们的表演给了我大大的惊喜，更给了我深深的触动和思考。孩子们的创造想象能力是有无限可能的，只要给予孩子一个"命题"或"主题"，孩子们就能调动运用头脑中的想象，将各种想法变为行为，表现出无穷的创意。

　　在我们成人看来很单一枯燥的事物，孩子们可能有着不同的感受和想法。"门"在孩子们的日常生活中其实是接触很频繁的一个事物，他们的脑海里对"门"的感受可以是宽宽大大的门板，也可以是开开关关的状态，还可以是开着等待有人进入的样子，更可以是门板和门把手的组合。这些生活中对"门"的感受，就是孩子们原有的个人经验在脑海中形成的表象，作为老师的我们，可以寻找到一种孩子最喜欢、最容易激发想象力的方式，比如游戏，用轻松自由的方式，唤起孩子们隐藏在内心世界中的生动表象、情感感受，鼓励儿童回忆生活中的各种有关经验，展开想象的翅膀。游戏是幼儿探索创意表现的有效途径；幼儿对生活中各种事物的感受与认知是表达想象的基础；教师应当给予孩子更加自由、更加宽阔的空间，让他们有无尽想象的可能！

访谈者：有哪些人/事件对您产生了重要影响？您的家庭对您有什么样的影响？

受访者： 工作中，对我影响比较大的是刚工作的时候遇到的主班老师。她是一名经验丰富的老师，在工作中给了我很多的指点和鼓励，特别是她踏实工作、待人真诚的性格，对我的影响是最大的。每当工作遇到困难时，她都会第一时间帮我指出其中的症结问题，并给出相应的指导，使问题迎刃而解，帮助我积累了解决问题的经验，使我很快地适应了现在的工作岗位。

如果说为人处世方面，对我影响比较大的人是我妈妈。我妈妈并没有什么异于常人的地方，给我影响最大的正是她那颗平常心映射出的宽容、理解、豁达和那无言的爱。我记得小时候，妈妈总是对我说，做人要对自己负责，要对自己的心负责，但我那时候总不明白是什么意思，随着我慢慢地长大，妈妈的话渐渐地影响了我，因为我已经明白了妈妈说的话是什么意思。"妈妈希望你一生都与快乐相伴，珍惜自己的选择，尊重自己的选择。"妈妈的这句话也让我明白了许多，让我不再迷茫。现在，每做一件事之前我都慎重考虑，因为我知道，我选择了这件事我就需要对这件事负责，做事不能半途而废，一定要坚持到底，这也是妈妈教给我的。我们幼儿园大事情没有，但是小事情杂杂的，你要花费很多的精力，很多的时间去把它做好，所以我认为我家庭对我的支持还是挺大的。结婚以后，我老公对我的支持也是很大的，他很尊重我，遇到事情一般以我的工作为重。特别是最初几年，他工作不忙，我在幼儿园里总会有一些环创的事情需要加班，他每次都是把饭做好等我回家。周末我会把材料拿回家，他也会帮我剪剪、贴贴，做一个跑腿的，很贴心。

访谈者： 您的哪些特质让您成为幼儿园骨干教师？您认为让您成功／战胜困难的最关键因素是什么？

受访者： 首先，心态决定一切，有了积极心态就成功了一半！这是我走上工作岗位后最大的感悟和收获。记得刚来幼儿园时，我的心情不知道有多紧张，虽然我是艺术类本科毕业生，但是对自己的各方面能力始终不是特别自信，所以挺担心自己不能胜任。但是回头又一想，怕什么，我还年轻嘛，有什么不行的，只要脚踏实地一步一个脚印，肯定行！就这样，我激励着自己开始了我的工作。其次，要提高自身的素养，丰富自身的底蕴，倾情投入教育教学工作，摸索经验，在活动中历练，促成自身的专业成长。要想在教育教学工作中有一番出色的表现，没有捷径，只有靠自己，一步一个脚印，实实在在地去学习、去探索、去实践、去思考。幼儿教师教学素质必须跟上时代的步伐，必须树立现代教学思想，掌握渊博的知识，具有较强的信息素质和学习能力。作为幼儿教师中的一员，你要一直不断学习以适应教学工作，脚踏实地地学习研究，这样才能在专业道路上成长起来。

访谈者：能否从自己的经历中，总结几个经验教训，以便后来人借鉴学习？

受访者：对于一个刚走出学校大门踏上工作岗位的教师来说，要学的东西真的是太多太多了。学校里学的更多的是一些理论知识，而工作上学的就是实践知识。一个优秀幼儿教师要学到老，尤其对于青年教师来说，不要吝啬你的语言，要多和有经验的老教师交流，有什么不懂的就要问，有什么不会就要请教，时刻做个有心人。当前辈在传授经验的时候就竖起耳朵听仔细，拿起笔记清楚，最后别忘了做个自我反思。当幼儿园安排你外出听课的时候，那就是你学习的好机会，一定要把握好，记好笔记，写好反思，做好总结。在空余的时间，主动找有经验的老教师听他上课，汲取经验。当你上课的时候，多多让老教师和领导来听你的课，从他们的点评中不断改正自己的缺点，提高自己的教学水平。

　　还有就是要做好家长工作。现在的父母学历高，懂得多，他们对年轻老师是不太信任的。尤其是当他们的孩子在幼儿园出事了，他们很多时候都不愿和你这个年轻教师沟通，觉得你太年轻不懂得处理。当他们需要老师多多关照孩子的生活方面，往往也不会托付你去照顾，因为会觉得你自己都是个孩子肯定是照顾不好的。越是这样，我认为青年教师就更要做出点成绩来给家长们看看，让他们信服，让他们心甘情愿将他们的宝贝托付给你照顾。幼儿园里孩子们难免会相互打打闹闹，产生一些小摩擦，有时只是闹着玩就会一不小心擦破皮，弄出一点小伤来。家长非常在意自己家孩子是否受到伤害，一旦发现自己家的孩子被欺负了，尤其是受伤了，家长的心里都是不好受的，他们会觉得是你老师看管不当造成的。这时候作为一个年轻教师，需要做好家长的沟通和安抚工作。这个时候难免会被家长责备，这时要学会放下脾气，等家长把话都说完了，你先要承认自己的过错，再耐心地跟他解释整件事情发生的经过，让他知道你已经处理过了。这样家长会消气，也不会造成事情的扩大。之后几天要特别关心和照顾他们的孩子，给家长吃一颗"定心丸"。尤其对于那些比较调皮的孩子，家长心里会觉得老师可能会不喜欢他们的孩子，当他们孩子被欺负时，你一定要做到一视同仁，公平公正地处理事情，让家长感受到老师心里还是喜欢他们孩子的。这样以后孩子犯一些错误，跟家长沟通，家长也会比较理解，还会和你老师一条心，积极配合老师教育好他们的孩子。

最后，就是有规划、有目标地做好自己的教学工作。凌乱的教学工作会让你每天都工作得很辛苦，很忙碌，而且还觉得很迷茫。结合幼儿园的工作安排给自己制订一个一学期的教学计划，明确自己本学期要做的一些事情。再根据这个计划每周给自己定一个教学工作安排表，例如：周一要做什么，周二要完成什么……让自己每天都能有目的地工作。这样的安排会让你觉得工作一点都不累，还对自己做过的事一清二楚。

访谈者： 回头看自己的学习和工作经历，您认为哪些理论或者知识的学习对后来形成工作经验或者是处理人际关系发挥了作用？哪些经验不能从书本中获得而只能从工作和生活中获得？

受访者： 在学校学习的专业知识和技能技巧多多少少对自己的工作都有些帮助，但是当初学习的时候一知半解，没有真正运用到实际，等到一线工作的过程中，学习的理论知识都忘得差不多了，仅仅是停留在知道的层面，如何运用还是仁者见仁、智者见智的感觉。参加工作之后，有机会参加的培训一定要参加。这个时候因为你有了一线工作的经验，再来听专家学者的讲座，会很受益。

　　我觉得只能从工作中获取的经验有这么两方面：一是家长工作。这一定是得跟家长真正地面对面沟通才能学习、感受到的，不是看看书就能学习的。因为新教师刚刚接触班级，对于家长的认识属于零。在工作的开始阶段，你只有不断地接触家长，你才能知道不同家长对幼儿的关注点不同，有的家长注重学习，有的家长注重吃穿。因此，在接送孩子的间隙，根据不同家长的关注点进行简短沟通和反馈，才能让家长放心把孩子交给你。除此之外，你在开展工作的时候需要家长的配合，比如组织新年联欢会、举办家长课堂。如果家长配合度高，就说明沟通到位；如果家长配合度一般，也就看出来班级老师的家长工作没有做好。二是班级组织和管理。孩子从托班一直到大班，每个年龄阶段的发展不同，教育活动设计与组织的重点也不同。比如，托班的孩子平均年龄2岁半，他们刚刚来园，几乎没有自理能力，对于一切环境都是陌生的。因此，教师的主要任务是让幼儿有融入感，同时重点抓孩子的日常生活习惯养成，不断地改变形式重复练习同一件事。中班的孩子明显变得更聪明，更有主见，也调皮了，面对这个年龄阶段的孩子，教师需要运用灵活多变的教育方式吸引孩子的注意力，并且利用鼓励和表扬教育促进常规养成。因此班级管理也并不是一朝一夕就能做好的事情，需要认真地去总结经验，寻找方法。

◆ 访谈感悟 ◆

苏霍姆林斯基曾经说过："在一个有几十名教师组成的集体里，要比在小型学校里更容易提高自己的教育技巧，在大的教师集体里，总有些有经验的教师。但是学习别人的经验是一件很复杂的事，是一种创造。"学习是幼儿教师一种自我丰满的过程，善于学习和研究是每一位优秀教师都具有的共同特点。不会学习的教师按部就班地重复自己日复一日的工作，而会学习的教师永远像孩子一样用好奇的眼光看待这个世界。张老师非常善于学习，她会向优秀的人学习，向书本学习，向实践学习。在积累课堂经验方面，张老师通过观察、模仿经验丰富的教师的上课状态，并从中汲取经验，借鉴其在课堂上使用的方式方法来提高自己。读书是教师获取新知识、开拓视野、提高人文素养的第一选择，张老师不但会选择书籍，还时常参加培训，并且"写反思""做总结"也是张老师坚持做的一件事。"不要重复别人的路，也不要重复自己的路。"只有不断地研究新情况、新问题、新环境，不断反思自己的教育教学行为，才能提高教学工作的自主性和创造性，实现自身的专业发展。在组织班级活动方面，不管是与幼儿还是与家长沟通，张老师都能做到从大处着眼，小处着手，从细微处着力去对一些实际问题进行思考，就如她自己所说，不管什么都需要在实践中摸索、历练，才能促进专业成长。幼儿教师的工作是极富挑战性和创造性的，发展空间很大，那些善于学习和研究的幼儿教师，就有可能获得成功，享受幸福。

学无止境的谭老师

访谈日期：2018 年 8 月 2 日

访谈时间：10：00—11：30

访 谈 者：贺敬雯　张梦涛

受 访 者：谭老师（沈阳）

访谈者：您是怎样踏入幼教界的？当初的想法是怎样的？

受访者：我参加工作是很早的，19 岁的时候幼师毕业，但我没有直接去幼儿园，而是先去了小学工作了一年。一年后于洪区有一个政策，只要是从农村来的，就都要回到农村。所以，我回到了农村一所幼儿园里当老师。我最初选择这个行业的时候并没有想太多，也没有什么特别大的理想，当时的政策是只要农村户口考上幼师的，户口就会变成城镇户口，而城镇户口是每个月都能到粮站去分粮食的。因为当时家里条件确实不好，解决温饱都是一个大问题。就是因为这个原因，我才选择了幼教这个行业。其实当时我学习成绩是非常好的，基本上考什么学校都能考上。也因为我爸妈原来都是当老师的，觉得女孩子当个老师还是挺好的，这个职业也特别受人尊重。总之各种因素吧，就选了这个行业。

访谈者：经过多少时间您走到了今天，成为一名优秀的幼儿教师？在这个过程中，有没有您认为是人生转折点的那些时刻？

受访者：我在幼儿园都工作 20 多年了，其中算是我人生转折点的时刻应该是我参加工作第 4 年的时候，我在工作中慢慢发现当幼儿老师并不是我当初想的那样轻松，收入没有小学老师的高，社会声望也没有中学、大学老师的高，通常被大家叫作"孩子王"，是带着孩子玩的"高级保姆"。这让我觉得作为教师群体中的一类，幼儿教师活得真累，感觉自己的付出和得到的回报不成比例，就让我很难再坚持下去了。随着这样的想法越来越多，心情也越来越不好，我就做出了离开的决定。但在离开幼儿园的半年时间里，我突然发现时间怎么那么难熬，开始每天想我班里的那群孩子，与他们在一起玩呀、笑呀、做游戏的场景就一幕幕出现在我眼前。一有时间我就翻看自己存的孩子们的照片，但越看就越想念他们。于是，几个月后，我就回去找到我们园长，向她表明了自己的心态。真的很感谢园长能理解我，让我重新回到幼儿园，让我又见到了那群可爱的孩子。这件事让我真正知道了自己喜欢的事情，我是真的喜欢这份工作。我现在之所以能适应这份工作，最重要的是我自己的想法变了。在离开的那段时间里，我发现了喜欢一份工作和爱一个人的道理是一样的。爱一个人，你就要包容他的任何缺点。同样，喜欢一份工作就要做好准备去承担它给你带来的压力和负面影响。而且在幼儿教育这个领域，你会慢慢发现很多很多美好的东西。比如现在当我遇到无理取闹的家长时，我就会这样想，幸好我们班里只有一位这样的家长，我就能够让自己平心静气地和这位家长好好谈一谈了。当我和同事因为某些很小的事情产生意见不合的时候，我就会想，终于有一个人可以和我一起探讨、切磋教育理念了。有了这样的心态，我就成长得更快了！

访谈者： 新入职阶段、工作熟悉后的阶段、现在的成熟阶段有没有一些令您记忆深刻的事情？能否说几个典型的个人成长故事？

受访者： 我从小就是争强好胜的性格，不服输。刚入职的时候，园长觉得我还可以，所以幼儿园所有的材料都是我写，虽然当时对我是一种折磨，但确实也是一种历练。园长的总结发言稿我来写，一位老教师评上先进教师，也让我给写材料。那时候感觉理所应当，你让我干我就干，没有什么怨言，也没有觉得这不是我的活，为什么要让我做。现在觉得确实很有收获，写东西很顺畅。

　　现在幼儿园提供的出去参加培训、学习的机会也多了，各种组织机构都在办。在这几个培训当中给我印象最深刻的，是市首席培训。其中有一个园长给我印象特别深。她是山东一个幼儿园的园长，这个幼儿园还不算是特别好、特别大的幼儿园，但她的格局非常大，非常热情。那时候，沈阳市幼儿园基本不给外来人看幼儿园内核心的情况，比如你到一个幼儿园参观，班里的门全锁着，就让你在走廊看。这两年，辽宁省评幼儿园的星级，我作为评委，才能看到其他幼儿园的核心内容，不然什么都看不见，只能看见走廊里的那些画。所以山东省这个园长给我的感触特别大，我们去的时候，她给我们详细地介绍了幼儿园的情况、她的教育理念、她的办园制度，以及她是怎么搞活动的。然后给我们带到她的档案室，档案室里什么都有，都是最核心的东西，比如活动纪实性的东西，她还给我们讲什么活动在哪儿请的人，特色是什么，网址是什么，花了多少钱。这个园长给我的感觉就是格局大、心胸广，她觉得资源共享大家才能互相学习，一起提高。所以回来之后我也有改变，原来我也不喜欢让别人看我们幼儿园的核心东西，我辛辛苦苦做的这些东西，不想让别人用。我最大的特点就是我做什么东西都是自己做的，不抄袭别人的东西，我在网上看完也是自己修改。但从山东回来，我改变了自己的想法。前段时间有人来我们幼儿园，想照相，我说可以照；要电子档，我说有的都给你。这个山东幼儿园的园长和我们没有什么关系，我们只是以首席老师的身份去，还不是国际之间、园长之间的交流学习，她都能那么无私地把东西告诉我们，为的是整个行业的提高。真的是有大格局的人，我一下子感觉我们太小家子气了，不让别人看怎么能提高？

访谈者： 有哪些人／事件对您产生了重要影响？您的家庭对您有什么样的影响？

受访者： 是我们区原来的科研主任，他是管全区的科研，不光是幼儿园的科研。那时我在幼儿园管教学科研，我们就在一起做课题。幼儿园申报课题是一个弱项，基本思路不清晰，原来也没有人带着我们做。我当时是写了一个科研报告，报告我认为写得还算可以。然后这个主任就把我给叫去了，给我做了个一对一的辅导，从头给我理了一遍思路，告诉我这部分应该跟哪一部分对应上，这个是什么内容，应该用什么方法，方法从哪体现。他给我理完这一遍思路之后，我真的就开窍了。那时候区里有一个科研主任的培训，从市里请了一些人讲文献怎么写综述。他就给了我一个任务，让我在科研主任培训上做交流，说一下我的文献是怎么写的。我这个人自尊心非常强，交给我的任务必须完成。所以在科研方面，这个人对我的影响特别大。我也非常感谢他，是他把我带到这条道上，从那以后科研的路子我就理清了。当然这也是因为我有成长的愿望，他也是看到我的这种愿望，才给我这样的机会。现在有很多人不愿意成长，我去参加科研主任会学习的时候，我周围有的人玩手机，有的人睡觉，还有的人在那批卷子。我就很不理解他们，他们可能没有这种愿望吧。

我的家庭是非常支持我的。可以说我们一家人都充满正能量，我的父亲是老革命，正能量；我的丈夫在医院工作，正能量；我的儿子在我们教育下也充满了正能量。有时候在单位遇到一些烦心事儿，回到家难免会有一些抱怨，向他们倾诉。他们不会说，你怎么这么烦啊，工作上的事老带到家里来，老把他们当成撒气桶。他们会跟你分析这件事情的前因后果，帮助你从好的一面想，遇到这种问题以后应该怎么看，怎么解决，他们会从正面去开导你，给你讲一些道理，这样你的心里就会舒服很多，也会看开很多。这让我觉得我的家里人真的太好了，太支持我的工作了。有时候我会想，如果背后没有他们这样支持我、鼓励我，我真的很难在这个岗位上坚持下来。任何一份工作都会让你有烦心的时候，但重要的是你如何去发泄，如何从烦心的事情中走出来。我觉得，如果没有我的家人，我就不会走到今天，不会有这样的成就。

访谈者： 您的哪些特质让您成为幼儿园骨干教师？您认为让您成功／战胜困难的最关键因素是什么？

受访者： 我觉得是学习的韧劲。从我 20 岁入职到现在，在 20 多年当中我比跟我同时入职的老师更加成熟一点，最关键的因素是我特别愿意学习。如果是我感兴趣的东西，我就愿意把它弄明白弄懂。尤其是我现在在这个位置上，需要带大家做一些业务学习、做一些教学之类的。如果我弄不通，我在上面讲，如果有老师提问题，我要是回答不上来的话就会特别不好意思，我觉得我必须弄通。我始终有一种危机感，因为我们幼儿园一直都有来自沈师的毕业生，他们在学校学的理论知识肯定要比我们学得更系统，那我用什么来带这些孩子呢？这种危机感也促使我学习。不管是理论还是实践的东西，我都愿意去摸索、去学。我这个年纪还跟我儿子一起学英语，他学的 C 语言的编程我也感兴趣，也跟他一起学。如果我只满足于当一个老师，只有把孩子带好就行的想法，我也不能到今天的状态。

　　我还有另外一个特质是不服输。我觉得年轻人能做到的事情我也能做到，年轻人可以涉及的新鲜事物我也都可以涉及。不管什么时候，如果发现别人会我不会，我就觉得不行，我必须会。我不是为了什么，我就是觉得我可以，你们能做到的我都能做到。

现在工作都离不开电脑了，你别看幼儿园老师每天都跟孩子待在一起，其实用到电脑的地方也很多。现在年轻老师基本上都会电脑，什么打字、做 PPT、下载音乐或视频，他们都能行。我们那会儿哪有这些啊，全是手写，看书，查资料。手机都很少见，更别说电脑了。所以学电脑就是老教师们很头疼的问题，学吧，他们怕自己反应慢，学起来费劲，耗费时间太长，有些老教师觉得需要什么资料就直接让年轻老师帮着做了；不学吧，总觉得这是门技术，用的地方还挺多，就特别矛盾。我就直接学了，也没有报什么班，就看书，跟着书学，然后遇到解决不了的问题就问，慢慢地，我也会了，我还上网学习，报课听人家名校的老师讲。写材料、做课件、下载东西我都学会了。这些就够用了，就能帮助我很好地完成工作了。有时候园里的一些老师也挺佩服我的，说我真的不输给年轻人。我就是这种想法，活到老，学到老。只要我感兴趣的，我工作中需要用到的，不管多难、多复杂，我都学，而且一定要把它学好。在这个过程当中我能获得学习的乐趣，只有在学习的时候我才有满足感。这也是我身上的一个特点，也是我今天能取得这些成绩的一个很重要的因素。

访谈者： 能否从自己的经历中，总结几个经验教训，以便后来人借鉴学习？

受访者： 我觉得一个人一定要有学习的欲望，有自我成长的需求，否则你永远不会成为一个优秀的幼儿园老师。同样的幼儿园，同样的老师，同样去带孩子，为什么有的老师成长得很快，有的老师成长得慢呢？外部条件是一方面，主要还是看自己是否有这种学习的愿望，内驱力是很重要的。我参加的培训都是在周六、周日的休息时间，我并没有觉得很累。我觉得如果不认真学习，也对不起组织者，对不起老师。知识是你学下来的，并不是谁给你的。现在也不只是坐在座位上听，头脑风暴、小组讨论，你要到讲台上发表见解。学习这种事情真不是别人逼迫的，是内在的需要。你想要学习，愿意学习，你就会提升得很快，否则只是虚度光阴罢了。现在我们招老师，首先是希望学生基础打得好，到幼儿园之后，先会考察你是不是能安心做这份工作，你是不是"认干"，有没有学习的愿望，有了这种愿望，你差一点我们也愿意培养你，没有这种愿望，即使你能力再强，我们幼儿园也不会要的。

　　还有一个就是懂得反思。反思太重要了，每个人都应该学会反思，尤其教师这个职业，更需要反思。如果你不反思，每天就是上班下班，每天做的都是重复性的工作，那你就会永远停留在一个水平，慢慢也会对这个职业产生一种无趣感，觉得没什么意思了。反思是促进教师专业成长的一个特别好、特别快的途径。今天做了哪些事情？有没有做得让自己不满意的地方？应该怎么去改正？今天跟谁学了什么？坚持每天回顾自己一天的工作内容，这样时间长了，积累的经验就多了。我自从参加工作后，每天都坚持抽出 20 分钟做一个反思。这个习惯一直坚持到现在，我知道这个习惯能给人带来多大的帮助，所以，我现在也要求自己班里的实习老师做这个工作，有时候年轻老师自制力不强，坚持不下来，我就会帮他进行反思。我说你下了班抽出 10 分钟，给我汇报一下今天的工作，然后谈一下感受。这个就是反思的过程，知道自己哪里做得好，哪里做得不好，下次再遇到了这种事应该怎么去做。这就是成长，这就是进步。

访谈者： 回头看自己的学习和工作经历，您认为哪些理论或者知识的学习对后来形成工作经验或者是处理人际关系发挥了作用？哪些经验不能从书本中获得而只能从工作和生活中获得？

受访者： 其实我个人觉得一些专业的理论知识还是很有用的。比如幼儿的学习特点、幼儿的心理发展特点、幼儿卫生学，等等。作为一名专业的幼儿老师，无论是在教学中，还是在一日生活中，前提都必须是了解孩子，幼儿园阶段的孩子与小学、初中的孩子有很大的差异。如果你不了解他们，你做的任何事情都是无效的或者效果不大。现在很多幼儿园在招老师的时候，也会招一些非专业的，但招进来你会发现，虽然他们能跟你学点技能方面的东西，但理论方面真的很欠缺，他们在看问题或者在做一节活动的时候，很少关注幼儿的发展特点。我们幼儿园的老教师也经常会给新老师做一些关于幼儿发展特点的培训，有的是本专业出身的，理解起来都有困难，更别说非专业的了。所以，一些基本的关于幼儿身心发展的理论知识，幼儿老师一定要知道。

自从国家颁布了《3—6 岁儿童学习与发展指南》，我们组织全园老师学习《指南》，甚至会要求老师们有些内容一定要会背，熟记于心。《指南》是全国幼教专家、教授智慧的结晶，总结出来的一些精华。每个领域、每个阶段，孩子需要达到哪些目标，教师应该做什么，都解释得清清楚楚。这就给我们的教育活动提供了一个非常具体的指引方向。一有年轻老师把握不好自己教学活动目标的时候，我就说你去看看《指南》。包括我们老教师，现在还时不时拿出来看一看，对照一下自己平时的工作，看看有哪些不足的地方，真的作用特别大，特别实用。

不能从书本上获得的经验，比如说如何跟家长沟通、如何跟孩子沟通、如何针对性格迥异的孩子进行教育、孩子发生危险或产生冲突了怎么办，等等，还是有很多的。这种经验就是在工作中，见得多了，经历得多了，慢慢自己就总结出来了。俗话说得好："实践出真知。"有时候就是这样，你没经历，永远不知道。现在的孩子个性差异都很大，有的是那种张扬型的，比较外向、容易骄傲，有的就比较内向、安静，还有的比较黏人、缺乏安全感，不同性格的孩子，教育他们的方式就不一样。你首先得看见这些性格迥异的孩子，其次根据不同的场景、不同的问题，采取不同的方法对他们进行教育。你在学校里连孩子都见不上，哪谈得上这些。

◆ 访谈感悟 ◆

成为一名幼儿教师很简单，但要想成为一名优秀的幼儿教师却并非易事。优秀的幼儿教师除了需要具备专业的知识和技能，还要对自己有一份自我成长的期待和理想。谭老师便是一位对自我要求很高的人，始终有一个自我成长的愿望，珍惜每次培训学习的机会，谦虚、认真，从而慢慢获得收获和进步。撰写一篇研究综述，小组会上开展交流学习一遍，大会上进行交流又巩固一遍，给新老师做培训的时候又学习一遍，这就是谭老师自我成长的体现。谭老师在幼儿园从最初的新手教师到现在的教研主任，其间所经历的困难和挫折是常人无法想象的。争强好胜、不服输、不抱怨的性格也在很大程度上帮助谭老师渡过了一个个难关。谭老师勤于思考、勤于学习、永不止步的品质，是当今经济快速发展时代一个难能可贵的品质，也是很多幼儿教师所欠缺的一个品质。物欲横流、信息多元导致很多年轻幼儿教师不能够沉下心来做好自己的本职工作，容易被外界所干扰和诱惑，失去了最初的那份本真和纯心。所以，谭老师给我们树立了一个很好的榜样，提醒我们无论身处何地，都要时刻认清自己，把握好自己发展的方向，并为之努力奋斗！

拥有教育智慧的何老师

访谈日期：2018 年 7 月 28 日

访谈时间：10：00—11：30

访 谈 者：但 菲 黄 昕

受 访 者：何老师（长沙）

访谈者： 您是怎样踏入幼教界的？当初的想法是怎样的？

受访者： 我当初也是无意之间选择了这个专业。我们那个年代考中师就算不错了，我初中毕业实际上是选择了普通师范，出来是做小学老师的。后来做幼儿园老师是因为跟随父母的调动，从湘潭到了长沙。当时涉及转学，阴差阳错地就转学到了幼儿师范学校。从幼儿师范毕业以后，因为我本身的音乐特长，并没有去幼儿园，去了一所私立小学。在私立小学担任了三年的音乐老师，后来因为私立小学无法运营了，才进入幼儿园。开始的时候是做普通的带班老师，大概经过了三年的时间，可能是我在各个方面的能力比较强，就被领导提拔到了办公室兼做一些协助园长的工作，写点稿子啊，整理档案啊，做这些事务性工作。

访谈者： 经过多长时间您走到了今天，成为一名优秀的幼儿教师？在这个过程中，有没有您认为是人生转折点的那些时刻？

受访者： 从我做幼儿教师到现在有 19 年了。转折点的话，是跟一个男教师发生了正面冲突。实际上是他先做得不对，还比较容易发火，就引起了很强烈的冲突。我做得也不对，不应该和他起正面冲突。当时我认为，本来就是你不对，为什么还要我受委屈？为什么我要压抑我认为正直的观念和做法来迎合你？大家都知道错在他，是他没有遵守规章制度从而引发的矛盾。园长知道了后马上制止了我们，后来园长跟我说我的做法非常不当。这件事最后是我找他和解，相当于我退了一步。我等了两天去找他，这时候两个人都平静下来了。我向园长了解到这个男老师性格本身就是非常急躁的那种，但过去以后，你去找他沟通，他也会换个角度去想。我去找他，他很感动，说其实他也想了两天，是自己做错了。实际上人与人之间的沟通和相处可能就是迈过那个障碍，他可能也想来找我，但是他迈不出来。从这件事以后，我就知道了人与人相处过程中应该用一种怎样的处理方式和方法策略。我以前是一个很大大咧咧、性格张扬的人，我觉得对就是对，错就是错，但是这件事之后我开始收敛我的个性。

访谈者： 新入职阶段、工作熟悉后的阶段、现在的成熟阶段有没有一些令您记忆深刻的事情？能否说几个典型的个人成长故事？

受访者： 记忆比较深的是家长工作这一块。我是在民办幼儿园工作，民办幼儿园会有一个能不能长久发展的压力，因为这样一个压力，民办幼儿园会更关注家长的需求。当然有些民办幼儿园走偏了，一味地迎合家长的需求，这肯定是不对的。我们幼儿园的定位是，关注家长合理的需求。我们非常重视和家长的联系和沟通，每天也许会沟通一半的家长，至少会有微信和电话的沟通。比如说我们班上有 30 个孩子，我会沟通到 15 个孩子具体的情况，比如你家的孩子今天怎么样，哪个方面做得很好，哪个方面发现还有什么问题。每一次家长来参观之后，我们都会和家长谈一谈我们的教学理念，谈一谈我们的特色。如果你认同，你可以选择我们幼儿园；如果你持不同的观点，你可以不选择我们幼儿园。我们不是家长希望什么样的教育就无条件地满足。我们的课程理念和课程框架还是把持得比较好的，以游戏和生活为主，以自我操作活动为主，老师通过孩子的操作进行观察分析，对孩子做一些个性化追踪的课程。比如说有的孩子在语言方面有一定优势，而体能协调是他的弱项。我们会跟家长说，要尽量做到拔高他的优势，让他做小主持人或者餐前的分享；在弱项方面，我们会尽力提高，在户外活动时间，增加一些体能和协调性的训练。这样，根据孩子的特长和优势来进行有针对性的扬长教育，针对孩子的缺点和短处来进行弥补教育。

　　当我们到了大班的第二个学期，进园的时候我就会跟家长说，如果你想你的孩子在大班的时候学写字和拼音，对不起，我做不到。如果你不同意，你可以选择其他幼儿园，去选可以教写字教拼音的幼儿园。我们关注的是孩子的个性能力。比如我们特别关注音乐，认为音乐不仅仅是孩子学会的一项技能，重要的是让他真正感受到音乐的美，成为一个能够体会音乐美的人，一个懂得审美的人。很多家长也很认可，觉得这个是对的，现在的家长大部分也都是"85 后""90 后"了，教育理念是比较先进的。刚好我们附近就有一所小学，他们很认可我们幼儿园的观念，大概有 30 位老师把自己的孩子放到我们幼儿园。我们刚好有得天独厚的优势，就让他们作为家长委员会的代表，来跟大家在家长群里进行一些分享，分享作为小学老师，希望什么样的孩子进入小学，所以大家的心态就比较平和。刚好我的孩子是去年从幼儿园毕业的，已经上一年级，然后我就跟家长们讲，我真的没有给孩子做任何的补习，我实话跟他们讲，一年级学拼音的那两个月孩子确实很吃亏，但到了二年级，到了写话和语言表达的时候，孩子就没问题了，甚至超过了很多孩子。我把孩子的作业本拿来，她写第一次的作业和大班时已经幼小衔接过的孩子的作业比，那个孩子确实写得非常好，但三个月之后再比的时候就一样了。

访谈者：有哪些人／事件对您产生了重要影响？您的家庭对您有什么样的影响？

受访者：我的园长对我影响非常大。她是业务能力非常强的领导，对我的指导和帮助很多。特别是在我的业务成长方面，她会告诉我怎么做。我以前的性格非常刚烈，对于一些现象，是非观念非常分明，但有时候是非常不好的。园长告诉我要具有包容心，每个人都有多面性，都有优点和缺点，我们一定要看到每个人的优点，不能把他的缺点放大。但是我之前就会因为这件事是某个人做错的，是他不对，老咬着不放。园长这样的与人交往的方式对我的帮助特别大，之后我也因为她对我的教导而做了一些改变。比如说在看事物的心态上，为人处世的观念和方法上。还有就是，园长给了我发展的平台，是她让我体会到了成就感和归属感，所以至今我都非常感谢她。说到这里我都有些激动，应该说她是我的人生导师，是她把我带出来的，给了我很多的信任和支持，能够碰到这样一个导师也是我的运气比较好。

　　还有就是我的家庭，我是一个对工作非常执着和认真的人，我的父母分担了很多我家庭和生活上的事情，我才能安心扑在事业上。我有时候想，如果没有我的父母，我可能没有办法在这个岗位上坚持下去。所以我非常感谢我的父母，父母对我的支持和鼓励是非常大的。比如当园里有对外交流活动的时候，或者我要外出处理一些事情的时候，家里的事就完全是我的父母在管。我自己的孩子我也管，但是我和孩子的相处时间比起他和我父母的相处时间来说毕竟是少的，父母替我担起了大部分的教育我的孩子的任务，我只是在大的方向上把控一下。我的家庭对我真的是给予了很多的帮助，以及生活上的照顾，我有时候忙起来饭都没时间吃，我父母就在家里等我回去，多晚都会等着我，让我感到很暖心。

访谈者： 您的哪些特质让您成为幼儿园骨干教师？您认为让您成功／战胜困难的最关键因素是什么？

受访者： 首先，我认为我的专业能力和业务能力是比较强的，在专业方面我是没有可以让别人质疑的地方。其次，我认为我比较包容，这也是我在工作的过程中慢慢懂得和学会的。作为幼儿园老师，要懂得包容，包容幼儿无意犯下的小错误，包容幼儿之间偶尔的小矛盾，孩子总会犯错的，没有什么大不了的，包容能够帮助你在工作的过程中更加顺利和融洽。最后，我认为我的沟通能力是比较强的，包括跟领导之间的沟通、跟外界不同行业的沟通、与孩子之间的沟通、与同事之间的沟通。沟通讲究的是沟通技巧，幼儿教师的职业要求我们每天要与幼儿、家长以及同事相处，在相处的过程中我们可能会面临很多问题。比如我每天相处最多的就是幼儿，在与幼儿相处的过程中，怎样才能够更好地理解幼儿，更好地处理幼儿之间发生的矛盾，我认为除了要掌握一定的幼儿心理学以及教育学知识，在实践的过程中，还要懂得观察。观察是沟通的基础，观察幼儿的行为，在观察的背后需要不断进行反思，反思幼儿行为背后的心理因素，以便帮助我们更好地解决问题。

我认为战胜困难的关键因素，首先是要具备专业的教育知识，这是做幼儿教师的必要基础，如果你是小学、初中转过来的跨专业的，那就更要加强理论的学习，在扎实的理论基础上去链接你的实践。其次，不要把个人的利益得失看得太重，如果你把个人的利益看得太重的话，长久来看对幼儿教师的个人发展是没有好处的。最后，在与幼儿家长相处的过程中要具备一定的教育机制，在幼儿园中经常会出现一些意外，那么在遇到意外事故的时候幼儿教师要如何处理呢？这就需要一定的教育智慧，要怎样跟家长解释，解释幼儿在园里的意外，解释我们的教育理念，等等。因为我们需要获得家长的认同，家长工作是进行幼儿教育的关键。

访谈者： 能否从自己的经历中，总结几个经验教训，以便后来人借鉴学习？

受访者： 我觉得在理论方面的提炼总结能力我还比较欠缺，如果你让我做，我可以去做，实践方面是可以的，但是做这个事情的经验教训和理论支撑还不能很好地提炼出来。也可以说我是一个实干型的老师，我可以把一个教案设计或者一节课该怎样上做得条理清晰，在面对孩子的问题或者矛盾时可以处理得很顺利，但是我不能很好地找出实践背后的理论支撑，以至于有的时候就是盲目地去做，而不能做一些理论上的总结，所以有的时候我感觉自己一直在原地踏步，没有真正地在进步，在成长。我认为一个优秀的幼儿教师不仅仅要做一个实践型的老师，同时也要兼顾理论提升，在实践能力达到一定的高度时，要适当地进行一定的总结：这件事情我为什么要这样处理？这个问题我要怎样来回答孩子？孩子之间的矛盾我要怎样沟通？这都需要幼儿教师进行及时的总结提炼。

访谈者： 回头看自己的学习和工作经历，您认为哪些理论或者知识的学习对后来形成工作经验或者是处理人际关系发挥了作用？哪些经验不能从书本中获得而只能从工作和生活中获得？

受访者： 我觉得前期的学习是一个基础性的，专业知识必须是扎实的，这是最基本的，对以后的工作起到奠基作用。工作了以后，实践和理论有的时候会对接不上，那么就需要在理论的基础上摸索着实践。比如说我们一直在做的一个特色戏剧课程。我们的戏剧课程是这样的，会用一个假期的时间来设计这门课程，架构一个月一个主题方案，然后一个学期是五个月，我们用三个月的时间做主题或项目课程，后面的两个月做创意性戏剧。戏剧课程实际上也是一门综合性的课程，从一个故事开始，最终会是一台戏剧或舞台剧的展现。但千万不要认为是像我们小时候那样排演的，以前演丑小鸭，教师就会觉得丑小鸭是主角，那我一定要选一个表现能力特别强的、表现突出的孩子来演丑小鸭，然后一句一句台词、一个一个动作去教她，还要去教鸭妈妈，还要选一个主持人，教完之后来排练，我们现在绝对不是这样的形式。我们先是读绘本，全体先来阅读《丑小鸭》，利用一个星期的时间创编仿编故事，甚至改变结局都是可以的，然后自制绘本，把这个故事做成一本一本的，故事做完以后就到剧本，故事没有精确到每个角色应该说的话，但是剧本要精确到每个角色，他需要什么样的表情，全部都是教师、幼儿和家庭共同完成的，形成我们自己的剧本。剧本会有好几种，这么多剧本产生以后就要投票，孩子们选择自己认为的好剧本。确定剧本以后，我们就开始用剧本上音乐课和语言课了。这中间可能还会有科学活动和社会活动，课程不是单独的学科。我们会把剧本设计成一幕幕的音乐游戏，孩子在玩游戏过程中体验所有的角色。30 个孩子随便你拎一个出来说任何角色的对话，他们都会，而不是像以往我演什么就只会什么。所有的孩子全部都会以后，就要定角色了，角色不是老师定，由中大班的孩子自己选取角色，他要正确地评价自己，以便选取最适合自己的角色。首先老师会制作一个表给家长，让孩子填写第一想演的角色是谁，第二想演的角色是谁，第三想演的角色是谁，第四想演的角色是谁，这样第一个角色竞争不上，他还可以演第二个角色。那么在竞选过程中我真的很感动，孩子们会说确实别的小朋友表演得要比我好，他的声音要比我大，所以他应该演丑小鸭，我要投他的票，这是他的自我评价和他人评价。票数一样多怎么办？一种方式是石头、剪刀、布，谁赢了就谁去演。没办法，他们长大以后进入社会也是这样的，也要看运气。还有就是两个人商量的处理方式，比如一个人演前面的丑小鸭，第二个人演蜕变成天鹅的部分，这样也特别好，角色全都是孩子自己做主。我们在这个时候还要做家长工作，家长不要认为孩子演了主角就很好，就算你的孩子在舞台上演一个石头，这也是他努力竞选得来的。演石头要懂得怎么样控制自己在舞台上一动不动，石头可能会有一两句话，他还要知道什么时候站起来说这句话，这就让孩子懂得了合作。要让家长知道孩子虽然只演了石头，也是一块了不起的石头，他这次演了石头，下次不一定是演石头。角色定完了之后，就进行联排，这时候已经到了第二个月的第三个星期，联排的时候孩子们还会学习一些社会性的知识，他要知道舞台方位。但是我们的舞台方位不会像我们以前那样，老师给他安排和训练，他们都会有自己的想法，比如说前排的孩子要蹲下来，第二排半蹲，最后一排要踮起来，这样他们每个人的脸都能露出来了，这些都是他们自己想出来的办法。特别是大班，包括舞台的方位，怎么站，怎么样的队形，都是他们自己定的。之后是服装，我们从来不去租和买，全是亲子自制，舞台布置也是孩子们做的。最后是戏剧的展现，戏剧的展现没有华丽的舞台，不会去外面租场地，没有华丽的服装，没有很好的化妆效果，但是有孩子们的本色表演。

我们做这个课程已经三年了，我们老师和家长都觉得很感兴趣，孩子们的每一场演出都很精彩，家长们观看时都是热泪盈眶。我们老师不会站在前排带动作，孩子站在什么位置，就算站错了也没关系，本质和纯真的表演让家长坐在下面看得非常感动，因为我们不是在训练一个舞蹈演员，不是在训练一个专业主持人。我们戏剧有报幕的，有举牌的，有旁白的，等等，角色都是孩子自己选择的，家长看到了孩子的成长。最开始的一年，家长还不太认同，经过三年以后，家长就非常感兴趣了。

现在比较发达的地区和国家都在用戏剧课程，那么这样的东西光依据理论是不行的，还会遇到各种各样的实际问题，在参照理论依据的同时，还需要在实践的过程中慢慢地摸索着前进。

·◆· **访谈感悟** ·◆·

幼儿教师在工作的过程中使用何种教学资源、实施什么教学策略和教学行动，这都是教师教学智慧的体现。幼儿教师必须具有明确的判断能力来了解幼儿的需要、贴近幼儿的发展、接纳幼儿的行为、欣赏幼儿的创作、包容幼儿的步调。这需要幼儿教师经过长期的经验的积累，不断进行学习调整和修正才能达到。除此之外，家长工作也是幼儿教育的过程中必不可少的，幼儿教师需要及时与家长进行良好的沟通。今天我们访谈的何老师正是在这样一个不断调整和修正的过程中，逐步成长起来的优秀教师。她说，她本是一个性格鲜明的女子，但是学前教育这一职业环境改变了她的性格，这也是一种自我调整和修正。我还看到了她在专业和课程方面经验的积累和专业的成长。何老师正是在不断调整和修正的过程中，做到了以幼儿的需求为基本中心，积累自身经验的同时在专业上有所进益。

勇于挑战的张老师

访谈日期：2018 年 7 月 28 日

访谈时间：10：00—11：30

访 谈 者：王小溪　蒋　娟

受 访 者：张老师（沈阳）

访谈者：您是怎样踏入幼教界的？当初的想法是怎样的？

受访者：我是初中考的中专，当时中专不像现在的中专，现在的中专算是很好考的了吧。一九九几年的时候中专因为包分配，所以不太好考。我喜欢音乐，当时我是想考艺术幼儿师范的音乐专业，这样出来就是音乐老师。但是毕竟从小没学过音乐，音乐专业是先考面试后看成绩，我面试成绩不够，走音乐专业不行。家人就说你考幼师吧，因为毕竟幼师这块多少和音乐挂点钩，而且幼师是先看成绩后面试。那时候我也不知道幼师专业具体什么样，我喜欢不喜欢孩子，这些都没想。就是考了，考完就念了，挺自然的。工作以后，觉得这份工作也挺神圣的，虽然不能说是"桃李满天下"，但我还是觉着挺有成就感的，因为幼儿时期孩子对老师的爱是最纯洁的。

访谈者：经过多长时间您走到了今天，成为一名优秀的幼儿教师？在这个过程中，有没有您认为是人生转折点的那些时刻？

受访者：我已经在幼儿教师这个岗位上坚持了 20 多年。从最初的新手教师，一边工作一边摸索，到后来可以独立带班，再到后来可以带年轻的老师承担科研重任，甚至有时候代表幼儿园参加市里、省里组织的活动，获得一些荣誉，我很庆幸自己一直以来对这份事业的坚持与热爱，因为坚持与热爱我才能走到今天，最终可以从容地面对这份事业。随着时间的沉淀，我也越来越热爱这个事业，它已经成为我生命中的一部分。在这20多年中我经历了很多酸甜苦辣，有时候回想起来就像放电影一样在我脑海里一幕幕呈现，每一次的事情不管是大是小，都让我有所收获和成长。

转折点是2004年当干事的时候，那时候幼儿园在职教师比我小的也就两个人。因为年龄小，很多事情做起来就会比较难。那段时间挺难的，好在我这个人性格比较随和，不是大的原则问题我觉着差不多就可以。

在刚当上干事的时候，很多人是在看着我的，尤其那些比我资历老的同事，他们不服气，在工作态度和言谈举止上其实有时候能够很明显地看出来。我那时候心里也很委屈，我觉得这也不是我硬要当的，是领导选的我，这也不是我的错，为什么要针对我呢？不过就像我之前说的，我这个人性格比较随和，不管别人怎么对我，我都不会对他们怎么样，我只希望把工作干好。换位思考一下，如果我是他们，心里难免也会有所不平衡吧，所以只要不是太过分我都不予理会。但是那个时候自己心理压力还是比较大的，后来回头看自己，其实那时候主要是因为不自信，才会有退缩彷徨，怕自己干不好，怕让领导失望，也怕让别人看笑话，所以刚当上干事那段日子并不是很在状态。后来我们领导也看出来了我的状态不是太好，她经常给我一些鼓励，在我完成一些工作之后她会很耐心地给我指点，比如说为什么要这么做，怎么做会更好。她越是对我好，对我精心培养，我就越觉得自己不应该逃避，应该迎难而上，对得起她的这份期待和选择，所以我就努力调整心态，跟上工作进度，心里想那就放手一搏吧，尽自己最大努力证明给别人看。所以那段时间工作也很拼，常常加班，干工作的时候不再是埋头苦干，而是会思考怎么巧干，怎么合理分配资源和任务，同时也学会了主动做事情，为领导分担。我好像是走出了自己过去的小天地，不再是干好自己分内的事就可以了，我既然站在这个位置上，我就要从这个角度去思考问题，从大的方向来把握自己的工作，学会跳出来看问题，并且只要是能提升自己的事情，我都会主动去做，不再害怕困难。那段时间觉得自己充满干劲，从情绪低落到满血复活，也干出了属于自己的成绩，证明了我自己，也证明了领导的眼光没有错。并且我也养成了很多好习惯，比如说到现在自己只要有时间就会静下心来看书学习，保持一种充电的状态。我觉得这个转折不仅是工作上的变化，也是我人生态度的一种提升，让我受益匪浅。机遇是留给有准备的人的，所谓有准备并不是说我就要当干事，我时刻准备和人争一个干事或者争一个位置，这不是准备，准备是一个潜移默化的东西。我这个人，没有什么特别突出的能力，教学也不拔尖，但是会认真对待工作。凡是领导交给我的事我肯定认真去干，不为回报，只为提升自己。虽然当时看着挺辛苦的，但是过得很充实，并且进步也很大，为之后的工作打下一个坚实的基础。

访谈者： 新入职阶段、工作熟悉后的阶段、现在的成熟阶段有没有一些令您记忆深刻的事情？能否说几个典型的个人成长故事？

受访者： 2010 年评上名师，这是让我骄傲的一件事。评上之后我的压力比评上之前更大，因为你有了这个头衔，做什么事情都是有人看着的。压力大也是好事，评了这个之后我想就算不超过别人，也得和别人差不多，所以对于区里的活动我总是积极参与。比如微课程培训，还有课程开发的讲师团的活动，我都积极去做。这些都要用课外时间来做，但是我认为这段经历让我成长很快。如果你想要学习更多，你就要付出更多的时间和辛苦，而不是羡慕别人会了多少技能，光是羡慕没有用，你要看到这背后花费的时间和精力。那句古语不是说"临渊羡鱼，不如退而结网"吗？付出不一定会得到回报，不一定能够收获多少荣誉，但是没有付出一定不会有收获。

访谈者： 有哪些人/事件对您产生了重要影响？您的家庭对您有什么样的影响？

受访者： 我父亲对我有很重要的影响。我父亲是一名军人，他认为我去幼儿园当老师是一个很好的选择。以前我年轻的时候不懂事，遇到工作中的困难和问题，自己克服不了就想逃避，想换一个工作。可是又不敢自作主张，于是在回家的时候和父母探讨我是不是可以走，换个轻松一点儿的工作。但我爸一直坚持不让我辞职，他认为我这是退缩，他不允许我这么做，他认为他的孩子不能这么软弱无能。可是我自己就很委屈，觉得他们不心疼我，别人的父母都是怕自己的孩子委屈着，我的父母就想着我怎么干好工作给他们争面子，而不考虑我的感受。所以那时候除了工作的不如意还有家里的不支持，让我压力挺大的，却又没有办法。后来自己就想，人家能过我也能过，就这样最终坚持过来了。就像人们常说的"办法总比困难多"，所有的事情一定是有解的，可能需要时间，那就给它时间，总有一天会有一个结果的，慢慢来，急不得。

其实我对家庭挺不负责任的，丈夫、孩子基本不怎么照顾，心里觉得挺愧疚的。我在单位的时间比较多，陪他们的时间很少，包括我儿子的成长过程我都很少在他身边。因为我们幼儿园在职老师比较少，在职老师全走行政岗位，其他在职老师其实也和我一样，为了工作付出很多。所以我觉得在这个问题上我没有什么选择。我的家庭是传统的家庭，对我的性格影响很大。我们家我是最小的，小可能就意味着不成熟。我工作初期就有点不懂事，但是现在懂事多了。我爸妈和姐姐都很支持我，记得刚工作时候，我在单位加班，成宿住在单位，几乎一个月都不回家一次。有一回赶上十一放假七天，我却要在假期完成环境创设，我们班级的墙这么大，都是我一个人做的。我记得当时我趴地上画，我妈就陪着我，为我做点她能做的事情。我觉得这就是支持，即使什么都帮不了我，但是会一直陪着我，给我很大的心理安慰。我妈对我说过一句话，就是无论你多痛苦，都要回家，只要一回家你就能好。我有时候可能因为白天工作太累了，晚上回家心情不好，这个时候我爸妈也不会多问，我妈一般就说一句"过去了"。我家人对我就是这样默默无闻地支持，从来没有抱怨过我。

访谈者： 您的哪些特质让您成为幼儿园骨干教师？您认为让您成功／战胜困难的最关键因素是什么？

受访者： 首先，我觉得我能走到现在主要是性格原因。虽然困难无处不在，但是遇到困难的时候，往往我都能沉得住气。因为我明白，要想干好一件事情，那不能遇到困难就躲。办法总比困难多，所有的事情一定是有解的，可能需要时间，那就慢慢来，肯定会越来越好的。

其次，我能走到今天是因为我很认真。凡是领导交给我的事，我肯定认真去干。例如，领导安排我写一些稿子，其实我写完就可以交给他，就算我完成工作了，可是我不希望我拿出去的只是一个平平淡淡的稿子，我认为我交上去的结果都代表着我的能力和水平，这就迫使我要认真和努力，反复进行修改，一直改到自己觉得满意为止。就像我现在有时候会思考，多年积累已经使我达到目前的一个水平了，可是怎么做能够更上一个层次呢？那就是还需要一直保持这种对工作认真负责的状态，我才能不断进步。认真久了就会成为一种习惯，别人一提到我的时候，想到的就是这个人非常认真，把事情交给我做都会觉得很放心。那我对自己做的事情也会很有自信，即使面对困难也能够从容面对，努力想办法解决。

访谈者： 能否从自己的经历中，总结几个经验教训，以便后来人借鉴学习？

受访者： 我觉得年轻人一定要努力学习，提升自己，这个很关键。在当干事的时候，我会写很多稿子，就是这种写，帮助我在专业上有很大提升。因为写能够促使经验的积累和反思，这样你才会有之后的调整，才会有更大的进步。自从当干事以后，幼儿园的介绍宣传材料、结题材料、开题报告等全是我写的。我 2004 年上来的时候正好"十五"课题结题，我们课题是"社区早期资源开发与利用"，当时获得了国家二等奖，当然这里不只我写，还有园长修改，但我觉得挺骄傲的。我上学时语文也不是很好，这些材料我能写挺好，是因为我查阅了很多书，这就是学习。

再有就是要坚持。年轻人一定要压住自己浮躁的心，不论遇到什么困难，都要坚信你选择这条路是正确的，你要清楚你的选择是对社会有贡献的，是有意义的。幼儿教师对孩子的关注、关爱，直接影响国家未来的发展。现在有些年轻人吃点苦就受不了，一点儿事你都承受不住，你将来还能承受什么？所以我就说一定要坚持，不要觉着我干不了这个，我可以干别的。你记住，人要是总退的话，那你在其他岗位也一样会退。你就要坚持去做，当把这件事突破了，到那个时候你还觉着我想换个活法，那你才可以换，而不是说你遇到问题了你就换。我会告诉我带的年轻老师，我对你要求严格是因为我特别希望你能为自己积攒一些业绩，你要知道每一次的经历，日后都是有一笔的，没有前面的积淀，后面的事情是做不成的。我们有一个年轻老师就做得很好。我们园离职是要提前一个月打招呼的。你会发现，有些要离职的年轻人变化挺大的，平时有加班，现在没有了；平时有一些事情能包容的，现在不包容了，工作开始拖拖拉拉了。但这个年轻老师不是这样，她离职的时候我们正好有一个职业临检，别人根本看不出她马上就要走了，家长工作依然做得很好，直到最后一天还在加班。她让我特别感动，这样的老师我觉得她在任何岗位上都是有发展的。

还有就是要有德性。幼儿园老师可以没有能力，但不能没有道德。和孩子在一起，没有人天天跟着你，你打不打孩子没人能看得见，这是一个道德底线的事，全凭良心。

最后是读书。我说的读书和学习是两码事，学习是学专业，读书是读好书。哪怕只是一些心灵鸡汤，在单位有不如意时，鸡汤能让你坚持，这就有用。虽然是非专业的书籍，但实质上都是有帮助的。除了缓解压力，读书多了，语感就有了，这时候你要是再写东西就不会那么困难了。

访谈者： 回头看自己的学习和工作经历，您认为哪些理论或者知识的学习对后来形成工作经验或者是处理人际关系发挥了作用？哪些经验不能从书本中获得而只能从工作和生活中获得？

受访者： 理论这方面，我接受的亲子园培训挺有用的，可以带动老师的教育教学情绪，亲子园老师最重要就是亲和力。这个培训后我带了两年的亲子班，从那以后，我似乎觉得我热情了一些，最起码微笑的时候多了。还有就是蒙氏的教育教学理念。现在流行个别化的区角活动，蒙氏理念就是要有很多区域让孩子自由选择，通过玩具完成一些任务，这对老师做区角活动有指导意义。

我觉得幼儿园的家长工作就不是单单从书本上学习就能获得的，这个一定是需要到实际工作中经历才能真正有所体会、有所领悟的。因为书本上不会告诉你在工作中都会遇到什么样的家长，你要以什么样的方式和口吻和他沟通才会有效。比如，有一次班上一个孩子宁宁和另外一个孩子乐乐在玩的时候不小心碰到一起，宁宁的鼻子就出血了。幼儿园保健医及时进行了处理，也及时通知了家长，乐乐妈妈也跟宁宁家长道歉了。可是第二天，宁宁妈送宁宁来园的时候言语中表达了强烈的不满和对老师的指责。我们觉得很委屈，跟宁宁妈再三解释，可是宁宁妈反而情绪更大，最后还是园里领导出面才安抚了宁宁妈。后来我们才知道，原来那段时间宁宁妈正在闹离婚，家里已经鸡犬不宁，宁宁又在幼儿园受伤，她才会爆发，其实在这之前宁宁妈一直特别好沟通。所以有时候你看到的现象不是眼前的原因所导致的，那就需要我们老师和家长彼此能够移情，换位思考，相互理解。幼儿天性好动，磕磕碰碰的事情时有发生，家长爱子心切，有过激言行也是可以理解的，但也有个别家长对幼儿微小的伤痛小题大做，搅闹不休，遇到这类家长，老师就一定要冷静，并多换位思考。首先要倾听，家长投诉有时候会就事论事，有时候是借题发挥，把平时对老师的不满和积怨一并发泄出来。这时候老师别急着解释，先要专注、耐心地倾听，看看他到底怎么说，从言语中了解他的不满和诉求，再对症下药。其实，有时候家长可能是想让老师多多关注自己的孩子，在幼儿园给孩子更多的关心，不要委屈自己的孩子。诉说之后，他自己就会发现并没有什么大不了的事情，并没有具体想要解决的问题，老师们也没有什么原则性的错误，大家心情平静下来，好好谈一谈，会发现问题就变得简单多了。千万不能在情绪起来的时候去争辩，那只会让事情变得更糟。很多年轻老师面对家长的质问和指责时就先忙着争辩，忽略了家长言语背后要表达的关键点，导致最后家长和老师沟通费劲，无法达成一致，并且双方都觉得委屈。所以，要学会从家长的倾诉中了解家长的真实想法，这对于解决问题很有帮助，你掌握了家长的需求就能够知道怎样去做。幼儿园无小事，老师有责任保证孩子在园的分分秒秒都是安全快乐的。但是幼儿园的工作也会出现不尽如人意的地方，对于自己工作中出现的失误，一定要有勇气承担责任，敢于面对家长的质疑，以坦诚、负责的精神处理善后工作，达到令家长满意的结果。宽容、理解、重情、沟通是处理家长工作最基本的方针，在做家长工作的时候需要教师有智慧地灵活运用。因为家长和幼儿园有一个共同的纽带——孩子，家长在望子成龙，幼儿园在培养孩子。有了这种共识，幼儿园的家长工作就能够是一件虽不轻松但至少可以愉快的事情了。

◆ 访谈感悟 ◆

张老师对教育工作的深情挚爱，其原因不仅仅在于幼儿教育工作的重要价值，还因为在工作中遇到任何挑战，她都能迎难而上，积累的成功经验让她获得了更多的自信和胜任感。张老师在面对教学工作中的问题和困境时，起初有过退却，但是家人的鼓励和领导的信任，激发了张老师的深刻反思与主动学习。在找到解决问题的有效途径时，张教师的潜能又得到了一次有效的发掘。张老师现在对于领导为其安排的写作任务已经可以信手拈来，在她谈到这部分内容的时候，表情是自信而笃定的。可以说张老师经历了自我实现的高峰体验，这对于一个追求卓越、积极进取的幼儿教师来说，无疑是生命给予的重要赏赐。从张老师对待困难和挑战的心态上可以看出，卓越教师之所以卓越，就在于她对工作和生活充满理想并不断锐意进取，这使她既具有享受挑战的乐观心态，又具有主动挑战困难的勇气。与此同时，她还能够静下心来，进行自我反思，不断挖掘自己内心的激情与创造潜力。

善于反思的韩老师

访谈日期：2018 年 9 月 16 日
访谈时间：10：00—11：00
访 谈 者：索长清 佟晓川
受 访 者：韩老师（沈阳）

访谈者： 您是怎样踏入幼教界的？当初的想法是怎样的？

受访者： 我是一个生长在工薪阶层家庭的孩子，我的母亲在一个工厂的厂矿托儿所当阿姨（老师那个时候叫阿姨），我每天放学后就去幼儿园等妈妈一起回家。就这样，一直在这种环境下长大，天天看着托儿所的阿姨带着小孩子们唱歌跳舞。一直到初中时候，我仍去妈妈那儿跟小孩子们跳跳舞，唱唱歌，渐渐地，就喜欢上了小朋友，喜欢上了这个职业。我报考幼师学校，没有考上，就去了原来的沈阳铁西职高（现职业学院），后来又进修了专升本，去了省幼师学院。1989 年我毕业，1990 年初来到现在这个幼儿园应聘。当时是个新建的幼儿园，应聘的人很多，大概有三四十人，竞争很激烈，经过考试我考进了幼儿园，正式从事了一直喜欢的职业——幼师。我喜欢这个职业，我愿意跳舞唱歌，愿意和孩子在一起玩儿，天天很快乐，小朋友喜欢我，我爱他们。

访谈者： 经过多长时间您走到了今天，成为一名优秀的幼儿教师？在这个过程中，有没有您认为是人生转折点的那些时刻？

受访者： 从 1990 年初应聘进入幼儿园到现在，我在幼儿园已经做了 20 多年教师。如果要说人生转折点，应该是在 1998 年。1997 年之前幼儿园的经营和效益都还挺好的，我刚到幼儿园的时候，还是满身的活力，有特别多的想法，当时领导也非常支持。但是在 1998 年那一阶段，孩子非常少，政府拨款也少了，幼儿园硬件、软件设施水平也逐渐在下滑。那个时候，我的心态也浮动过，当时也有过不干了的想法。因为从事这个职业，如果没有生源，工资也会减少，生活得不到保障，那时候基本上就能有 50% 的工资。不过，幼儿园的孩子都非常喜欢我，家长也都挺认可我的。在全园 20 多个孩子的时候，我们班孩子就占 10 多个，别班孩子就一个两个，有的甚至没有孩子来。后来自己也合计了，做什么去呀，我就会唱歌，就会跳舞，喜欢孩子，喜欢上课，犹豫来犹豫去，还是留下来了。园长带着我们一起坚持努力，经过大概一年半的时间有了好转，在园孩子的数量逐渐发展到了 100 多个。从幼儿园兴盛到逐渐衰弱再到后来的慢慢变好，这个历程给了我很多的触动。在孩子少的阶段，我并没有无所事事，而是更加认真地组织孩子们进行活动。当时的课程不像现在需要统一教材，我们上课的时候都是自己找教案，自己定主题。因为孩子少，我反而更有时间去琢磨课程，仔细思考一个活动怎么才能更吸引孩子。同一个主题，我会利用不同的方式方法给孩子们上课，比如《小小士兵》，第一天，我利用童话故事给孩子们讲士兵的分类、士兵的服饰；第二天，我就会以艺术形式让孩子们感受，可能是表演游戏，也可能是美工活动。孩子的学习就是重复，但不是机械地重复，要运用不同的方法让孩子感受其中的乐趣，并且学习知识和技能。在多种尝试以后，我就摸索出了主题的组织方法，再后来，看到新课的第一瞬间，心中就能有思路，差不多能够找到最适合这堂新课的组织方式。

访谈者：新入职阶段、工作熟悉后的阶段、现在的成熟阶段有没有一些令您

记忆深刻的事情？能否说几个典型的个人成长故事？

受访者：有，是在我最开始接任主班工作的时候。有个男孩子叫墨墨，他和别的孩子不同，别的孩子在因为父母的离开而哭闹时，他不哭，一会儿跑到玩具角玩玩玩具，一会儿左冲右撞、跑来跑去。我还暗自高兴，心想这个小朋友的分离焦虑不明显。结果一上午他闯了很多祸，不是给这个小朋友撞了，就是抢那个小朋友玩具，还经常无缘无故地打人，搞破坏，对于我的制止，他一点儿反应也没有。

放学后，我和墨墨姥姥说了班级里发生的情况，希望帮助墨墨改掉这个坏习惯，但是姥姥特别溺爱墨墨，她说小孩子哪有不淘气的，墨墨那是喜欢小朋友，只是不会表达。虽然墨墨姥姥表示回家会管教孩子，然而并没有实质性的改变。没办法我就主动给墨墨妈妈打电话，墨墨妈妈说非常忙，不能来幼儿园，只说回家会好好教育，但是也并没有解决什么问题。这样过了将近一个月吧，墨墨因为抢玩具，把另外一个小朋友碰伤了，挺严重的。当时两个人在抢一个玩具，也是寸劲儿，那名小朋友的头就磕到了旁边的柜子上，当时眉毛附近就肿了。我们赶紧给双方家长打电话，那个小朋友家人很和善，看孩子精神状态没什么问题，并没有责备老师，也没有说墨墨什么。墨墨家长态度也比较好，及时道歉，主动提出去医院。经过这件事以后，墨墨家长的态度有所转变，主动找我沟通墨墨在班级的情况，并且表示愿意配合工作。其实墨墨会出现攻击行为，主要是因为父母工作忙，他跟姥姥生活在一起，老人过分地溺爱孩子。听墨墨妈妈说，墨墨在家里的时候，也常出现不答应其要求就打人的现象。和墨墨妈妈聊完之后，我们一起制订计划，当墨墨出现不合理要求时，首先讲明道理，然后用忽视或者转移注意力的办法处理，而不是去批评或者妥协。然后告诉墨墨，如果他没有无故发脾气，并且没有打人，来到幼儿园就会奖励一个小贴画。

为了帮助墨墨改正爱打人的习惯，也是为了更好地管理班级，我尽量去调整墨墨的坏习惯。在幼儿园时，当他出现攻击性行为的时候，我都会拉着他，让他给小朋友道歉，并且坚持天天与他交谈，告诉他和小朋友正确的相处方式。后来，我发现墨墨很喜欢帮老师做事情，就经常让他为小朋友分勺子、分点心等。大半年以后，墨墨无理的攻击性行为基本消失了。这是我第一次管理班级的时候遇到的事儿，再后来遇到攻击性行为的小朋友我就从容很多，遇到不愿意配合的家长，我会先和他讲明白事情的重要性以及可能发生的后果，以引起家长的重视。

第一届孩子毕业以后，我开始接第二届、第三届……相比之前，我已经积累了一定的经验。在 2009 年的时候，我接新班级，其中有一个女孩子叫阳阳，特别不爱睡觉，这个问题一直困扰着我。她不但不睡觉，到了午睡时间她进入寝室就会哭闹，导致其他小朋友也没办法入睡，我只能带她到教室外散步。她的家长也挺理解老师的，我反映阳阳哭闹不睡觉的情况之后，家长在中午的时候会把阳阳接走。但是，家长这样一直接也不是办法，为了能够让阳阳顺利入睡，我采取了多种方式。首先就是建议家长在家改变阳阳的作息规律，睡觉的时间尽量和幼儿园保持一致。这个建议得到了家长的积极配合，家里从原来的下午睡改到了中午睡，最开始也不是很容易，家长也是连哄带骗地让阳阳睡觉。其次，我告诉阳阳可以带一个自己喜欢的玩具来幼儿园，中午陪伴她睡觉，这个建议阳阳听了特别高兴。然后，我还给阳阳的床铺贴上了她的名字和照片，并且告诉她这个就是她的小床，她要爱护这个床，如果阳阳不在床上睡觉，床也会伤心、孤单的。最后，每次到了睡觉的时间，我都会组织"小火车"活动。我站在班级饮水机旁边，假装我是火车头，哪个孩子最先收拾好就站在我的前边，每一个孩子是一节车厢。火车准备好以后，就要开走了，一边走，一边说儿歌，然后去小便、上床、入睡。

　　慢慢地，阳阳适应了幼儿园的节奏，熟悉了幼儿园环境，午睡时不哭闹了，但是一直翻身，不睡觉。我发现阳阳并不是不困，而是不想睡，每到下午游戏时间，阳阳都困得不行。这表明还是阳阳本身对幼儿园有戒备心，没有安全感。我就和阳阳聊，告诉她老师都喜欢她，小朋友也喜欢她。每次活动的时候，我也会关注她多一点儿。上床睡觉的时候和她说，老师陪着她，不用害怕，睡着了，老师会保护她。经过大概一个月吧，阳阳睡觉的事儿算是解决了。总之，幼儿园的工作需要细心去做，不是说知道专业知识就行的，也需要老师思考、想办法。

访谈者： 有哪些人/事件对您产生了重要影响？您的家庭对您有什么样的影响？

受访者： 幼儿园领导对我影响很大。我们领导经常亲力亲为和我们一起做工作，我们属于自收自支单位，在资金上非常紧张，领导常常和我们说，买一个钉子都得自己挣钱去买。领导告诉我们要自强自立，才能给自己带来幸福的生活。这些年幼儿园完成了改造，硬件、软件设施都不比别的幼儿园差，所有这些设施都是领导和老师共同努力得来的。都说我们园的幸福指数比较高，我们都很快乐。我们领导的口号是教师不把幼儿园的工作带到家里，工作的时间就专心致志地工作。特别是在五星级评审的时候，领导也和我们一起加班，材料非常多，为了这个集体往更高的台阶上迈，领导的家属都帮着写材料。我们是第一批审核成功的五星级幼儿园。

　　除此之外，家人对我的影响也很大。我的父母都是普通人，平时他们的工作很忙。他们给我的感觉就是很严厉，我有些怕他们，所以我是乖孩子，很听他们的话。特别是我的爸爸，用"严父"这个词来说他，再合适不过了，他对我的学习、生活等一系列事情要求都很严格，这使我养成了做事严谨、干净的好习惯。我记得上小学三年级时，有一次放学回家的路上贪玩，很晚才回家，我爸爸非常生气，罚我站在门后让我反思。那次的事我印象非常深刻，因为爸爸虽然严厉，但是从来没有让我罚站反思这种举动。我认识到，家里有爸爸妈妈还在等我，放了学要赶紧回家，不能让家里人惦记，也知道了什么事情能做，什么事情不可以做。我的母亲原来也在幼儿园工作，她喜欢唱歌、跳舞，也特别喜欢小孩，对孩子特别有爱心。所有的孩子到她手里就变得爱唱爱跳，她的活动也是唱歌为主。我可能是遗传我母亲，我也很爱带领孩子们唱歌、跳舞。我母亲不管遇到什么事儿都能坚持。记得我15岁那年，家里的经济不是很好，在幼儿园工作的母亲辞职了，出去找工作。她不是那种特别能说的人，但为了家里她找了一份销售的工作。最开始母亲的业绩并不好，回家她只和爸爸吐苦水，不让我听。后来，大概两三年吧，母亲的业绩越来越好，她脸上的微笑也变多了。母亲告诉我，遇到困难别怕，也别慌，总会有办法，总能变好的，一天不行就再等一天，千万别看见困难就说不行。这股能坚持的劲儿，母亲也影响了我，遇到困难的第一想法不是逃避，而是想办法。

访谈者： 您的哪些特质让您成为幼儿园骨干教师？您认为让您成功／战胜困难的最关键因素是什么？

受访者： 首先是能吃苦吧。最开始来幼儿园的时候，我有每天的教学活动要去组织，同时也肩负生活老师的任务，每天端饭、打饭、擦桌子、扫地等，这些活我都要去做。我不会像别的老师那样叫苦连天，而是觉得这就是工作的一部分。在幼儿园工作总会有加班的时候，特别是环境创设，每个月都要换主题墙装饰，在幼儿园做不完我就主动带回家去做。我爸看我大半夜还在忙，就说我差不多行了。但是，我觉得要做就得做好，自己看着也有成就感。特别是幼儿园效益不好的时候，很多老师都辞职了，我还在坚持，一直坚持到现在。也是因为能吃苦，我得到了现在的成绩。

其次，我是一个非常合群的人，心态阳光，直爽快乐。我身上最大的魅力就是能与大家同甘苦、共患难，能和同事像姐妹一样相处。我从来不会用年级组长的这个职位来压这些老师，和老师们在一起，我们愿意说什么就说什么，愿意唠什么就唠什么。在幼儿园大型会议上，说到幼儿园一些工作安排、一些大活动安排等，我也会直接告诉老师们应该做什么，交什么材料。私下里，我们几个人总会一起聚会，一起去野餐，玩得也特别好。

还有就是我比较能坚持。遇到困难了，我就想着一定有办法解决，会从头到尾反思自己，哪里做得不好，哪里需要改正，也会请教经验比我丰富的老师。如果遇到问题得不到解决，我会一直睡不好，整天想着这个事儿，一定要想出办法。其实，这是好事儿也不是好事儿。坚持去做一件事，死磕一件事，有利于我的工作和生活，但是，有时候我自己也会钻牛角尖，给自己很大压力，所以，还是需要调整吧。

访谈者：能否从自己的经历中，总结几个经验教训，以便后来人借鉴学习？

受访者：我觉得能吃苦、有耐心是一个很重要的品质。现在的年轻老师这方面就比较弱，以为自己来幼儿园就是带小朋友玩的，忘记了保育工作也是幼儿园的重要组成部分。有的时候需要给小朋友盛饭、擦擦小屁股。孩子哭了，你要亲一亲、哄一哄、抱一抱。现在的年轻老师还是比较急躁，耐心差，不太能吃苦。

除此之外，学习能力很重要。在学校学习很多理论，学以致用才是根本。工作这么多年，我看到有的教师对于新事物学习的敏感性非常高。我有一个同事，年龄比我大，但是她对于新事物接受能力很快，我们聊天，她总有新奇的想法。我就问她哪看来的，她说抖音上就有，可好玩了，孩子们肯定喜欢。有的教师就不善于学习，有一种"当一天和尚撞一天钟"的感觉。我自己能力提高最快的时候，就是参加听评课，从其他教师身上学习到了很多。我们幼儿园总组织教师之间互相听课，有时候园领导不打招呼，直接推门听课，这样也特别利于促进教师认真备课。

最后就是反思吧，我认为反思也挺重要的。反思自己做的事、说的话。我们一天都在幼儿园工作，很忙碌，没有时间思考，那么回到家里或者下班回家的路上，就可以反思今天自己的状态，或者孩子们的表现，总会有一些收获，久而久之，面对同样的问题就会减少犯错的概率。不但反思自己，也要反思你所看见的事情、听到的事情，要有辨别是非的能力，不能人云亦云，一定要有自己的看法。

访谈者：回头看自己的学习和工作经历，您认为哪些理论或者知识的学习对后来形成工作经验或者是处理人际关系发挥了作用？哪些经验不能从书本中获得而只能从工作和生活中获得？

受访者：幼儿教师技能的学习挺有用的。幼儿教师最基本的就是弹、跳、唱这几项。比如，你跳舞不会，那你怎么给孩子示范这个舞蹈啊？你唱歌跑调，你怎么教孩子唱歌啊？

有些经验也只能在一线工作的过程中获得。首先，课堂教学的组织一定是在一线的时候才能积累经验，否则只是纸上谈兵。我们实习生刚来的时候，他们第一个星期上课，大部分都不太好，但是经过了幼儿园对他们的指导培训，就会进步得非常快。所以说在不断的实践当中，你才能找到自己的不足，知道如何去提升自己。其次，处理幼儿园的一些突发事件的经验，也只能在工作中积累。先做到预防，你要认真倾听家长的交代，幼儿的各种过敏史要记住，比如这个孩子不能喝牛奶。然后学习一些急救措施，比如白天在屋里活动的时候，孩子一下子抽了，这个时候你应该怎么做？孩子骨折的情况下你怎么做？这些属于安全方面的突发事件，还有很多其他的突发事件，都是需要在幼儿园工作过程中慢慢体会的。

--------◆ 访谈感悟 ◆--------

子曰："学而不思则罔，思而不学则殆。"没有对实践的反思，所学的一切知识就只能是死的书本知识，不可能内化为教师自己的知识；同样，没有总结就没有提高，也不可能有新理论、新方法的创生。因此，重视反思和总结是教师不断提高教学水平、形成自身教学风格的必由之路。

在访谈过程中，韩老师经常会提到反思的重要性。在幼儿园最困难的时期，韩老师依然坚守岗位，认真对待每一堂课。她自编教案，组织为数不多的幼儿进行集中教育活动。在设计课程时，韩老师能针对某些典型问题以及课程进行探究、思考和改进，反复琢磨，不断改进教案，凭借对活动中教育问题的分析，以及对孩子兴趣点的把握，进而总结教学经验和教训，从而提高对这类问题的处理水平。

从教学实践来看，教学反思有利于教师积累教学经验和完善知识结构，也有利于教师提高专业水平。比如制定"小小士兵"主题活动时，韩老师谈到最开始的课堂效果并不理想，小朋友兴趣寥寥，课程环节衔接也非常凌乱。后来，她反思孩子表现，反思自己组织课程的状态，不断地改进教学模式，最终通过分领域教学，让孩子们感受其中的乐趣，并且学习知识和技能。此后，通过实践经验的积累和自我反思，韩老师摸索出了针对不同活动的组织方法。

总之，作为一名幼儿教师，只要认识了反思的重要性，认真、正确地进行反思，就会在不断的反思过程中使自身教育教学工作迈上一个新台阶。

认真做自己的郑老师

访谈日期：2018 年 8 月 6 日

访谈时间：10：00—11：30

访 谈 者：贺敬雯　张梦涛

受 访 者：郑老师（沈阳）

访谈者：您是怎样踏入幼教界的？当初的想法是怎样的？

受访者：当时我妈说，你考个幼师挺好的，一个小女孩稳稳当当的，学完也是多才多艺的。自己那时候也不太明白幼师到底是干什么的，那时候幼师也不像现在这么热门，挺冷门的。我是 1988 年初中毕业，自己很喜欢老师这个职业。当时报考的时候，我妈和我说，这是关系到你一生的事情，你自己要想好了，你不要光考虑我们的意见。自己长那么大，我妈第一次那么正式地和我说，这是关系到我一生的事情。我妈说，你选择这个职业了，你可能一生都要从事这个职业。你现在的成绩就是考重点高中也没什么问题，如果被幼师录取了的话，那重点高中你就没权利去报了，你就没有资格去上大学了，你的大学梦可能就没有了。我们家长给你这样的建议，是觉得这份工作很适合女孩子，希望你去考，但最后的决定权在你手里。那我想父母都觉得好，那就考吧，而且也不见得一定能考上。我们那一届沈阳市招 8 个，不光要求文化课的成绩，还要有面试的成绩。我记得面试的时候老师问我，你学没学过舞蹈啊？我说没学过。那学没学过画画、钢琴啊？我说没学过。我当时就觉得可能考不上，考上了是一条出路，考不上就去考高中，再往上读也是一样的，但是没想到就考上了。我是 1992 年从辽宁省幼儿艺术师范学校毕业的，当时毕业分配就来到了现在的幼儿园。我从小就有部队梦，很喜欢军人这个职业。在毕业分配的时候，毫不犹豫地选择了部队幼儿园。算起来从 1992 年到现在，已经有 20 多年了。可以说，从初出校门还是比较懵懂的学生到现在取得了一些成就，是幼儿园成就了我。我们园是东北地区第一所部队幼儿园，有着比较悠久的历史，当时是为了安置抗美援朝家属的孩子而开设的，所以它有一个很好的传统。我们这批毕业生来到幼儿园之后，有一批很好的幼儿教师对我们进行"传帮带"。算一算我在教学一线工作的时间，是将近 24 年。

访谈者：经过 24 年的时间您成为一名优秀的幼儿教师，在这个过程中，有没有您认为是人生转折点的那些时刻？

受访者：我是 1992 年参加工作，1997 年参加的评优活动算是我人生的一个转折点吧。当时我们园是评了两个区里活动的名师，我还算是一个比较年轻的老师，另一个老师相对而言年龄比较大。说实话，我也没觉得能选上，只是觉得参与这个过程可以获得一些成长，领导也比较信任我，所以只想着要完成领导给的任务。没想到，就给我评选上了。紧接着参加市里活动的时候，因为是代表区里，就要更认真地对待这个活动。活动准备过程真的是挺折磨人的，从活动设计到材料准备，再到仪容教态，每一个细节都要认真考虑、分析，一遍一遍地上，一遍一遍地练，反正当时自己的所有精力和时间都放在这个上面了，压力确实挺大的，总怕辜负领导对自己的信任。当时领导也说，你看要不要我们全园帮助你，我们一起来帮你扶一扶，带一带？当时我是站在前面，后面其实有无数双手在支撑我，给了我很大的支持和帮助，所以说我不是一个人在战斗。虽然很忙很累，但是心态特别好，从来没有要放弃或者是要退缩的想法，完全就是投入进去，尽自己最大的努力、最大的能力来把它圆满地完成。可能就像人们说的累并快乐着，因为感受到了集体的、团队的温暖。这件事让我得到了一个特别大的成长和进步，突破了自己，也让我更加认定我选这个职业是正确的。

访谈者：新入职阶段、工作熟悉后的阶段、现在的成熟阶段有没有一些令您记忆深刻的事情？能否说几个典型的个人成长故事？

受访者：那是在我当干事期间。那一年六一，我们园长说今年我们要搞一次大型的家园亲子活动。当时我们是借了"八一体育馆"，场地非常大、非常好，全园的孩子、家长都要参加。那是我第一次组织"六一"活动，而且是这种面向全园的大型活动，包括整个活动流程的安排、小中大班孩子做什么活动、家长的安排、场地的布置。这么大型的一个活动，万一哪个环节没有安排好，或者有什么意外发生，就影响了整个活动的效果，自己也没有涉足过这块，没有什么经验。以前在自己班级吧，只要把自己班级的节目排好就行了，最多是和教研组的一起研究该排什么节目，还可以和大家商量。但这个活动涉及的面就很广了，我相当于活动的总导演了啊，当时心里也确实没底，但没办法，领导给下的任务，只能硬着头皮上，而且这个任务马虎不得，一定要非常出色地完成。因为这个活动代表着整个幼儿园的形象，如果办好了，大家就会觉得幼儿园不错，值得家长选择，这样幼儿园的口碑就传开了。所以当时想的就是先摆正自己的心态，要正确去看待这个事情，既然要做，就做好，然后就是和大家一起商讨，形成一个大家都认可的方案，不断地研讨、修改、完善，反复地排练，最后活动的效果可以说非常成功，家长参与的热情特别高。当时开展的有一个奥尔夫音乐活动，家长们都跟着我们一起嗨起来，一起喊起来、跳起来，我们要的就是这个效果。那时就觉得自己虽然很累很苦，但是看着活动现场，一步一步达到自己的目的，觉得付出的一切都是值得的。这个活动对我自己来说是一个全方面的锻炼，通过这个活动的成功举办，我的自信心又有了一个提升，对以后活动的开展也有了一定的经验。

访谈者： 有哪些人 / 事件对您产生了重要影响？您的家庭对您有什么样的影响？

受访者： 在教学岗位我觉得成长最快的应该是参加一些活动，尤其是参加评优活动。这个评优活动先是从区里评，选上后从市里评，再去参加省评，整个过程是两年多的时间，因为每次评的级别不一样，所以每次都要准备全新的教育活动。每次准备的活动都是经历不断的磨课、再磨课的过程，磨课是促进幼儿教师专业能力快速提升的一个特别好的途径。最初教案的设计是一个"纸上谈兵"的过程，但它最能考验教师的逻辑性和缜密性，具有梳理思维、整理构思的作用。在活动设计的时候虽然教无定法，但每个领域的教学活动都是有规律的。也就是说，活动设计的教学方法可以是多样的，但绝不能天马行空、随意设计。而且课堂上的教学活动是一个动态的过程，在这个过程中往往会出现我们无法预见的事情。当这些情景随机生成的时候，你是选择视而不见，使一些特别好的教学资源流失，还是充分利用，使这次活动更加出彩？这都是在不断磨课的过程中需要锻炼的教学智慧。磨课的过程虽然痛苦，但每一个经历过这个过程的老师，都会收获进步后的喜悦和幸福。在整个过程中，你也能感受到同事间的互帮互助，共同学习、共同探讨，氛围真的特别好。通过一次次参与这样的活动，我知道了一个好的活动在很大程度上取决于教学内容的呈现方式，而呈现方式又取决于教学设计，教学设计的水平归根结底取决于你对孩子的了解以及对教学活动节奏的把控。所以，这样一个过程很锻炼人，对于自己的业务成长帮助很大。因为当时业务评优不是很多，省级的评优活动级别比较高，大家都很重视这一块。在每一次展示、观摩的过程中，虽然自己付出了很多，但也收获了很多。现在我也经常和我们老师说，不要放弃每次参加活动的机会，在每一次活动过程中付出的同时，你也会收获很多，成长很多。

我的家庭就是一个很普通的家庭，经常有人会问，你家是不是部队家庭啊？你爱人是不是部队的？事实上，都不是。我的父母就是普普通通的老百姓。父母对我最大的影响，就是老老实实做人、本本分分做事的态度。父母在生活上给予我的关心比较多，在事业上最多的还是靠自己，踏实地去完成自己的每一份工作，就是这样一点点地干起来、成长起来。无论是我的父母，还是我的爱人，他们都对我非常支持，这种力量是很大的。我爱人特别理解我，知道我的这个工作会很累，压力很大，所以一般家里的事情他都做主干了，不用我太操心，让我专心做好自己的工作。我今天能够有这些成就，背后真的离不开我的家人给我的支持和帮助。

访谈者： 您的哪些特质让您成为幼儿园骨干教师？您认为让您成功／战胜困难的最关键因素是什么？

受访者： 我不是一个爱说话的人，从小属于那种很老实、很本分、很听话的学生。参加工作后也是这样的员工，很认真地完成自己的本职工作。现在很多人会觉得用老实、本分去形容一个人，都不是褒义了，带点贬义。但是我并不这么认为，老实、本分会给人一种很安全、很踏实的感觉，这是一种良好的品质。现在社会对老实、本分还有一个误解，就是这种人不会高升，会一直待在一个岗位，升不了职。我不这样认为，如果我不老实、不本分、不正直，根本不会有今天的成就。这也是大家对我做人准则的认可。

还有就是我比较勤奋，天道酬勤嘛，我一直相信这个。我经常对自己说：一天做一件实事，就是认认真真带好一天班；一月做一件新事，就是认认真真、精益求精写好一份案例；一年做一件大事，就是树立目标提高一项自己的专业技能；一生做一件有意义的事，就是踏踏实实做一个对社会有贡献的幼儿教师。我每次不管是参加培训，还是观摩示范课，都会特别认真地记笔记，然后回来自己慢慢琢磨、慢慢消化。我一直坚持的就是多想、多看、多实践，这样才能不断提高自己。还记得之前带大班的时候，我发现每次午餐后在外面阳台上那些先吃完的、在玩自带玩具的孩子特别吵，他们经常发生矛盾向我告状。我就想这是因为什么呢？然后我连着好几天吃完午饭，坐在阳台上和孩子们一起玩，最后找到了问题所在，就是阳台上的空间太小了，孩子们扎堆在一起玩，当然会发生磕磕碰碰。所以我就扩大了孩子们活动的空间，从阳台上分散到教室里的各个活动区。最后孩子们就变得特别安静、特别有序。所以教育并不是高大上的口号，而是体现在日常中的点点滴滴，所谓处处留心皆学问。

　　还有就是要有足够的上进心、耐心和不服输的精神，这也是我一步步走来所体会到的。如果一遇到问题，就退缩说我不行，那就永远前进不了。当遇到困难的时候，要想方设法去解决、去克服，人往往在逆境中会成长更快、收获更多。所以我从不会抱怨领导又给我下任务了，这个班级怎么又出事了，有任务就干，出事了就解决。我觉得，态度很重要，它影响你的工作效率，态度放端正了，一些优秀的特质便会随着时间慢慢形成。

访谈者：能否从自己的经历中，总结几个经验教训，以便后来人借鉴学习？

受访者：说实话，现在毕业的学生或者实习生进入幼儿园的门槛并不是很高，因为现在的幼儿园很多，社会上对幼师的需求量很大，只要你学过幼师专业，有一些基本的技能就行。但这也带来一个不好的事情，就是让这些学历层次并不是很高的学生觉得这个工作机会来得太容易了，不懂得珍惜，受不了批评和指责。现在的孩子大多数是独生子女，家里娇生惯养，想着读个幼师毕了业找家不错的幼儿园，天天跟孩子待在一块，开心、轻松就行。但现实不是这样的，幼儿园每天都有很多的事情需要做、需要解决，可能从早上进班那一刻到下班最后一刻，都处在忙碌状态，而且还需要你自己不断学习。但有些孩子就受不了，太累了，挨批评了，受委屈了，就辞职不干了。这些事情，只要你从事幼儿园工作就一定会遇到。所以，在你选择一份职业之前，一定要提前了解它。你先做好心理准备，是不是能够接受这份工作可能会带来的一些问题。如果能接受，你再干；否则，就不要考虑它了。现在的孩子也真是能吃苦的不多了，能坚持下来的就更少了。现在幼儿园里一些资深的教师都是我们那一代人，进了幼儿园就一头扎在里面，刚开始都是受苦受累过来的，虽然有时候有点抱怨，但不会放弃，不会说就辞职不干了。所以在选择一份职业的时候，一定要弄清楚自己是不是真的热爱它，只有热爱了，你才有可能坚持。一定要做好思想准备，任何一份工作都不会一帆风顺，会遇到各种各样的困难。无论是孩子的教育也好，还是和家长的交流也好，有的时候不被信任、不被认可，甚至有的时候被误解，都有可能会发生，但是只要坚定自己就是热爱这份工作，只要坚持住自己的这份真心，不要因为其他的一些诱惑而放弃，那么你就会在这个领域慢慢变成一个成功的人。

还有就是要善于反思，做一个反思型的老师。教学重在反思，思之则活，思活则深，思深则透，思透则新，思新则进。不断反思自己的教学行为，总结过程中的得失和成败，回顾、分析一下教学过程，才能不断丰富自己的素养，提升自己。做反思型的老师，在教育理念上要思想开放、思维活跃；能够吸取各种先进的教育理念，并结合自己的教学实践进行理论思考，不盲从、不照搬；将自己的教学经验升华为理论，并对总结出来的理论进行加工、发展和创新；把幼儿当作学习的主人，把自己看作学习者中的一员，以平等、合作的身份参与幼儿学习的过程，一同去探索、发现未知的领域。只有做到认真反思自己，才能真正从成功中看到新的希望，在差距中找到问题所在，并找到解决问题的有效措施。我一直追求的就是在教学中反思，在反思中提高。

访谈者： 回头看自己的学习和工作经历，您认为哪些理论或者知识的学习对后来形成工作经验或者是处理人际关系发挥了作用？哪些经验不能从书本中获得而只能从工作和生活中获得？

受访者： 说实在的，我觉得在实践中获得的要比在书本中获得的重要得多。实践是检验真理的唯一标准，真的是这样。很多书本上学来的东西，它不是没用，就看你怎么把它转化成实践，你没有实践它转化不过来、内化不过来，理论就变成空的了。因为幼儿园老师做得最多的还是实操性的工作，比如组织活动、做手工、做游戏等，这些都是需要通过多次实践才能掌握的。当然，所有的这些活动也都是在了解幼儿的身心发展特点、学习特点的基础之上进行的，如果不了解孩子，你也没法组织教学活动，即使做了也未必是效果最好的。还有在开家长会或者培训活动的时候，也是需要理论支撑的，用理论去支持实践，跟人家说明为什么这么做，我们这么做是科学的，是有理论依据的，这样人家才会觉得你就是专业的，而不是像外面所说的幼儿园老师就是照顾孩子，跟孩子天天玩游戏。所以，我觉得跟幼儿教育密切相关的理论可以多了解一些，像幼儿的心理发展、教学活动的组织与实施、幼儿园班级管理，当然还有跟自己专业成长相关的书，比如如何做一名优秀的幼儿园老师等方面的书。但这些理论一定要运用到实践当中，一线的实践是基础，你就是在实践的过程中不断发现问题、解决问题。这个过程是一个学习的过程，也是你成长的过程。对于实习生来说，你再学理论，但没有付诸实践，没有去面对问题的时候，那还是零。在幼儿园，实践是第一位的。

◆ 访谈感悟 ◆

无论在什么岗位，做好自己是最基本的。老老实实做人，本本分分做事，这是郑老师对于自己坚守在幼儿教育领域20多年的一个总结。虽然是一个众所皆知的再简单不过的道理，但将之作为自己一直做人做事准则的又有几人？当今时代，处处充满着诱惑和陷阱，真正做到坚守本分，不被外界杂乱所干扰和影响，已非易事，更何况要坚守这么长时间。虽然郑老师说的是一些极其简朴、易懂的平凡道理，但当她把这些道理作为自己一生都要去遵守的信条时，这便造就了她的不平凡。我们常常会听到这样一句话：做一件事并不难，难的是坚持一辈子都做这件事。能够做到"坚持"二字的人，是具有惊人意志和信念的人，同时也会获得更多的收获和成功。一个儿时的"部队梦"促使郑老师义无反顾地走进部队幼儿园，一待便是20多年。我想激励着郑老师的不仅有对部队的向往和对军人的崇拜，同时还有对这份幼教工作的热爱。郑老师一直坚持并践行的这个简单道理，让我看到了她本身所具有的顽强意志和信念，这是一名优秀的骨干教师给我们做出的榜样。

坚守初心的瞿老师

访谈日期：2018 年 5 月 9 日
访谈时间：10：00—11：30
访 谈 者：但 菲 黄 昕
受 访 者：瞿老师（上海）

访谈者：您是怎样踏入幼教界的？当初的想法是怎样的？

受访者：我是 1991 年毕业于上海幼儿师范高等专科学校，之后进入上海的一所实验幼儿园，后来又调去了另外一所新开的幼儿园，就这样一直到现在。当初进入这个行业也没有太多的想法，因为那时年龄小，就是听从家人的意见学习学前教育专业，之后也是理所当然地成为一名幼儿教师，一路走来挺顺利的，一直从事这个行业这么多年了。当时选择这个专业的时候对专业也不了解，后来学习了专业的理论知识之后，开始对幼师职业有所了解，到了幼儿园之后，才开始真正喜欢上幼儿园，喜欢每天和孩子在一起。

访谈者：经过多长时间您走到了今天，成为一名优秀的幼儿教师？在这个过程中，有没有您认为是人生转折点的那些时刻？

受访者：到现在是 20 多年的时间了，想想也是很久了。我觉得在做老师的过程当中，参与各项评比活动对我来说是人生的一个转折点。这让我在专业上成长得非常快，特别是 2001 年的时候参加的上海市中青年教师评优活动。这个评比的级别比较高，是市级评比，四年举行一次。我们区一共有四个人参加，这个评比全方位地考查一个教师的专业素养能力，既有答辩，也有现场展示，注重的是一个幼儿教师所具有的专业积累，这个比赛我最后取得了一等奖中的第二名。在评比过程中，不仅检验了自己的专业能力，还感受到了团队对自己专业的帮助和影响，我深深地感受到在我参加比赛的背后，有园长对我的思维训练、专业指导，以及同事对我提出的意见和建议。在获得了一等奖之后，我感觉很开心，也让自己拥有了专业自信。

　　还有就是有一段时期我的情绪比较低落，那是在我入职大概三四年的时候，由于家长对我有一些误解，导致那段时间我在工作上的积极性比之前下降了很多。其实在幼儿园孩子出现磕碰现象是很正常的，比如一些意外我们是避免不了的，那次我的情绪也比较激动，后来家长通过看监控才消除了对我的误解。但是这件事后我一直很消沉，园长就找到我，和我谈心，她对我说，你是一个很优秀的幼儿老师，也是一个爱孩子的老师，最近是不是有什么心事？我就和园长说了事情的经过。经过那次谈心之后，我也逐渐懂得了做幼儿教师有的时候就是会遇到别人的误解或不理解，幼儿教师是一个良心活，你要对得起每一个幼儿，更要对得起自己的心。从那之后，我也明白了和家长沟通的技巧，家长不会无理取闹，他们都是为了幼儿能够在幼儿园有更好的生活，而我们老师也是希望每个幼儿在幼儿园的时候都能开心，本着相同的目的去沟通，就会容易许多。

访谈者： 有哪些人／事件对您产生了重要影响？您的家庭对您有什么样的影响？

受访者： 现在回过头来看，我觉得一个人的成长，肯定离不开一些关键的人和一些关键的事件。对我来说关键的人有我的园长，她是我从毕业之前实习一直到现在都在专业方面引领我、影响我的一个人，不仅是我的专业导师，也是我的人生导师。她比我自己还了解我，不管是在专业上，还是在生活中，对我都有帮助启发和引领。

还有我之前所在幼儿园的导师，她比我大 15 岁，我们的关系既像师长，又像朋友，在她的耳濡目染下，我进步很快。到了新的幼儿园以后，她还会时不时地给我一些提醒和帮助。尽管我跟她空间的距离远了，但她对我的影响是时时刻刻的，她伴随着我成长，我们的心理距离是很近的。我的导师，是一个既懂管理又懂专业的人，有她独特的人格魅力。她对人既有在专业上的引领点拨，在工作上的严格要求，又有在生活上的理解和温情，整个团队的人都愿意凝聚在她身边。我最佩服她的一件事情就是，和她在一起工作那么多年从来没有加过班，她从来没让我们团队做错过一件事情，一直引领着我们朝正确的方向做事。所以我也就一直记得，作为领导者，你要有决策，一定要朝着一个正确的方向，去干正确的事情，不要来来回回折腾老师。尽管我离开了她，但是她带给我的影响已经浸入我的血液中了。不管我到哪个地方去，她教给我的东西，比如对工作的务实，低调做人、高调做事的态度等我都一直记得，并且把这种工作精神和状态带到了现在的幼儿园。这就是环境和人对我成长发挥的作用。

我一直觉得工作和家庭是不能分割的。家庭对我来说是重要的，你在工作中可能是一个强势的人，但是你在家庭里面一定要摆正位置。这是我经常提醒自己的，那样才会幸福。我的家庭很普通，我爱人是市公务员，是单位中的管理人员。我爱人对我最大的帮助就是，他是我的情感接收站。我在工作的过程中难免会碰到困难、纠结、委屈，不能在外边很放肆地或者很随意地发泄，因为你必须要注意自己的言行，包括你的情绪。在这种状况下，我就必须找一个平衡出口点，那么这个出口点就是我的爱人。我会把很多工作上碰到的问题、想法和委屈，跟他倾诉，他在情感上给了我一个很好的疏导，尽管他不是懂教育的人，但是这么多年来我跟他讲了很多事情，他一听就能理解，并且会开导我，这种情感上的支持有的时候比技术和专业上的支持更加重要。

我女儿现在大二，我会跟她聊对教育的理解，其实现在的孩子会有她自己很特别的看法。她有的时候会批评我，分析得很理性、很客观，给了我很多启发。我女儿在学校里面碰到一些事情，她会像朋友一样和我聊，我会帮她分析。我一直觉得家庭、事业在我生命当中都是很重要的，我一直提醒自己扮演好在家庭和工作中的两种不同的角色，把握这两种角色之间的平衡，但是有的时候也会出现一些矛盾。我女儿是在我们幼儿园上的，那个时候我年轻，可能也是职业病，对自己的女儿要求比较高，忽视了女儿自身的发展需求，我觉得这一点我做得不够好。我跟我女儿开玩笑说，如果有机会再做一次妈妈，我肯定是一个好妈妈，肯定比以前更理解你。

在教育女儿的过程中，我也在思考要怎样做一个好老师。以前更多的时候是从自己的角度，但是其实没有真正地站在孩子的角度，去思考孩子需要些什么，孩子需要成人帮助什么。现在我思考的维度就多了，我会站在家长、站在教师、站在孩子的角度去思考，我的价值观和教育观都有了一些改变。当然更多尝试的是以儿童的视角去理解，活动应该怎么来实施，怎么把孩子的兴趣考虑进去，怎样用孩子的"学"指导教师的"教"，把教师有目的地教、有计划地教和孩子有兴趣地学、有趣味地学结合起来。我和我女儿讲，我也是第一次做妈妈，可能有很多方法，也是经历了以后才会去反思我哪些是对你做得对的，哪些是对你做得不对的，所以一个人的经历有的时候非常重要，你一定经历过了，才会了解是什么样一个过程。所以我鼓励我的女儿，我说很多的事情你一定要敢于尝试、体验、经历，你才会知道到底是什么样的一种感受。

访谈者：您的哪些特质让您成为幼儿园骨干教师？您认为让您成功／战胜困
难的最关键因素是什么？

受访者：具体有哪些特质我是没有自己总结过，但我觉得在幼儿园这个环境
里面，因为都是自我保护能力不强的孩子，所以总会出现一些意
外，那么作为一个教师在处理这种事情的时候就会体现出自身的一
些素质。出现这样的意外其实是大家都不想的，那意外出现以后，
我觉得家长怎么做都不过分，怎么表达都不过分，因为孩子对家长
来说很重要，我们要理解家长，同时也希望家长理解我们，只有双
方理解，事情才能比较圆满地解决。其实在我的职业生涯中也发生
过这样的意外，我会先和家长沟通，让家长知道这是一个意外，意
外出现时我的应急处理方式和方法。有的家长就非常理解、宽容，
他会觉得幼儿园老师很辛苦，在家好几个人带一个孩子也会发生这
样的意外，何况在幼儿园一个老师要带几十个孩子。家长这么好，
这么理解老师，老师要对孩子更好。当然我也碰到过有的家长来讨
说法，他们的思维方式蛮有趣的，他们会觉得好是好，你们幼儿园
是好，老师也是好的，我认可，但是今天出现这样一件事情，你老
师要给我一个说法，你之前所有的对孩子的关爱、关心，在这件事
情上面就化为零了，就是要谈赔偿。那么我该怎样处理就怎样处
理，我们是依法办园，不是说家长想怎样就能怎样。但是不管是什
么样的家长，我并不会因为家长如何就对孩子有意见，我觉得这就
是我专业素质的体现。

　　我认为让我战胜困难关键的因素除了我的专业素质之外，就
是我们整个团队的团结一致。我觉得我们上海市的示范性幼儿园
的老师，整体素养是挺好的，我们这一群老师很有专业理想，是
积极向上的一个群体。我一直觉得团队的力量是很强大的，现在

幼儿园在园长的带领下也是一个很团结的群体。我们去年进行了上海市示范性幼儿园的一个评审、复验，专家对我们幼儿园的方方面面工作都给予了比较高的评价。在准备复验的过程中，我看到团队每一个人为了共同的目标，都在付出自己的努力，团队的力量在这个过程中就会呈现出来，这也是很正能量的东西。我觉得这种东西不是说说就可以的，是要真真正正地去做的，在做的过程中不知不觉地每个人都会为之付出努力，大家共同把一件事情做好。如果说幼儿园团队没有团结一致向上的心态，是不会成功做成这件事的。所以我认为克服困难的关键因素，不仅需要教师个人的专业素养，也需要团队之间的团结协作。

访谈者：能否从自己的经历中，总结几个经验教训，以便后来人借鉴学习？

受访者：经验教训的话，我觉得一个人具有理性的思维方式是挺重要的，有时候这种思维方式决定了你的位置。因为一般来讲，女同志的具体形象思维会比较好，比较感性，但在幼儿园工作光有这个是不够的，幼儿教师应该有意识地培养自己的理性思维，这样才可以很好地去处理自己工作和生活当中的很多事情。这种思维的形成要借助平台和环境，要有人和你有这样的对话，一种高水平的对话，才会对你的发展有促进和帮助。所以幼儿园派你出去学习交流的时候能去一定要去，这样你能够听到很多专家的讲座，从专家身上你能够感受到他们的思维方式，感受到别人的想法之后还要有自己的反思和反省，这样才能促进自己不断成长和进步。除此之外，就是从实践中培养理性思维。在幼儿园你会碰到不同的家长、不同的幼儿，每一天都发生不同的事情，当一些事情发生的时候，你会觉得怎么会这样，但是如果你真的好好地去分析这件事情，站在别人的角度去想他对这件事情是怎么看的、怎么想的，你就能更好地去解决这个问题。理性思维会告诉你怎么去做事，什么事情该做、什么事情不该做，什么事情先做、什么事情后做，什么事情该做到什么程度，而不是人家说这个好我就做这个，你必须运用你的理性思维，把这件事情去想清楚、想明白，这样你才能很好地做出决定。

还有就是刚进入幼儿园，新教师面临的第一个问题就是如何把课上好。还记得我刚到幼儿园第一次给幼儿上课时，只听教室里一片乱哄哄的声音，有的孩子在说话，有的在打闹，有的在告状，尽管我的声音很大，但是没有多少孩子真正在听我讲，当时心情很沮丧，觉得自己课都上不了，连孩子都管不好。从那一节课开始我就意识到自己需要学习的还很多，于是有意识地去听别人是怎样上课和管理孩子的。从第二节课开始我就认真备课，尽量有趣，孩子果然认真听我的课，看到孩子们一双双发亮的眼睛，心里轻松了一些。为了提高老师们的教学水平，我们幼儿园从开学便开始上公开课，于是从第二周开始，每周都有我的公开课，面对一节节的公开课，起初有些心惊胆战，每次活动对我来说都如临大敌。我特意在第一堂公开课上课前请教了其他有经验的老师，让他们给我一些建议，帮我看教具教案是否合适。自己也在网上查资料，看其他人是怎么上这堂课的。就这样在忐忑中上完了课，总体还不错。后来又去听了其他老师上课，自己也陆续上了很多节公开课。在一次次公开课和听评课的过程中，我渐渐熟悉了解了幼儿园上课的方式方法，之后也更加得心应手了。所以对于新手教师来说，上课需要反复地练习和反思，有什么不懂的就要去多问多听，当练习到一定的频率，积累了一定的经验教训，就能更好地把课上好，把孩子管理好。

及时反思也是促进幼儿教师迅速成长的一种方式，真正的反思应该具有"心灵转向"的作用，最终促进教育理念的提升。比如我有一次给小班上美工课时，在最初的设计中安排了多种形式的活动，又唱又说又看，但是非常折腾孩子，被老师催促着跑东跑西，每个环节的初衷无法很好地实现。于是在课堂结束之后我进行了反思，发现小班幼儿年龄小，表现能力比较弱，想要在短短的 15 分钟内，帮助孩子掌握复杂的技能是不太合理的，于是我就将原本一次活动的各个环节拆分开来，拆成多次相互联系的活动进行，循序渐进地让幼儿进行学习活动。所谓"当局者迷，旁观者清"，反思的习惯让我能够跳出自我看自己，以一个旁观者的身份回顾自己的教学经历，准确发现问题，客观评价问题，有针对性地解决问题。所以无论是外出学习，还是自己组织教学活动，我都会勤于反思，在反思中促进自己的成长。

访谈者： 回头看自己的学习和工作经历，您认为哪些理论或者知识的学习对后来形成工作经验或者是处理人际关系发挥了作用？哪些经验不能从书本中获得而只能从工作和生活中获得？

受访者： 对于学前教育专业的学生来说，专业课如教育学、心理学等是必须掌握的理论基础。你必须了解孩子的心理是怎样的，了解一些教育家的观点、先进的教育理念以及教育模式，然后在头脑中形成自己的教育理念，这对之后的工作是一种理论上的经验积累。对于幼儿教师来说，专业素养和专业能力是可以通过一些理论的学习来打基础的。

　　当然还有一些能力是在书本上学不到的，而是要靠在工作中不断地摸索、实践积累来的。因为理论有时与实践有些距离，有些事情就是要去经历、观察和反思才能不断促进自身的成长和发展，人生经历本身就是一种财富。书本上的知识会存在一定的滞后性，可能大学里用的教材上的一些知识，都是几年前的东西了，学生毕业之后，在书本上学的知识用不到，这就需要我们进一步地培训和实习。比如与幼儿的相处、突发情况的应对和处理、家长工作应该如何去处理和沟通等，都需要幼儿教师在不断地"试误"的过程中才能够成长。当你具备了扎实的理论基础，辅以观察和反思，以及一定的练习和持之以恒地坚持对实践进行总结和提炼，就能不断提高自己的能力。

━━━━━━━━━━◆ **访谈感悟** ◆━━━━━━━━━━

这是一位在一线教师岗位上做了 20 多年的幼儿教师，她让我想到一句话：坚守初心，不放弃。是的，一个人能够坚持做一件事情并且始终不忘初心，这是一种很难得的毅力和品质，这就是一种成功。

在当今这个快节奏的社会，人们往往会被各种其他无关的因素所影响，或中途放弃，或无功而返，但是我们也始终能看到有人在正确的道路上一如既往地坚守初心。瞿老师就是这样的一个人，表面上她给人一种柔弱的上海女子的感觉，其实骨子里有着一种不服输的劲头，她认为自己今天的成就最主要的因素来自她的园长、导师以及家庭，但是最重要的是她自身的努力和坚持，对自己有较高的标准和要求，以及专业的教育职业信念，才能一步步地从平凡走向卓越。

幼儿教师是一个需要付出大量艰辛劳动的工作，每一位能够始终如一日坚守在岗位上的幼儿教师，都值得我们尊敬。执着与坚守就是瞿老师的代名词，也希望未来，有更多的像瞿老师一样坚守、不忘初心的幼儿教师。

一直走在学习路上的王老师

访谈日期：2018 年 7 月 28 日
访谈时间：10：00—11：30
访 谈 者：王小溪　蒋　娟
受 访 者：王老师（沈阳）

访谈者： 您是怎样踏入幼教界的？当初的想法是怎样的？

受访者： 我本身不是学学前教育的，普通师范毕业，在小学当了 10 年班主任。幼儿园隶属于我们学校，因为领导的安排，我调到了幼儿园。我属于边学边干，边干边学。

访谈者： 经过多长时间您走到了今天，成为一名优秀的幼儿教师？在这个过程中，有没有您认为是人生转折点的那些时刻？

受访者： 2006 年我从小学转到幼儿园工作，我觉得我到幼儿园就是我人生的一个转折。因为我没学过学前教育专业，在前十几年的工作中也没怎么接触过学前教育，确切地说，除了自己女儿上过幼儿园以外，我没怎么接触过学前教育。然后，三十六七岁一下子开始做学前教育工作，这个就是一个人生转折。那个时候，也不是自己的主观愿望，就是服从领导安排。刚来幼儿园的时候，挺着急上火的，因为这是一个完全陌生的领域，我这个人还算挺要强，就觉得我得迅速地了解幼儿园，进入工作状态。

访谈者： 新入职阶段、工作熟悉后的阶段、现在的成熟阶段有没有一些令您

记忆深刻的事情？能否说几个典型的个人成长故事？

受访者：我遇到的最棘手的事情是在刚进幼儿园的时候。因为我那时候是一个零基础、零经验的新老师，每个细节都要需要学习，包括如何跟家长打交道，如何安排孩子的一日生活。来到幼儿园之后，一下子面对这么多孩子，实际上对我来说很难，无论是理论上，还是实践上，给孩子上课和给小学生上课不同，这些东西都需要去琢磨。比如跟家长打交道，我刚开始跟家长打交道的时候很犯怵，见了家长就是告孩子的状，不知道其实家长听了很反感，家长就会想这个老师怎么处处看不上我家孩子，反而对我有所抵触和疏远。那我就想要以表扬为主，就是夸孩子挺好，但这样有问题还解决不了。人家说，亲其师、信其道，你的专业性如果表现出来的话，家长才能信服你，尤其是遇到比自己年长的家长。后来我跟家长沟通，就会表现出我的专业性，让家长信服，才慢慢得到了家长们的认可。

访谈者：有哪些人 / 事件对您产生了重要影响？您的家庭对您有什么样的影响？

受访者：刚上班的时候，我的年级组长包括校长挺重视培养我的，给我机会和平台去录课，做公开课。他们身上有很多品质，对我影响挺大的。我到幼儿园以后，园领导对我影响很大。她那个时候 50 多岁了，但是一直葆有对工作和生活的热情，无论做什么事情，她都会把这个事情研究得很深很透，哪怕说我们出去玩儿，她也会规划好我们的路线，我们到那儿吃什么，做什么，学什么，规划得非常好。

　　我的原生家庭肯定对我有影响，我家是一个比较传统的家庭。我受到的传统教育比较多，从小我的父母对我的要求就比较严格，我是一个好学上进的孩子，三观也正确。我觉得我们这代人普遍是受这种家庭传统教育出来的。我爸爸是工程师，我妈妈是老师，我家属于知识分子家庭。从我父母身上，我知道可能我的能力大小有限，但是一定要用自己的努力把和自己相关的事情做好，这个是我的家庭带给我的最根本的东西。所以无论是工作也好，生活也好，我都尽自己的努力去做，担起自己的责任。我从小学转行到学前，也是这么想的，就是我到这儿了，做这个事儿了，可能我的能力有大小，但我要尽我所能去把这个事儿做到我力所能及的最好。遇到问题了我不能退缩，我要想办法克服困难。我的爸爸妈妈给我的就是这种正能量的东西，让我知道通过自己的努力，我会比现在更优秀。

访谈者： 您的哪些特质让您成为幼儿园骨干教师？您认为让您成功／战胜困难的最关键因素是什么？

受访者： 我觉得我是一个凡事都主动进取，并且做事有准备的人，因为自己的不断积累让我从一个外行变成一名骨干教师，这也是对我这么多年努力的一种证明吧。到学前以后，经过两年的时间，到 2010 年的时候各方面我已经非常顺手了，常规工作我已经做得差不多了。那到第五年的时候，我就想，我们也评上五星级幼儿园了，我各方面工作也都比较顺了，这个时候我应该努力的方向是什么？我从来不好高骛远，往前迈一个台阶我就很高兴了。正好那个时候我听说沈阳市可以评骨干教师，我就上网把那个条例打印下来了，对照一下看我哪些是合格的，哪些是不合格的。如果差距很大，那我就不去参评；如果说基本符合，那么我就努力争取一下。对照之后，我觉得还好，最起码从基本条件来说，我都具备。那我想趁自己年轻嘛，就去尝试看看好了，即使评不上也能够通过这个过程知道自己差在哪里，以后继续补足。经过我很用心地研读条例，准备材料，后来我很幸运地被报送到市里。其实当时我们单位不止一个人报名了，但是有些人就是一种凑热闹的态度，也不认真准备，所以最后就我评上了。当时好像是每个郊区县报送一个，然后要进行筛选答辩。当时说是市里找一些专家，现场抽题答辩。答辩是怎么个模式我也不懂，我就把近年来的政策文件打印学习。我觉得首先学前的定位是什么，你得了解。你在这个大的范围里定位是什么你也要知道。我就给自己画了一下复习题，然后就去答辩。答辩后留下两个人，我是其中之一。通过这个事也能够看出来，我比较喜欢不断通过我自己的努力去学习和充实自己，也正是因为这样，我每走一步都很扎实，这种努力别人也都能够看得见。

我觉得让我战胜困难的关键因素是我对待困难的态度，不论多难我都保持一种积极乐观的态度，想办法解决问题，不轻易放弃，我坚信办法总比困难多。就像我曾经读到的一本书《教师专业成长的途径》，书中魏老师有一段话：对命运的过早抱怨或者诅咒其实是衰老的表征，真正的强者是不抱怨的，命运把他扔到天空，他就做鹰；把他扔到草原，他就做狼；把他扔到山林，他就做虎；把他扔到大海，他就做鲨。我还记得我刚来幼儿园的时候，面对陌生的环境、生疏的同事、天真的孩子，我心里也是有一些忐忑不安和紧张的，从原来工作的舒适圈走出来，我不知道接下来是怎样的挑战。除了日常教学活动、一日生活，幼儿园还有很多丰富精彩的活动；除了全体教师会议，还有教研组会议；除了园本研训，还有组本研训……一切的一切都让我这个"新手"不知所措，只得"随波逐流"，其他老师做什么，我也跟着做什么，心里想着就先"照猫画虎"吧。为了更好地培养青年教师，引导青年教师朝着骨干教师的方向发展，幼儿园青年教师每年进行一次汇报活动。在面对这些我内心不是很笃定的"挑战"时，我有些紧张和不安，每次活动对我来说都"如临大敌"。那时候为了促进青年教师的快速成长，除了这些园内的活动，教研组也安排很多活动，比如说跨班活动、行为跟进、一课多研等，真的是"一波未平、一波又起"。虽然我很努力，积极地准备着，可是毕竟我的经验是有限的，所以心里有些没底，于是我就请我们教研组的老师挨个给我指点。有的同事说你是新手，经验和能力不足很正常，不要给自己太大压力，非要做那么好。但是我不认同，我觉得每一次挑战都是我成长的好机会，所以我要抓住机会锻炼自己。我们教研组的老师看到我这么认真用心，也很愿意帮助我，帮我看教案，给我提出经验性的意见和建议，看我试教，指出不足之处，调整活动弊端，抓好活动亮点。在教研组老师们的帮助下，我顺利并且出色地完成一次次教学活动。还记得第一次亮相活动，我结合新课程内容、班内幼儿的发展水平，执教了语言课程活动《猜猜我有多爱你》。活动结束后得到了领导、老师们的鼓励，他们对我进行了一次深刻的指导，让我受益匪浅。尝试了语言领域的丰富与多彩后，我挑战自己尝试不同领域的精彩。上半年学期结束的时候，在教研组老师们的最终建议下，开展了我的汇报课——中班音乐《我的小鼓响咚咚》，我与孩子们在短短的一个歌唱活动中体验着快乐与幸福。上半年我的学习经历已经算是丰富的了，下半年我也没有闲着，继续"编织着我的梦，续写着我的成长故事"。结合幼儿园开展的活动、幼儿的发展水平、能力及兴趣设计活动，在执教前前后后的过程中请教了教研组的老师们，经过试教、修改、展示，一步步地往前跟进，让我在体验建构式课程的同时不断地更新自己的理念。就这样，第一年，我在教学研究上下功夫，不断努力、成长……第二年我尝试走进教科研，从课题研究入手，撰写课题方案，进行课题实践，不断总结、反思，在一次次尝试中摸索前进。

访谈者：能否从自己的经历中，总结几个经验教训，以便后来人借鉴学习？

受访者：不是有那么一句话吗，千万不要在你能吃苦的年龄选择安逸。我觉得这句话很重要，现在的年轻人大都是独生子女，"吃苦"这两个字对他们来说太远了。他们的父母好多都觉得自己吃的苦，千万不要让孩子吃。有一些年轻教师明明坚持下来可能会很有发展，但是因为吃不了苦，觉得干这个工作太辛苦了，所以就轻易转行了。其实每个行业都有它的不容易，只是外人看着挣得多或者很轻松。在我刚来的时候也有过这种心情，一天到晚不敢放松，时时刻刻记挂孩子的安全问题，还要应对上面的各种检查和整理材料，真的是加班加点地干。我为什么没放弃呢？因为我觉得还有人在干这份工作，那些人怎么坚持下来的，我相信我也能，最终也真的是苦尽甘来。

另外，我觉得老师都有一个通病，就是喜欢批评别人。其实不管是面对幼儿，还是家长或者同事，我们都要以一种尊重的态度和欣赏的眼光去看待。苏霍姆林斯基曾说："教育技巧的全部奥秘也就在于如何爱护儿童。"的确，只有在"爱"的前提下，一切教育才有可能。只有心中装着"爱"，才会蹲下身来、贴上耳朵，耐心地倾听。在我的班级里，每一个孩子都渴望着被关爱，他们会发出不同的声音："老师，我爱你！我最喜欢你！""老师，恐龙是怎么来的？""老师，他不肯让我玩他的玩具……""老师，我想妈妈……"还有一种是用眼睛发出的声音，他们不喜欢或不敢于主动地倾诉，但又有着想说的欲望。我总是平等地欣赏、对待他们每一个，并扮演着不同的角色，一会儿是温柔可亲的老师，一会儿是忠实的听众，一会儿是志同道合的探秘人，一会儿又是客观的调解员……在角色转换中，我得到了孩子们的信任，赢得了他们的爱。我经常通过语言和拥抱来表达我对他们发自内心的爱，很少严厉批评他们，即使他们闯了祸，我也是等冷静下来再和他们讲道理，蹲下来聊一聊，让他们不紧张、不害怕。时间久了，他们能感受得到老师是和爸爸妈妈一样爱他们的，不管他们做错什么事，老师都会原谅他们。家长们也能够从孩子身上感觉得到这个老师是什么样子的人，他们知道老师对他们的孩子是发自内心的好，也会很配合老师和园里的工作，即使有时候孩子在园里有一些小的磕碰，家长也不会深究，因为他们信任我，所以理解我。人们常说"学高为人师、身正为人表"，这就要求老师不断提高素质水平，努力培养新世纪的接班人。我自认为才疏学浅，只有不断提高自身素质，不断完善自己，才能担此重任。因此我非常注重自身的修养，我常常刻苦钻研教材，有空就阅读幼教书刊，遇到好文章、儿歌、教学经验等都记录下来，认真学习研究，以便提高自己的业务水平，在工作中我积极探索、虚心接受领导以及有经验老师的意见，对于同事们指出我的不足之处，我都虚心接受并积极改正，这使我从实践到理论，再从理论到实践，不断地提高自己的专业素质和能力。

访谈者：回头看自己的学习和工作经历，您认为哪些理论或者知识的学习对后来形成工作经验或者是处理人际关系发挥了作用？哪些经验不能从书本中获得而只能从工作和生活中获得？

受访者：我觉得理论基础是一个大的框架，必须有理论基础。一个人的理论基础决定了一个人思维的清晰度。理论基础越深厚的人，思维会更清晰。他会把很多碎片式的知识和信息形成框架，然后按照框架有条不紊地去做事情，所以我觉得理论基础很重要。教育学、心理学是做教育所必备的，因为教育区别于其他工作，它是做人的工作，具有不可逆性。这个孩子，他三岁零五个月这一天和你度过，他这一天在你这儿获得了什么？过了之后，你永远也找不到他三岁零五个月这一天了，因为时间不可逆。我总说让孩子的一日生活无等待，孩子盲目地在幼儿园里等待，什么事情也没做，那么就等于你浪费了他的生命，你在无意地消耗他的生命。

实践经验也很重要，尤其是做学前教育工作。通过在学校的理论学习我们知道应该怎么做，可是到了幼儿面前到底应该怎么做，我们就不知从哪下手了。比如设计一个活动，这个活动孩子们是否感兴趣？对于这个阶段的孩子来说，是有难度的，还是很容易的？活动中，我要帮助孩子们达到的最近发展区在哪里？这些都需要老师从本班幼儿的具体情况出发，需要有一定的实践经验，这样你所设计的教学活动才能是真正适合孩子的。曾经我指导过一个实习生，他们有个任务是实习期间必须自己组织一次公开教学活动。她从幼儿园的教师用书中找了一个认识三角形的活动方案问我，我一看这个活动方案，对我们班孩子来说太简单啦。我就建议她自己稍微再设计一下，贴近生活一些。她回去思考了以后跟我说，想改为"寻找生活中的图形"，说这个活动孩子们会感兴趣，因为之前她带孩子们玩过，他们特别喜欢。我就问她，那你的这个活动孩子们已经有前期经验，你所设计的最近发展区在哪里呢？她一下子沉默了，不知道该怎么解决这个问题。这就是因为她对孩子不够了解，对教学活动也缺乏经验。我建议她可以考虑一些生活中存在的组合图形，让幼儿能够从组合图形中识别出他们已有经验中认识的图形，并且幼儿在教室里也可以动手找一找。经过我跟她五六次的沟通后，她的教案开始逐渐成熟，并且在这个过程中借由我的提问她开始不断思考。教案确定后，她开始设计活动环节，比如如何导入、如何激发孩子们的兴趣，将活动一步步延伸。看着她密密麻麻的标注好的教案，我心里很欣慰，我在她脸上也看到了自信。最后活动进行得很成功，至少在我看来作为一名实习生达到这样的水平是很不错了。但是由于她的教学经验有限，对孩子的掌控能力不是说一时半会就能形成的，所以活动过程中有些地方孩子们太兴奋了，她收不回来，需要我给予协助。所以说教育工作中实践经验真的很重要，只有具备一定的经验你才能更好地开展工作，将理论服务于实际。比如对幼儿的常规教育，俗语说："没有规矩，难成方圆。"我们知道良好的常规可以使幼儿生活具有合理的节奏，既能使神经系统得到有益的调节，促进身体健康，又有利于培养幼儿自我服务的生活能力，为今后生活和学习奠定良好的基础。可要怎么养成呢？我记得以前我带小班孩子时，如吃点心、吃饭时孩子们很吵，有时我叫破了喉咙他们还没安静下来，怎样让孩子自觉地安静下来呢？面对这个问题我思考了很久，觉得有时候即使有很多理论指导，但遇到问题的时候还会手足无措。直到有一天，看到我们班的孩子围着圈都要抢着帮我做事情，我突然意识到可以利用这一特点让孩子安静下来。于是我在每天孩子吃点心、吃饭时都说上一句："今天谁来帮老师发饼干、发牛奶、发调羹、发碗？但老师有个前提，就是坐得最好的小朋友来做。"孩子们一下子安静了下来。有一次，我班的一个小朋友正在上厕所，听到我说的话立马拉着裤子安静地跑到了自己的位置上，我看了很感动，没想到我每天说的这句话的吸引力这么强。我这一招，既培养了孩子热爱劳动的习惯，也能让孩子在班中形成自觉安静的习惯。不仅教学、常规这些教育工作需要实践学习，甚至在幼儿园的人际关系，例如同事间的合作、如何与家长进行沟通等，这些都需要从实践中获得。

━━━━━━━━◆ **访谈感悟** ◆━━━━━━━━

21 世纪的社会是学习型的社会，需要幼儿教师具备积极进取的心态和持续学习的能力，不断完善自身的知识结构，提升自己的专业素养，培养出未来世界所需要的公民。王老师作为一个转岗到幼儿园的教师，凭借着自己积极上进、不服输的精神很快成为一名优秀的幼儿教师，在幼儿和家长中获得了属于自己的尊重和地位。王老师这种发自内心地对学习的渴望让她不断主动挑战遇到的难题，提升自己的专业能力，从普通教师中脱颖而出。通过日积月累的学习，王老师不断完善自己，实现其职业价值。王老师表达了自己对于教师专业素质的理解，她认为教师要具备高度的责任心和专业知识。王老师提到，作为一名幼儿教师对政策文件的准确把握的重要性，掌握政策文件的相关知识可以帮助幼儿教师开展自己的教学工作，规划自己的专业发展道路。从王老师身上我们可以看出，幼儿教师主动学习、积极乐观的品质可以持续支撑幼儿教师的专业发展。

因材施教的李老师

访谈日期：2018 年 9 月 28 日
访谈时间：10：00—11：30
访 谈 者：索长清　佟晓川
受 访 者：李老师（沈阳）

访谈者： 您是怎样踏入幼教界的？当初的想法是怎样的？

受访者： 我是受到我妈妈的影响。我妈妈是语文老师，我从小就很喜欢也很崇拜老师。小的时候，我们小区有个大院，我常常会召集一群比自己年龄小的小朋友搬来小桌子、小凳子，手拿一根木棍，饶有兴趣地扮演小老师，当时就在心中种下了一颗将来要当老师的种子。在初中升高中阶段，我的数理化不是很好，文科还不错。家里人就建议我直接考师范，正好我妈妈同事知道市幼师学校在招生，就把这个消息告诉了我妈妈。我从小喜欢当老师，唱歌、跳舞也还行，就考这个学校了。当一名幼儿教师，我还挺兴奋的，带一群小孩子整天唱歌、跳舞，工作环境很单纯，没有升学压力，也不要求成绩。现在回想起当时的感觉，只是想到了工作环境单纯，压力不大。现在看来，不全是这样的，幼儿园的孩子们确实天真可爱，但是他们也有淘气的一面，需要教师运用智慧才能管得住。虽然没有升学压力，但是每一名幼儿的安全是非常重要的。那么我后悔了吗？答案是不后悔，我很热爱这份工作。

访谈者： 经过多长时间您走到了今天，成为一名优秀的幼儿教师？在这个过程中，有没有您认为是人生转折点的那些时刻？

受访者：从 2006 年毕业至今，我在幼儿园工作了十几年，这十几年既短暂又漫长。回顾自己走过的路，欢乐与辛酸同行，收获与遗憾同在。转折点的话是在 2007 年 8 月，区教育中心举办了综合学科优质课展示活动，对于刚从教的我来说，这次比赛是提升自我、展示教学理念的机会，我非常珍惜。当时我设计了一节音乐活动《火车开了》，教学中我运用了律动、情境创设、创编等教学形式，荣获了我教学生涯中的第一个奖项——优质课展示一等奖。当然人的成长总是会有坎坷和挫折，2008 年 11 月同样是区教育中心举办的教师新秀比赛，当时的我磕磕绊绊地闯入决赛，在现场授课过程中，我的教学设计受到了质疑，落败而归。这次比赛的失利，让我重新开始审视自己，总结失败的教训。工作以来，我抓住每一次外出学习的机会，学习先进的教育理念，在实践中不断消化吸收，使学到的知识由外化变为内化，直到和自己的教学风格完美地融合。我珍惜每一次比赛机会，认真对待每一场比赛，从教坛新秀选拔到教学能手选拔，从全市教师基本功比赛到省级教师技能大赛，从校级展示课评选到省级现场课展示，是比赛让我不断成长，是比赛让我丰富了自己的教学之路，是比赛让我从一名普通的幼儿教师成长为一名优秀的幼儿教师。

访谈者：新入职阶段、工作熟悉后的阶段、现在的成熟阶段有没有一些令您记忆深刻的事情？能否说几个典型的个人成长故事？

受访者：我教学这么多年，发现一个现象，就是现在很多孩子都形成了一种被人安排的习惯，需要别人给他安排，然后他就按安排去做，完全没有自己独立的思维——"我想去做什么"。可能现在的小孩总是被家长和老师安排"你去哪儿，去做什么，玩什么"。你如果直接说去玩吧，他会不知道去哪玩儿。我现在尝试设计一些活动区，让幼儿自主选择，比如表演游戏、积木搭建，都是幼儿自主选择角色，选择游戏的同伴，效果还不错。

我开始思考，如何在课堂上让幼儿有自主性，我们幼儿园的特色是泥工，所以我从泥工入手。最开始，我选择的是橡皮泥，比较便宜，方便。但是橡皮泥有一个缺点，捏完之后特别硬，而且容易散。偶然机会我知道有一种东西叫超轻黏土，选择这个之后，孩子做了一段时间，开始可能是不会做，孩子兴趣不大，但是慢慢地会做了之后，孩子就开始感兴趣了。但是我发现，每个孩子展示的作品都是一样的，比如捏苹果，全是苹果，捏香蕉，全是香蕉，形状和大小还有颜色都差不多，我就想这不行，还需要再变。后来，我把捏泥与讲故事结合在一起。先让幼儿了解故事内容，观察故事中出现的各种角色、道具的形状、特点以及颜色。然后，根据讨论得出来的这些角色以及道具的特点，让幼儿去捏泥。比如《庄稼丰收了》这个故事里果实的种类非常多，果实的颜色以及形状也很丰富。幼儿仔细观察后，自己选择喜欢的2—3个果实进行捏泥。教师没有一个步骤一个步骤地教，只是引导他们加入自己的创意。孩子们一开始不知道怎么去捏，上了几堂课之后，孩子们渐渐地就给我带来了惊喜，把五颜六色的水果、各种形状的果实放在盘子里，基本达到了预计目标。现在，经过两个学期的锻炼，孩子们可以根据学习过的故事进行组合捏泥。比如成语故事"守株待兔"，几个小朋友负责人物，几个小朋友负责道具，全部放在一起，就是一幅完整的带有故事情节的画面。

访谈者：有哪些人／事件对您产生了重要影响？您的家庭对您有什么样的影响？

受访者：我们幼儿园的气氛非常好，在这样的氛围中工作有一种家的感觉。我们老师的年龄都比较小，当发现幼儿园有一些需要改进的地方，大家都会自动自觉地去修补，甚至用自己的钱去买一些材料。比如夏天的时候，孩子们需要去外面玩水，园里有一个小型的池塘，就有班级老师主动去买鱼，放到那个池塘里。幼儿园里的一些果树有虫子了，就会有人自动自觉地去弄，会去花钱买一些药。

　　我的家庭对我影响也很大，他们也非常支持我的工作。我父母是普通的工人，文化程度也一般。他们非常善良，也特别包容，我做什么事情，他们都会支持。比如在选择学校的时候，很多人都反对我选择幼师学校，他们觉得带孩子能有什么出息，还是得考大学，最好是学理科，比较好找工作。我很庆幸我的父母没有让我去学习我不喜欢的东西，因为当时我的数学不是很好，如果父母为了面子让我选择高中，我不一定会像现在这么好，也不一定像现在一样有自己的事业，并且这么自信。工作的时候，我也遇到过难题，有的时候和家长难以沟通。曾经我班有个孩子，已经中班了，每天来幼儿园都哭，边哭边说不喜欢幼儿园。可是当家长走了以后，这个孩子就不哭了。家长就以为我对他家孩子不好，因此，很多活动他家都不积极配合。因为这件事我特别委屈，就算我解释，孩子的家长也是爱理不理的。我妈妈就劝我，让我别上火。她说："有家长喜欢你、认可你，也有家长不喜欢你、不认可你。别灰心，你不可能让所有的人都喜欢你。但是，你只要去做你应该做的事情。认真、踏实、负责就行了。日久见人心，久而久之，大家都会看在眼里。别因为一个家长对你有看法就怀疑自己的能力，这个时候不能哭鼻子，而是要想解决问题的办法。"这一番话听完，当时我就觉得我妈特理解我，帮我把思路厘清，让我从难过和抱怨中走出来，换一个角度，尽量去解决问题。能有这样的母亲，我真的很幸福。

访谈者：您的哪些特质让您成为幼儿园骨干教师？您认为让您成功／战胜困

难的最关键因素是什么？

受访者： 首先是时刻保持一个良好的心态。记得前不久有位朋友问我，你天天带小孩辛苦吗？小孩哭闹了，你怎么办？我当时就面带微笑地告诉她，在社会上没有什么事情是不辛苦的，虽然累，但是我的生活很充实、很满足。我的笑容来自这群活泼可爱的孩子，因为这群孩子，我的笑容从没有离开过，只有你真正付出了，才会得到别人的认可与赞赏。以前每当孩子哭闹的时候，我总会在心里默默地安慰自己说这都不是事，没有什么，度过这个阶段就会慢慢习惯。幼儿教师的工作是平平常常的，心态决定了幼儿教师的素质和教育教学工作的业绩。

其次是总结经验，梳理出一套属于自己的班级管理方法。班级管理讲究艺术，要多动脑筋，考虑孩子的需求。从教学方法、教学艺术上动脑筋，让孩子跟你走，制服犟牛用再大的力气不如一把青草效果好。所以幼儿教师要形成自己一套行之有效的管理方法，坚持下去，成为制度。安排各项工作要统筹兼顾，考虑问题要周密，使各项工作井井有条；要制定明确具体、切实可行的管理目标，培养幼儿自主、自信、自立的品格；善于寓教育于管理之中，使每项管理活动都成为教育机会。总之，一个好的班级，离不开幼儿教师的精心管理。古人说"亲其师，信其道"，要想班级有一个积极向上的良好氛围，使每一个孩子都能健康、快乐地成长，作为管理者的幼儿教师就必须掌握孩子发展的脚步，把工作做细、做好，做到心中有目标，眼中有孩子，处处有教育，营造健康向上、个性张扬的班集体。

最后是坚持。不管是工作中，还是生活中，我们会下很多决心。比如我们经常会说从明天开始我要每天坚持做什么事，要努力做到什么，一定要完成什么等，但由于种种原因，就明日复明日了。我自己有一个习惯就是写日记，从上班开始一直坚持到现在，这个让我很受用，最开始记日记的初衷就是尽快熟悉孩子，熟悉幼儿园的环境和课程。我会把这两天遇到的事儿都写出来，然后反思，争取下一步做得更好，希望自己每一个阶段都有所成长。开始写得很零散，想到什么就写什么，后来时间久了，在幼儿园的经历多了，很多事情都有了经验，慢慢地，把日记换成了反思。每一周我都会留给自己半天的时间进行反思，反思这一周我的工作，哪里不好，哪里还有问题，也反思我遇到了什么有趣的事情，把一些想法都写下来。除了反思我还会做计划，做未来一周或者一个月的计划。这个习惯，我坚持到现在，真是受益无穷，当我现在作为一个有经验的老师给新老师做培训的时候，也常常告诉他们坚持写日记，坚持反思的好处。

访谈者：能否从自己的经历中，总结几个经验教训，以便后来人借鉴学习？

受访者：第一，要学会换位思考。首先，幼儿教师要站在幼儿的角度想问题，比如一个活动为什么幼儿的作品是一样的，某个学习区幼儿为什么不爱玩等。这些问题肯定是有原因的，一定要学习观察幼儿，找到原因，在组织活动过程中对症下药。其次，与家长沟通时也要换位思考。孩子被老师批评了，家长情绪激动，对老师提出要求，上课时不能批评我的孩子。作为老师，初一听，这个要求似乎不那么合理：老师批评孩子，孩子肯定有做得不对的地方，老师希望他改正才会对其进行批评；孩子毕竟还小，在他做错事情的时候不及时批评的话，他会不记得自己到底做错了什么。但是换位思考一下，如果我是家长，我就会想：为什么老师要批评我的孩子？我的孩子有那么差吗？上课的时候批评他，那他不是不能好好上课了？为什么不能下课后再好好地跟他说呢？如此一想后，作为老师或许就能体会到家长的心情，每位家长都觉得自己的孩子是最棒的。因此，如果发现孩子有问题时，及时主动与家长沟通，让家长意识到问题的存在，并告知其自己批评的理由。家长认为上课时进行批评不利于孩子的学习，要求课后批评，教师可以让家长了解及时批评的重要性，同时也可以尝试变换一下批评的方式，比如说用眼神提醒，或者是走过去摸摸他的头。

第二，要有耐心、能容忍。"老师，××又拿我的彩笔了！""老师，××拽我的衣服了！""老师，××打我了！"在幼儿园总会听见告状的声音。静下心细细想来，幼儿年龄小，自我控制能力差，动作、行为往往比较冲动，想到什么就做什么，看到什么就说什么。大多数情况下孩子们都不是有意犯错的。另外，我在儿童心理学课上学过，幼儿的长时记忆尚处在发展中。如果我们所讲的道理超出了孩子的理解能力，他就可能根本听不懂老师的话，记不住那么多的道理。另外，孩子也不一定能够把一个情境中学到的概念用到另外一个情境之中，才会出现"屡教屡犯"的现象。后来我便换了一种积极的教育方法，不再对孩子进行批评，而是尽量用简洁、明了的语言，耐心地告诉孩子哪里做得不合适了，应该怎样做才对，并注意在不同的情境中反复强化。慢慢地，小朋友的行为有了很大的变化。所以，幼儿教师的耐心和容忍是激励幼儿上进的动力。

访谈者：回头看自己的学习和工作经历，您认为哪些理论或者知识的学习对后来形成工作经验或者是处理人际关系发挥了作用？哪些经验不能从书本中获得而只能从工作和生活中获得？

受访者：说实话，在幼师学习的理论知识我都记不得了，反而是一边工作一边学习的记忆才深刻。如果让我说具体某个理论、某个知识有用，我还真一时说不清楚，但是我有一个感受，就是专业师范学校毕业出来当幼儿教师的和没有系统学习过的来当幼师真的是不一样。这个不一样不是体现在专业技能技巧上，而是对教育的理解和观念上。比如，从最开始，我们进入幼师的第一年就要学习一些理论基础，其中多个学科都在讲，以儿童为中心，尊重孩子的想法，不同年龄阶段孩子的身心发展特点不同，因此，一些举动和言行对于孩子都是有着巨大影响的。在这样的教育观念下，虽然我没有接触到幼儿，不知道怎么去上课，但是我知道怎么对待孩子。那些没有经过专业学习的幼儿教师就不会注意这些。所以，不是某一个知识点，或者某一个理论对我有影响，而是整个学习的氛围对我有影响。

　　在一线工作有很多在学校里学不到的东西，比如如何跟家长沟通，如何应对孩子的突发情况，如何应对孩子特别调皮不服从管教，甚至还有如何处理人际关系等。在学校里，学的都是理论知识，但是在幼儿园，是真正的实践。我记得当初刚到幼儿园，我对孩子很温柔。孩子跟我说"老师我喝不了这么多的水"，我就说"那你倒了吧"；孩子说"老师我上厕所不会擦屁股"，我就说"我帮你"；孩子说"老师我鞋带开了"，我就说"我帮你系"……我帮了孩子很多很多，我以为我是对他们好。但是后来，同事提醒我，我那么做是不对的，我应该做的是授人以渔，而不是授人以鱼。我也渐渐发现孩子每当有一点困难，张口就喊："老师……"孩子渐渐对我形成了依赖，不论什么事，都觉得我会帮他们解决，也就不会自己解决问题，甚至连脑子都不动。这样，我不仅仅没有帮到他们，反而助长了他们的懒散习气，更是让他们养成了一些坏习惯，非常不利于他们的成长。于是，我改变了对孩子的教育方法。我不再帮他们系鞋带，而是教他们怎么系；不再帮他们擦屁股，而是教他们自己擦……渐渐地，孩子们的自理能力强了，喊老师的次数少了。孩子们成长了，我也轻松了很多。组织幼儿一日生活也是一定要经过实践才行，书上只是教给你一日生活是什么，具体怎么做还是要实践。包括一日流程中，孩子喝水的规则，孩子户外活动穿衣服需要把里边的衣服掖在裤子里，吃饭的时候一定要注意有过敏史的孩子。还有就是孩子的安全问题，你只有在幼儿园的实际情境中才知道怎么去做。在幼儿园无论是室内还是室外，活动还是休息，安全都是放在第一位的。特别在游戏和活动前，都要先明确提出要求。在活动中注意观察，发现安全隐患的时候，要及时处理，保证孩子的安全。在幼儿园，孩子的安全至关重要，不管你是在干什么，眼睛绝对不能离开孩子。孩子们磕了碰了，不说家长，自己看着都心疼，家长更觉得是老师没有看好孩子，到时候即使你有理，仍然是说不清。家长把孩子交到你手上，你能说不负责吗？所以眼睛要不离孩子，时刻看着孩子。孩子安全，家长放心，自己也轻松。

◆ 访谈感悟 ◆

在幼儿教学中，教师开展因材施教需要对幼儿有充分的认识和了解。然而，教师了解幼儿及其差异并不是一件简单的事，需要付出很多的感情和爱心，花费大量的时间和精力。通过和李老师面对面聊天，可以感知她是一位非常和蔼可亲、善解人意的教师，也是一位善于积极思考的教师。当幼儿出现不会选择区域游戏的问题时，她会及时调整自己组织活动的方式来提升幼儿自主选择的能力。在管理班级、组织幼儿集体活动时，她有着自己独特的一套方法。正如李老师自己所说：从教学方法、教学艺术上动脑筋，让孩子跟你走，制服犟牛用再大的力气不如一把青草效果好。她根据幼儿的年龄特点设定不同的教学方案，针对各种淘气孩子制定办法。李老师不但理解幼儿的种种表现，而且积极地运用因材施教的方式，关注幼儿个体差异，改进教学。

教师作为课堂活动的主要领导者，教学活动的开展需要教师扎实的教学技能和过硬的专业素质。在幼儿园教育实践中，不仅活动形式、内容、空间是多元的，而且幼儿的学习方式、思维方式也是多元的。李老师通过教育培训、自我学习以及总结经验的方式完善专业知识，拓展视野。在组织活动时，时常结合幼儿的表现，捕捉幼儿的感受，进而不断改进自己的教学模式。像李老师这样时刻关注幼儿，在活动实施中根据幼儿表现及时改变教学方法，才是真正意义上的因材施教。

勇于挑战的贾老师

访谈日期：2018 年 8 月 10 日
访谈时间：10：00—11：30
访 谈 者：贺敬雯　张梦涛
受 访 者：贾老师（沈阳）

访谈者：您是怎样踏入幼教界的？当初的想法是怎样的？

受访者：我学幼教可有意思啦，感觉像姻缘天注定一样。初中的时候，我文艺特别好，学校有什么活动都参与，和老师们的关系都特别好。当时二班班主任老师的姑娘要考幼师，他找到我，和我说他们家孩子专业面试的内容有舞蹈表演，所以想让我教教她。我之前学过一段时间舞蹈，我就教她，然后我问她，你考的专业都学啥。她说学钢琴、美术、舞蹈。我就说这什么专业怎么这么好，但那时对幼教没有理解，就是学的内容吸引我。等到我中考时就报了幼师，考上的时候兴奋得不得了，不用跟其他同学一起考高中了，提前录取通知书也到了。但是说心里话，心里也挺失落的，就觉得自己能力也不差，学习啥的也都挺好的，人家以后都考大学，自己去幼儿园当老师，心里有点不舒服。后来我自考大专，读本科，读在职研究生，我一直学的都是学前教育专业，感觉一路走过来，又回到了最初的原点。

访谈者：经过多长时间您走到了今天，成为一名优秀的幼儿教师？在这个过程中，有没有您认为是人生转折点的那些时刻？

受访者： 在这个岗位待了快 30 年了。我是省幼 1988 年毕业的，然后当时军区幼儿园选毕业生，我就在军区幼儿园做了 10 年，工作很辛苦，但是很锻炼和培养人。在这 10 年我收获了对自己的认可，评上了沈阳市骨干教师、市优秀教师，还得了个三等军功章。一路成长过来，这 10 年的经验特别关键。10 年之后，正好有了一个机会，我调到了教育局幼儿园。又是 10 年之后，我来到了现在的幼儿园。

有一件事算是我职业生涯的转折点吧。我 17 岁进入工作单位，第一次带实习生的时候只有 18 岁，我带的实习生也只比我小一两岁，十六七岁的样子。当时不是我一个人带，是一个班级带。我们更多地是一起学习，一遍遍地看他们的教学设计，然后改设计。实习生是住在幼儿园里的，我周六日休息的时候也是和他们在一起研讨、磨课，付出了很多的心血。直到现在，我和第一批实习老师的关系都还很好，一直都有联系。这个机会是园长给我的，她会这么信任我，也是因为我当时特别努力。有一段时间园长天天来听我的课，让我都有点焦虑了，但就是这种督促，让我成长很快。那时候基本上每个月都要上一次公开课。园长就给我机会，让我带实习生，我就成了园里有史以来最年轻的带教老师。园长真的给了我很多帮助。她没有因为我年龄小，就觉得我不行，而是看重我的能力，提供了很多的机会给我。我是一个比较看重同事之间关系的一个人，我觉得同事之间就应该互帮互助，每个人都有遇到困难的时候，也总有向别人求助的时候。同事之间无论是教学上的，还是生活上的，都可以相互交流、沟通，一起探讨，一起学习，在这种学习环境下成长是最快的。

访谈者： 新入职阶段、工作熟悉后的阶段、现在的成熟阶段有没有一些令您记忆深刻的事情？能否说几个典型的个人成长故事？

受访者： 我印象最深的一件事是在我刚入职不久的时候，现在想起来还浑身冒冷汗。有一天下午幼儿园放学了，我们几个老师正在商量一件事情，忽然我们班的那个搭班老师跑过来跟我说一个孩子找不到了。我当时都被惊着了，安全问题一直都是幼儿园最重要的问题，保障孩子的安全是第一位的。我就赶紧跑到门卫去问保安，我说你确定今天每个孩子都是家长牵着手一起离开幼儿园的吗？保安说这个你绝对放心，我百分之百确定孩子们都是被家长牵着手离开的。然后我们就开始疯狂地寻找，孩子的父母当时都已经处于很疯狂的状态了，毕竟自己的孩子丢了，很担心，怕出什么意外。我们出动了园里所有的老师，还出动了警力，封锁了所有的道路转口和码头、火车站、汽车站所有的出口，每一辆过往的出租车都要打开后备箱。在我们寻找了将近 5 个小时的时候，终于有了孩子的消息，孩子最终被确认是误接。这件事情当时给幼儿园的打击很大，我们已经快要崩溃了，我们意识到了这背后隐藏着多么严重的疏漏。自从那件事情之后，我们幼儿园立刻设置了门禁卡制度。我自己也进行了反思，第一个就是我可以严格要求我自己，但是我未必能够严格要求别人，就算我当时跟搭班老师讲要怎么怎么样，老师也点头说嗯嗯。可是后来呢？所以说，安全意识如何根植到每个教师的心里，内化成行为，这是需要每位老师自己去认真思考的。第二个就是，孩子的生活教育很重要，如何提升孩子的自我安全保护、安全防备的能力很重要。作为幼儿园老师，突发事件是永远不可避免的，我们的工作就是尽量做到防患于未然。

访谈者：有哪些人／事件对您产生了重要影响？您的家庭对您有什么样的影响？

受访者：我的第一任园长对我的影响特别大，这是我的真心话，前面我也说了，她给我提供了很多锻炼的机会，这些机会对我来说特别宝贵。她特别信任我，知道我有多大的潜力，很重视我，我真的特别感谢她。她基本上没有特别严厉地批评过我，但她也没有大张旗鼓地表扬过我。在她退休之前，她把我叫到跟前所说的话，让我到现在还记得特别清楚。她说我很少在大家面前表扬你，不是因为你没做好，而是希望给你一个能稳妥成长的空间。老园长的教育方式，也是用人方式，让我特别钦佩。从那以后，我就知道了园长的良苦用心，回想起以前自己的骄傲自满、任性，觉得特别惭愧。我在园长身上学习到了很多东西，她教会我要豁达，凡事要宽容，做事要认真，不要太关注事情的结果，而且要懂得尊重谦让。可以这么说吧，如果没有当初园长的栽培，我是很难有今天这个成就的。

我父母都是通情达理的人，他们对我的工作都挺支持的，他们的性格、做事风格从小就影响着我。我父亲是经理，我母亲是统计工人。我们家是从龙口过来的，在沈阳没有任何亲戚。我妈那个人很要强，我们姐妹四个，但我从来没捡过我姐的衣服穿，我妈手很巧，我穿的都是我妈给我做的。我性格也特别像我妈，要么不做，要么就做好。以前，家长们对比较年轻稚嫩的新老师都有一种不信任的态度，觉得我们自己还是个孩子呢，怎么能照顾好他们的孩子。我就不服这个，虽然我不大，但我毕竟是专业的幼儿老师，我一定会用我专业的能力去带好孩子，我一定会证明给你看。就是凭着这股劲儿，我才一步一步走到今天。

访谈者：您的哪些特质让您成为幼儿园骨干教师？您认为让您成功／战胜困难的最关键因素是什么？

受访者：我是一个比较喜欢反思和钻研的人，我觉得作为一名老师，如果不会反思和钻研的话，是不会有进步的。一个教师对待科研的态度从一定程度上就体现了他对孩子的用心程度。我有自己的座右铭，就是一学、二问、三钻研。一学，就是学习幼儿园老师亲切自然的课堂语言。二问，就是向老前辈们、同事们请教，让自己学习到他们最宝贵、最精华的经验。三钻研，如果你只问不钻，照搬照抄，知识经验永远都是别人的，如果想把知识变成自己的，符合自己的风格，就离不开钻研。有一次，我给孩子们上关于猪八戒的一节活动，我为了能够捕捉到猪八戒的外形特征，好让孩子们更有代入感，我就一次次对着镜子找表情、找动作，我模仿猪八戒摔跤，就对着家里的镜子练习摔，摔倒了爬起来再摔。我爸妈看到我腿上乌青的时候，都特别心疼。但我觉得这是我应该做的，因为我是孩子的一面镜子。

　　我觉得战胜困难最关键的是一定要有耐心。我说的这个耐心不仅仅是要对孩子有耐心，对自己也要有耐心。现在年轻人都比较急躁，急于求成，还没多长时间就想看到成果，导致自己的基础打得不扎实、不牢固。我刚刚毕业的时候各个方面都不成熟，从学校这个单纯的环境走进复杂的社会，不知道怎么和社会接轨，工作中不知道怎么和同事交往，怎么和家长交往，也没有教学经验，培养孩子的常规方面存在很大的问题。工作第二年，基本上可以控制一些状况了。幼儿园需要掌握的东西特别多，比如对孩子的了解、与家长的交往，还有教学工作。要想工作得心应手，大概是需要五年的时间。我觉得工作十年以上，才会成熟。幼儿教师的成熟是需要一个很长的过程的。现在回过头去看那些年轻的教师，有的教师虽然工作五年了，但工作中还存在很多问题，还有很多地方不成熟。幼儿教师要面对的东西太多了，幼儿教育对幼儿教师的要求非常高，需要幼儿教师做到面面俱到。我们幼儿园的学科有那么多，学科领域就有五大领域，加上游戏三大类，再加上安全、礼仪、区域、环境，现在课程越来越多。如果去细分，可能数都数不过来，至少十几门了。幼儿教师想在每一个领域都熟练掌握，确实要花很长的一段时间。所以，幼儿教师需要有一个很强的耐心，静下心来慢慢学习，慢慢成长，把基础打扎实了，一步一个脚印向前走。

访谈者： 能否从自己的经历中，总结几个经验教训，以便后来人借鉴学习？

受访者： 经历真的就是财富，不管是成功还是不成功的经历，只要是走过来了，可以回味的东西都是财富。我觉得首先必须热爱这个职业，就是不管你干什么，你只有真正热爱它，才会把你所有的精力都投入进去，这样才有可能获得成功。我以前也想过转行，说实在的，幼儿园工作确实特别累，所以我就有了这个想法。当时我跟我老公商量着一起报名参加了一个公司的艺术展览的招聘，最后我俩都被录取了，但都没有去。说心动，肯定会有，这个工作还是比较有吸引力的，虽然会经常出差，去国外，但是毕竟不会太累。但我最终还是选择留在幼儿园，这里有太多值得我留恋的地方，我舍不得我的孩子们，舍不得园里的老师、园长。

　　还有就是要知道学习，人停止了学习就不会进步，也就不会有创新了。现在幼儿园条件也好，给大家提供了很多学习的机会和平台，什么专家讲座、专业培训、技能比赛、示范课观摩，等等，就看你学不学。如果你没有一个想要进步、想要学习的心，机会再多也没用。学习是与一个人的主观能动性有很大联系的，内在动机要是强的话，就会自己找各种机会去学习，比如看书、请教有经验的老师。如果动机不强，你给他再多的机会，他都不会珍惜。现在的一些年轻老师，尤其是实习老师，学习的心劲儿真的不是很强，就想着只要每天完成工作、完成任务就行了。你交给我啥活，我就干啥活，干完了就想着要么去哪儿玩吧，要么去哪儿看电影吧，还是年龄太小，自我成长的愿望不大。我都这个年纪了，还特别愿意给自己找事，幼儿园让报课题，我又报了。像我这个年纪的人很少有人这么折腾了，但我就是心气高，什么事也不愿落后，非得给自己找点事忙着。但这个过程确实让我受益匪浅。我的观念就是活到老学到老，人只要不学习了就会被社会淘汰，我也经常跟我自己的孩子这么说。我就希望大家不要过于享受稳定安逸，尤其在年轻的时候，正是奋斗的大好年华，能多学点东西就尽量去学习，这是对自己也是对自己的孩子特别有益的事情。

　　还有一个很重要的就是责任感，可以说，如果没有责任感，那就不配当老师。老师的责任感体现在很多地方，不是说你把课上好了就是有责任感了，也不是说你把孩子喂好了就是有责任感了，它包括幼儿成长的方方面面，生活、学习、安全、健康等，都需要老师全权负责。为什么大家都觉得幼儿园老师的工作非常辛苦，非常累，就是因为老师们每天都要时时刻刻地照顾到每一个孩子，不敢有丝毫松懈，从早上 7 点 15 迈入幼儿园大门的第一步，脑子里的这根弦就绷紧了，直到下午 5 点把孩子们健健康康地交到家长的手里，这根弦才放松下来。当老师确实不容易，当幼儿园老师更难。

访谈者： 回头看自己的学习和工作经历，您认为哪些理论或者知识的学习对后来形成工作经验或者是处理人际关系发挥了作用？哪些经验不能从书本中获得而只能从工作和生活中获得？

受访者： 其实我觉得关于儿童心理方面的一些知识真的特别重要，我们都要学习，这不仅会对你以后从事教师这个行业产生很大的帮助，而且还有可能对你的家庭产生影响。我有一个同事，她儿子是中度智障。我同事很郁闷，她和她老公家里条件都非常好，人也长得漂亮，可老天为什么就给了他们这样一个难题呢？她一直都很难受，刚开始的时候她也不太愿意跟我说太多关于她儿子的事情，后来有一次她家着火了，她当时冒着大火去救她儿子，自己的耳朵被烧得很严重。她的心因为这件事情好像就放开了，什么事都会找我说。

她经常打电话向我咨询，有时候我们会聊到凌晨一两点，我陪着她聊天，安慰她。我当时天天去书店、图书馆看心理方面的书，研究了一两个月，知道点东西就会马上跟她说。幼儿园的孩子也一样，并不是每个孩子都活泼开朗，也有一些比较内向自卑甚至自闭的孩子，那针对这些孩子你该怎么办，你要怎么走进他们的心里，这就需要你多看点理论方面的书，多了解了解这些孩子的内心世界。

　　需要从实践中获得的东西应该有很多，比如说班级管理吧。怎样让班里的孩子都养成一个良好的习惯，这对于带班老师来说就很重要。如果你班里孩子习惯好的话，你就会很轻松。如果不好的话，那每天都会产生各种各样大大小小的问题，孩子们都是乱哄哄的一片，你就是喊破喉咙也没用。但如果不分场合地让孩子一定要遵守纪律也不是很好。我不太希望把孩子管得老老实实，坐在板凳上一动不动。刚来的孩子我会让他们坐好，但不会让他们把小手放在背后面，而是要求他们把手放在腿上或者放在桌子上就可以了，把孩子们管得太死对他们的发展是不好的。到了做活动的时候就必须把孩子调动起来，不能一味地只强调纪律。幼儿园是以游戏为基本活动的，哪有安安静静地坐着游戏的，所以一定得让孩子们动，但是要跟着老师的指令动。小孩子的学习能力有限，在活动中，如果老师一再地强调秩序，那孩子恐怕很可能会把注意力放在让自己遵守秩序上来，这样也是不利于孩子学习的。所以我的观点就是，孩子的习惯是要培养，要让他们知道课堂上是有秩序的，不能想怎么样就怎么样，但我不会刻板地去规范孩子的行为，让他们严格地遵守规定，而是会在遵守秩序上给予他们一定的自由度，让他们有更充分的注意力去进行活动。像这些经验，我也是在一次一次的活动中总结出来的，慢慢积累反思，才找到一些合适有效的办法。

◆ 访谈感悟 ◆

从贾老师的成长故事中，我明白了一个道理：年龄只是一个数字，它与你的心智和你的能力并没有绝对的关系。17岁或许对于大多数人而言还是一个懵懂的年纪，充满激情与幻想，尽情享受着这大好青春所带来的美好。但在贾老师身上，我们看到了一个不一样的17岁。贾老师17岁时已通过自己的努力进入了梦想已久的职业中，已开始面临这个职业所带给自己的种种挫折与挑战。在家长的质疑中，在同事的不看好中，她并没有因此而选择放弃和退缩，而是凭借自己的韧性与坚持，一步步在工作中为自己证明，其展现出来的与其小小年纪明显不符的能力和表现让园长和同事们刮目相看。园长的赏识和器重，让刚刚进入工作岗位的贾老师就承担起了培养实习生的责任，这不仅是一种压力，更是一种挑战，认真要强的贾老师没有抱怨和后悔，而是对园长心存感恩，正是园长给予自己这样锻炼的机会，自己才进步得多、成长得快。贾老师不惜舍弃自己的休息时间与实习老师们一起探讨学习，尽自己最大努力去帮助实习老师们掌握专业知识和技巧，实现专业成长。贾老师的真性情、好人缘也为她在幼儿园赢得了一片掌声，她会为了同事的孩子专门去书店看书学习并不断安慰同事，在同事有困难的时候倾囊相助。谦虚好学、善于反思、坚韧不拔、懂得感恩，是我们从这位优秀幼儿教师身上所看到的，是值得我们每一个人学习的高贵品质。

温润如玉的张老师

访谈日期：2018 年 5 月 4 日

访谈时间：10：00—11：30

访 谈 者：但 菲 黄 昕

受 访 者：张老师（北京）

访谈者：您是怎样踏入幼教界的？当初的想法是怎样的？

受访者：当时选择这个专业是听我初中班主任的意见，他说："我觉得你特别适合去幼儿园当老师。"就是因为他的一句话我才去学的幼师专业，就这样进到这个行业里边。

访谈者：经过多长时间您走到了今天，成为一名优秀的幼儿教师？在这个过程中，有没有您认为是人生转折点的那些时刻？

受访者：我当了 15 年的一线教师。转折点应该就是工作第八年的时候发生的一件事。我有个同学过生日，我给她做了一件睡衣。我们幼儿园的一个老师想看，我就把睡衣拿过去给她看，让我们实习生帮我看两分钟孩子，谁知道就是这两分钟有一个小男孩把嘴磕了，因为他磕的是嘴，牙垫了一下，嘴里边缝了大概三针。小男孩的妈妈是特别老实的一个人，平时也不怎么说话。小男孩是他们家的老二，在那个年代能生老二是非常了不得的，小男孩在家里特别受宠。这个妈妈当时也没说什么，第二天来找我的时候，说孩子昨天嘴里伤口掉了一针，我就带着孩子去看医生。头一天我给孩子买了好多好吃的，也说要去她家里看，她说不用，我就把东西给她了。在去医院的路上，我一个人在前边走，她领着孩子在后边走，我就一边走一边哭，眼泪哗哗地流，心里想我对孩子那么好能怎么样，出了事儿也没人替我顶着，替我处理，完全就是我自己在处理，自己花钱买东西。他妈妈说自己特别着急，但昨天晚上孩子嘴里就掉了一针，当时为什么不带他去医院，为什么第二天早上来找我呢？我心里就特别委屈。带孩子去医院看的时候，那个大夫就跟他妈妈说：这老师真的是太负责了，其实他嘴里垫了一下，可以缝也可以不缝，当时我就和老师说缝了算事故，不缝就不算事故，但这老师说给他缝上吧，让孩子吃饭的时候嘴不难受。大夫又劝家长不要太计较了。当时我特别感动，终于有人替我说句话了。现在回过头来再想这件事，我觉得我是有错的，因为我离开了我的岗位，只要你带班的时候，你是不能分散一丝一毫的精力的，当时我要是在，我怎么能让孩子磕在椅子上呢，我拿脚接一下，也不能让他磕在椅子上。我那会儿是不想干了，就去国际学校应聘去了。这学校是一个新加坡人开的，他还真挺欣赏我的，让我去复试。我说我英语不好，他说没关系。我几乎不会说英语，复试的时候就没敢去。我在幼教岗位上的坚持可能有被动的成分，就是我不敢迈出那一步。

后来我有了孩子之后，工作态度就发生了一些变化。没孩子之前我一直认为我是一个特别负责任的老师，我经常会想，你看我对你们家孩子都这么好了，你天天还那么不放心，有什么可不放心的，怎么那么多事儿啊？但是当了妈妈之后，我忽然就理解了家长。读懂儿童，你才能给儿童他们需要的教育；读懂家长，你才知道家长工作应该怎样做。把你的教育对象读懂，这个太重要了。

访谈者：新入职阶段、工作熟悉后的阶段、现在的成熟阶段有没有一些令您记忆深刻的事情？能否说几个典型的个人成长故事？

受访者： 骄傲的是我被评上过 2004 年和 2007 年两届市级骨干教师。其实我特别感谢幼儿教师这个职业，让我脱胎换骨。我在上小学、初中的时候是一个乖乖女，特别老实，一说话就脸红，不是特别自信。我当幼儿教师以后，要开家长会，我就对着镜子练家长会上要讲什么。我爸就问我妈："她干吗呢？"我妈说："她要开家长会，她练呢。"我爸说："她开家长会？我刚不给她开，她竟然给别人开家长会了。"确实，当了幼儿教师，你不爱说话，也得爱说。说多了，熟练了，也就慢慢自信了。

还有一件记忆比较深刻的事是我刚毕业的时候发生的。我 7 月份毕业，9 月份就去幼儿园上班了。刚上班就接了大班的孩子，那个班之前的老师调走了，我正好接她的班。当时 40 多个孩子，那些家长就说我是学生老师。园长看了我的学习经历和老师的评价，觉得我还是很优秀的。园长就跟我讲，让我准备上全园公开课。当时我压力也挺大的，因为全园 100 多人，所以要在操场上课。我就考虑该怎么上呢？我上班才几天时间，还不熟悉 40 多个孩子，然后也没有上公开课的经验。我们园里的老教师非常好，给了我特别多的帮助。总之，第一次公开课上得很成功，大家都拼命鼓掌。当时我的公开课算是打破了常规的那种老师站在台上，孩子坐一排的上课形式，采用的是游戏性教学。当时园里的老师都觉得我上的这节课，很好地综合了语言、游戏、音乐，他们就说我们幼儿园来了一个老师，很厉害。上了这节课之后，园长就跟我说让我出来，不要在班上了，让我搞教研。我说不行，我一定要在班上，因为没有教学实践的话，出来之后就脱节了。我说我可以兼任教研组长，把我的学习和工作经验记录下来跟老师们分享。所以我每天都写教学笔记，到现在为止我也是。我很喜欢写日记，每天放学之后就留在园里半个小时，把今天的工作情况，还有自己的心得记下来，然后跟各个班的老师分享。当时幼儿园也有教研活动，基本上都是我把这些东西讲给大家听，大家就好像听故事一样。就这样，在这个过程中，我自己也成长了很多。

　　还有一件事，是我从教研组长升到了教学主任。因为我对大、中、小班每个年级的孩子的心理特点都比较了解，对一些教学方式、组织形式以及老师的角色定位比较明了，所以就积累了一些经验，从教研组长升到了教学主任，主抓教学。这时我发现我的责任更大了，因为我站的高度和以前不同了。我也感到了压力，第一年做的时候感到很累，尤其是感觉一些老师慢慢疏远我了，觉得我是领导了，不敢跟我讲话，不太敢跟我亲近了。我找了一个跟我比较要好的老师问她，她就说我不敢再跟你那么亲近了，因为那样的话有的同事就会说我拍马屁了。当时我就觉得，做领导这么孤独，原来那些好姐妹以前在一起能说能笑的，现在都好像有点放不开了，就是下班约几个姐妹聚聚聊聊，也有拒绝我的。真是到了这个层次之后，人际关系就感觉到有点冷漠了，同事之间的朋友减少了。我就跟园长谈这个事，我说您以前做园长也是这样吗？园长说她是从外面直接调过来的，没有这样的经历。后来我写了一篇文章，主题就是如何才能把我们团队拧成一股绳。我把文章在台上讲出来，讲我原来是怎么样，现在自己的困惑有哪些，讲自己的心声。我说我们每个人没有什么贵贱之分，既然大家同进了幼儿园的大门，就是一家人，不管是高兴的事还是失败的事，家里人要互相消化。之后我每次去班里听课，都和老师们以姐妹相称，提建议的时候也让老师们感觉到是家里人的意见，工作也就开展得比较顺利了。

访谈者：有哪些人／事件对您产生了重要影响？您的家庭对您有什么样的影响？

受访者：有件事对我影响挺大的，我们幼儿园有寄宿班，我接了还有一个学期就升班的寄宿班。家长来拿被子回去拆洗的时候，有个小孩的爸爸问我会不会跟班，我说不知道。他说刚来园的时候，就想如果我们家孩子能让这个老师教，那就太幸福了。这事对我触动挺大的，哪个老师的笑是真的，哪个老师的笑是假的，哪个老师是真对孩子好，哪个老师是当着家长的面说得天花乱坠，其实家长是判定得出来的。那个家长是一个银行里边的高管，他对我的肯定我很看重。我觉得当老师就要当能够给孩子传递幸福的那个老师。

我父母对我也有很大的影响，尤其是我父亲。我父亲是一个特别好学的人，那时候我都上初中了，他自己还学外语呢，因为他老记不住，就在外语上面标中文。那时候，家里也不是特别富裕，但爸爸还是坚持订他的专业杂志，每天记工作笔记。他做的这些事情，对我是有影响的。还有就是他的性格，他常说的一句话是"善不欺，恶不怕"，意思是你这个人多么善良，我也不欺负你；你这个人多么恶劣，我也不怕你。这对我也有耳濡目染的影响。

我先生是一个特别宽容的人，他给我的影响也特别大。我在家不经常说单位的事儿，但特别气愤的时候，我也回家发牢骚。从我当老师那天开始，每次我回家说事儿，我先生一定是不站在我这边的，他一定跟我说你不能这么想，他从来不向着我说话，从来不点我这把火，我觉得这样让我能够很客观、冷静地去考虑事情。原来我上班特别远，开车半个多小时到单位，下班的时候因为堵车要一个小时以上。我们是5点半下班，我基本上自觉加班到6点多钟才从单位走，那样路上也好走一点儿。回去我也不做饭，我先生在那儿做，小孩写作业，我就躺沙发上睡觉，躺那儿就能睡着。我先生做完饭就说："张老师，您的晚膳好了，您来用膳吧！"我们俩分工特别明确，我在幼儿园干时间长了特别爱干净，在家就爱收拾屋子，虽然不做饭，但是我一定要把厨房收拾得特别干净。有时候累了，我就说什么都不想干，然后他也不说话，就去洗碗。他跟女儿说，宝宝呀，爸爸现在的责任越来越大了，原来就是陪你，陪吃、陪睡、陪玩，现在我又多一"陪"，要陪你做家务。有时候我们一块吃饭我就指使孩子，我说去帮妈妈拿个勺子。孩子就说，咱俩都坐着，凭什么我给你拿去？我先生就去拿。孩子就说，爸爸你就天天惯着她吧，她天天指使咱们两个，凭什么她就在这坐着？他爸就说，你妈那工作不容易，她指使就指使吧。

访谈者：您的哪些特质让您成为幼儿园骨干教师？您认为让您成功/战胜困难的最关键因素是什么？

受访者：我特别喜欢玉，所以我经常用玉来解释我的教育理念。玉是藏在看似普普通通的石头里边的，只有懂石头的人，才能发现石头里边是有玉的，把毛石剔除，然后那个璞玉才出来，再加上精雕细琢，才能出来一个价值连城的艺术品和宝贝。我们面对孩子也是一样的，就是你要做能读懂孩子的那个人，你能读懂他才能为他今后的发展做打算，才能根据他的个性来雕琢和浸润他，让他成为一个优秀的人。我觉得玉呢，也特别像我这个人，就是温润当中是带点坚硬的。我不是特别强势的人，但是有的时候你必须有那个敢于站出来的精神，我本是比较温润的人，但因为职责和角色使然，我还有坚毅的品质。

　　另外，我是一个容融的人。第一个容是包容的容，首先我能容纳别人，能够客观地接纳别人的优点和缺点。比较善解人意，我女儿是这么评价我的，其实我一直对她都特别严厉，但是她说我是一个善解人意的家长。我同事也是这么说的，我能够理解别人，能够客观地看待自己和别人。我觉得这可能也是受我先生影响，他对我和女儿就特别包容和理解。第二个融是融化的融。就是我能融化自己，融化自己才能跟别人融入。其实我刚参加工作的时候，性格是比较硬的，有脾气，容易着急。但是后来在幼儿园工作之后，我发现每天和孩子在一起，你不能着急，有些事情不是你着急就能成的，所以慢慢地我也学会了放开自己，融化自己，多看看别人的优点，把自己化开了融入一些柔软的东西，和孩子以及同事之间的相处也变得融洽了。

访谈者： 能否从自己的经历中，总结几个经验教训，以便后来人借鉴学习？

受访者： 其实人这一辈子搞清楚两个问题就能解决所有的问题，第一，我是谁？第二，我要什么？我觉得作为教师首先要找准定位，有对自己的判定，知道自己在哪儿，知道自己的专业在什么地方，知道园所的要求、社会的要求和教育部门的要求是什么，找出差距和距离，在专业的引领下做好本职工作，这个还是很重要的。其次知道自己未来要达到什么样的发展目标和对未来的规划。有些教师可能在实践方面做得非常好，非常有经验，但是在理论方面可能就欠缺一点儿。现在我们做研究也好、课题也好，有很多东西缺乏独到之处，经不住"三问"。比如说在班级文化特色建设上，有吗？有。那你给我讲讲你都做了什么研究，你的特色在什么地方？你谈体育特色，很多幼儿园、很多班级都谈体育特色，那你又特别在什么地方？说不出来。这个和前期的研究、积淀、梳理都有关系，可能是做了，但是没有梳理清楚，在做的过程中缺乏自己明确的观点。在前期调研时，对于体育这个概念，你有哪些认识？最开始说体育是什么？一九八几年人们是怎么理解体育的？那个年代谈体育是说孩子身体好、吃得好、睡得好，再往后就谈身心健康了。谈完身心健康，又谈社会适应、良好的习惯，这是我们对体育概念认识的变化。过去对于体育大家可能更多地说的是肢体和动作，那现在体育不是说让孩子肢体协调动作发展得好就行了，而是要形成儿童良好的社会生活方式和生活态度，这是最终要让孩子获得的东西，这个才是你的特色。现在我们很多老师在写计划的时候，包括集体活动如何组织，户外活动如何组织，各年龄班活动如何组织。大部分人研究的是什么，研究的是老师，老师这课怎么上，这活动怎么组织、怎么策划，而唯独没有儿童，那这个活动是孩子感兴趣的吗？这个活动是孩子提出来的吗？儿童的自主性没有体现，现在的年轻老师在专业发展上还有很长的路要走。

访谈者：回头看自己的学习和工作经历，您认为哪些理论或者知识的学习对后来形成工作经验或者是处理人际关系发挥了作用？哪些经验不能从书本中获得而只能从工作和生活中获得？

受访者：我觉得有些经验的获得是在工作和生活中形成的，比如一个人的观念和教育理念。我在上幼师之前，是特想当老师的，我曾经想过我以后要是当老师，我一定当一个什么样的老师，要当像哪个人一样的老师，一定不当像哪个人一样的老师。我的小学老师，有一个习惯，就是杵孩子脑袋，那个老师手特别胖，我都 30 多岁了，做梦还梦过那只手，其实他没杵过我，但是我特别怕他，哪怕他对我还行。

如果说一些专业的理论问题可以从书本上找到答案，那在实践中累积的感悟是书本上找不到的，只能从工作中得来。比如我把我的这个班带好了，每年就有二三十个孩子受益，那背后就是二三十个家庭。当我想到这些的时候，我就觉得自己有责任把老师的角色做好，一想到自己可以促进那么多孩子的发展，能够使那么多家庭幸福，这也是一个为自己修福修德的工作。这些感悟，是从书本上学不到的，是需要随着年龄的增长、资历的积累，慢慢悟到的。

● 访谈感悟 ●

　　我经常在问自己，在众人眼中普普通通的幼儿教师，她能做的最伟大的事情是什么？通过与张老师的交谈，我豁然开朗，原来一位看似普通的幼儿教师，她能做的最伟大的事情是让幼儿感到幸福。试想当家长告诉你，把孩子交给你我很放心，我相信你能带给他幸福，我想这对每位教师来说都应该是最大的支持和鼓励了吧。

　　我们经常能够在幼儿教师的脸上看到笑容，"爱笑的女孩运气都不会太差"，我一直想把这句话送给我们最美的幼儿教师。幼儿教师这个职业很神奇，或许在你刚踏入这个专业的时候并没有感觉，或者并不是你自愿选择的，但是一旦你进入这个行业，你就会被它所吸引，并且爱上它。教师对一个人的影响是很深远的，我们这一生会经历很多的老师，什么样的老师是好的，什么样的老师是不好的，我们每个人心中都有一个标准。那么作为幼儿教师，你要做一个什么样子的幼儿教师？我想张老师给了我们答案：我们要做那个能够读懂孩子的老师，做一个像玉一样温润却又带着坚毅品质的老师，做一个能够包容孩子、融化自己的老师。愿我们都能成为让孩子感到幸福的幼儿教师。

一身正气的胡老师

访谈日期：2018 年 7 月 28 日

访谈时间：10：00—11：30

访 谈 者：王小溪　蒋　娟

受 访 者：胡老师（沈阳）

访谈者：您是怎样踏入幼教界的？当初的想法是怎样的？

受访者：我是 2010 年才进入学前领域的。我中专毕业，学的不是学前教育专业。毕业后到了小学，后来又去了教育局。当时是以借调的身份去的教育局，时间长了，觉得教育局毕竟不是长久之地，因为身份变不了，所以不可能永远待在教育局。在这样的情况下，教育局给了我一个机会，让我去幼儿园。2010 年我来到幼儿园，对幼儿园属实陌生，虽然说学的是小学教育，和学前教育有联系，但还是很不同。之前一直没接触过幼儿园，心里也是没底，看到孩子们不知道该怎么做，后来逐渐地跟着别人学习，然后自己尝试去做，一直到现在也坚持了下来。

当初也没有什么想法，在教育局开会，也知道幼儿园，但那时候也不是很重视，所以也没怎么关注，没怎么想去了解幼儿园。后来有孩子了，在给孩子选择幼儿园的时候希望能挑个好的幼儿园。那个时候认为好的幼儿园，首先就是环境好，硬件设施过得去，能给孩子提供一个好的活动空间。最好再有点名气，口碑好。后来我的孩子去了一个部队幼儿园，之后还让孩子去了学前班，觉得孩子上学前班还可以学一点儿拼音、加减法，对上小学有好处。自从我到了幼儿园，随着国家的一些相应文件出台，个人也逐渐关注学前这方面的信息，就觉得幼儿园不应该学这些东西，不应该以学习知识为主，而应该更多地考虑孩子的发展，为孩子提供发展的时间和空间才最重要。

访谈者： 您走到了今天，成为一名优秀的幼儿教师。在这个过程中，有没有您认为是人生转折点的那些时刻？

受访者： 我认为每个教师在实际成长的过程中都有自己的转折点，我的转折点是我刚到幼儿园工作的时候。我那时候想既然已经被安排到这里了，就去接受，努力把工作干好。虽然教育对象有差异，但是总有共同之处吧。那时候园里担心我们这批刚转过来的教师不了解幼儿园的工作性质，就经常给我们安排一些讲座，让我们了解幼儿园的工作应该怎么去做，并且安排我们到班级实习，看看孩子们在幼儿园的一天里都做什么，老师需要完成哪些工作。过了一段时间，熟悉了幼儿园的一日生活之后，我们开始配合班级的老师共同和孩子们开展活动，到最后自己可以独立带班。我非常感谢领导们的安排，给我们一个逐渐接纳和学习的过程，而不是一上来就让我们定岗，那样我们有可能会排斥。

访谈者： 新入职阶段、工作熟悉后的阶段、现在的成熟阶段有没有一些令您记忆深刻的事情？能否说几个典型的个人成长故事？

受访者： 我刚来的时候，幼儿园发生的一件事给我的印象挺深刻的。一个老师带孩子们在户外玩滑梯，一个孩子滑下去之后没有马上起来，然后另一个孩子滑下去，把没走的那个孩子弄骨折了。当时我就想，这是属于两个孩子之间的问题，找两个孩子的家长解决一下就好了。后来我才知道，在幼儿园里孩子出现任何问题，都是幼儿园全责，幼儿园老师是要承担责任的。通过这件事，我知道了幼儿教师的责任的确很大，幼儿园最大的问题就是安全。之前说的这个家长，没有说要跟幼儿园打官司之类的。后来也有一些类似的事情发生，有些家长要求赔偿的数目就挺多，那我们也只能走法律途径。有的老师跟我说，你都不知道有时候晚上直做梦，梦到有孩子摔了或者怎么样。其实孩子磕磕碰碰真的难以避免，虽说我们现在是"两教一保"，但并不是说全天都是这三个人带，两教是分上下午的，因为老师也需要备课、写教案。那次之后我觉得幼儿园的安全管理不像小学，和小学是完全不同的。

　　我们园绿化特别好，我们经常早上吃完饭领孩子们去散步。有一天我领孩子们散步的时候，有孩子身上落了一个大花牛，是那种会咬人的虫子。开始我没发现，后来听见孩子"啊啊"地叫，我走近一看是个大花牛落在了孩子衣服上。当时我心里也很害怕，我从小就害怕虫子，但是我得稳住，因为只有我一个大人，还带着一群孩子，一旦我也表现出很害怕，那他们得多乱啊！所以我就假装镇定，找了两个树枝给它夹起来，然后就跟孩子们说，一个圆圆的小虫子多可爱，没关系宝贝，不用害怕，它不会轻易咬人。你们看它的外壳很亮很坚硬，知道它是什么虫子吗？孩子们的注意力很快从害怕转移到好奇，我们就开始讨论。我趁机说，那我们把它先放走，然后我们回去找找书，看看这是什么虫子。之后我们就虫子展开了一系列的活动，认识了很多生活中常见的虫子，了解到哪些虫子咬人，哪些虫子不咬人，它们的学名是什么，爱吃什么。从那之后，我发现我们班的孩子们就没有那么害怕虫子了。因为这件事我还得到了领导和家长的表扬，认为我抓住机会进行教育，现在想想这可能就是一种教育智慧吧。作为一名教师，我们不仅需要知识，还需要勇气和智慧，尤其是要时时刻刻记住自己的责任和对孩子们的影响，能肩负起为人师表的责任，同时还需要具备教育的智慧，抓住时机对孩子们进行积极的、正面的教育和引导。

　　还有一个让我觉得欣慰的事情，那就是和孩子家长的关系越来越好，家长开始信任我了，跟我越来越默契了，特别配合我的工作。每次家长会，我都会和家长说，别一回去，就问孩子学没学古诗，那已经非常落伍了。学习的东西对于孩子来说不重要，重要的是玩。有一天家长跟我说，今天给孩子洗澡，洗出小半盆沙子，可见孩子在幼儿园玩得可真开心，最喜欢玩沙子。我们班的孩子，入园第三天基本就不哭了，自己背着包走进幼儿园。我对家长说，孩子在里面都不哭了，家长在外面还哭啥。我说你这种焦虑会带给孩子的，回家谁也不许问，今天你吃饱没有，谁打你没有。我说你们就问，今天吃什么好吃的啦，你交了几个小朋友，你问话的方式直接决定了孩子在幼儿园快不快乐。家长都挺听我的，这个是我很欣慰的事情。

访谈者： 有哪些人 / 事件对您产生了重要影响？您的家庭对您有什么样的影响？

受访者： 我们幼儿园有个保教主任，从教年龄很长了，还有几年就退休了。她为人很正直，是我接触的这么多教师里面第一个能一心一意为孩子考虑的人，是一个非常有职业道德、有原则的人，在她眼里只要是对孩子好，就算是得罪别人她也不怕。和她共事那几年让我学到很多，对我之后工作态度影响很大，就是一切工作的起点都要以孩子为中心，从维护幼儿的利益出发。举个例子，我刚来的时候我们幼儿园的食堂，酱油都是袋装的，因为袋装的便宜嘛。我觉得袋装酱油也没有什么不好，可我们保教主任就跟领导说，孩子们一日三餐都在幼儿园吃，做饭的食材和调料都必须用最好的，我们不能因为家长看不到就不注意这些细节。咱们自己在家做饭肯定是要买好的调料，因为这是给自己和家人吃，幼儿园的孩子同样也是每个家庭的宝贝，我们就应该是自己在家吃啥，在幼儿园就给孩子吃啥，不要想在伙食这块克扣，寻思怎么省钱，应该买更好的酱油和食材。领导听完之后觉得很有道理，就对整个后勤都重新制定标准，保障孩子在园的伙食质量。其实很多人都注意到了这个问题，但是大家都觉得领导都没说什么，就没有人去主动说，觉得这个跟自己没有太大关系。保教主任就敢讲，用她自己的话说就是"我为孩子好，我占理，所以为什么要憋着不说"。后来我们园的伙食和后勤保障是越来越好了，家长把孩子送到我们园都挺放心，因为家长最关注的一个方面就是吃，都知道我们幼儿园吃得好，讲究营养均衡。从那之后，我在工作中只要遇到涉及孩子利益的，我就会思考这个是目前条件下能做到的最好的吗？如果不是，那怎么做会更好？只要是为了孩子，我都据理力争，在教育教学工作中，可以说是让"家长很放心，自己很安心"。家长们通过跟我接触，会了解到我是真的为孩子好，以孩子的利益为出发点尽全力干好工作，维护孩子们的权益。我也能够对得起教师这个职业和我自己的良心，心里是非常踏实的。

我爸爸原来是干部，20世纪六七十年代的时候，他是副食品公司的党委书记，他就是为人挺"正"。有次他去买鱼，人家给挑了一个可大可好的了，结果他还给人家批评一顿。要是现在，谁还会去批评，又不是说不花钱。我妈就跟我们讲，你看你爸可"正"了，人家这么做还给人家批评了。这都是我妈妈跟我说的，我6岁的时候我爸就去世了，我对我爸没有什么印象。我妈对我们的教育都是很正面的那种教育，也是很严格的教育。那我身上流着父亲的血，同时也受母亲潜移默化的影响。同事有时候在单位都开玩笑叫我"老正儿"，意思是我太正了。这名还是从幼儿家长间流传开来的，因为我们班里的孩子家长在社会各行各业都有，有时候办点什么事遇到他们，他们会利用工作机会给我提供方便，有时候也希望我也能为他们提供方便，但我这人呢，偏偏不喜欢这样子，难免让他们觉得不近人情，说我怎么这么"正"呢。尤其是有一次，有个孩子家长新开了一个幼儿艺术兴趣班，他私下找我说希望我能够在班级给他介绍点生源，他觉得我稍微在班上提一下或者跟其他班老师说一下就可以，只要有咱园的孩子去了他会给我提成，但是被我给回绝了。我跟他说能不能吸引孩子要靠他的真本事，而不是靠别人给他拉人，我要为他这么做了，别的家长怎么看我，以后我的家长工作怎么做。他最后反正是挺不高兴的，觉得我这个举手之劳的忙都不帮他，但是我跟他说了，我有我的工作和做人原则。我觉得我身上的这股子劲儿跟我爸还是很像的。

访谈者： 您的哪些特质让您成为幼儿园骨干教师？您认为让您成功／战胜困难的最关键因素是什么？

受访者： 首先，我这个人挺正。我想"正"这个字包含很多，如正直、公平、公正，"挺正"这块我自己也挺认可。其次，我爱看书。我平时就喜欢看书，这是从学生时代就养成的一个习惯。用我妈妈的话说，就是爱看杂书，方方面面的书都看。你像我们那个年代看冯骥才、张爱玲和贾平凹的小说，他们的风格完全不同，但是你会从中汲取不同的营养，以后当你遇到事情的时候，你就能跳出个人本位，以一个宏观的角度来看待问题，我觉得这就是看书的意义和价值。一个人还应该多看哲学书，我是比较喜欢哲学的。我经常跟我的孩子说，放假至少要看两本书，你可以跳出来不看你学习的专业书，你可以去看看其他的书，什么书都可以。然后尝试着记录下来你读了哪几本书，有哪些感悟，你跟同学们交流交流。这个很好，读书可以丰富一个人的精神世界，让人不浮躁，能坐得住板凳。

访谈者：能否从自己的经历中，总结几个经验教训，以便后来人借鉴学习？

受访者：我觉得从事幼儿教师工作，基本功这块是必须得保证的，比如起码一个小曲子拿来你就能弹。我记得我们那个年代，幼师的基本功都挺好，这个可能年龄越小，培养效果就会越好。至于说文化课知识，在学前这块我觉得不用太高深，我也不太知道现在的本科生学的是什么方面的知识，但心理学、教育学这些都是必需的。至于说专业素养，这可能跟个人有关，反正重要的还是基本功这块，现在的老师基本功都不是很扎实，可能也有突出的，但是我没看到。在我来到幼儿园四五年以后，我已经熟悉带班和教学了，尤其是那个时候我有自己的小家了，有段时间心思都在自己的事上面，基本功很少练，当时还不自知。直到有一天园长到我们班听课，那次是一个音乐教学活动，教一首儿歌。我用钢琴弹唱的时候，短短的一首儿歌错了三次。园长过后把我叫到办公室，并没有批评我，而是跟我说她觉得我不应该是这种状态和水平，她说我刚来的时候基本功一直是园里公认的好，我如果自己都弹不好，怎么能教给孩子正确的。她的话让我羞愧难当，确实是我自己偷懒了，以至于弹成那样。后来我就一直保持着基本功的练习。在这么多年的教学过程中一直都没有放下基本功，经常利用空闲时间练习，保证自己的弹琴、唱歌等基本功保持在一个好的水平，给幼儿带来愉悦，让他们内心感受到艺术的美。

访谈者：回头看自己的学习和工作经历，您认为哪些理论或者知识的学习对后来形成工作经验或者是处理人际关系发挥了作用？哪些经验不能从书本中获得而只能从工作和生活中获得？

受访者：我觉得在学校学习的理论知识当中，心理学、教育学以及卫生学知识对我后来工作发挥了很大的作用。例如，心理学知识让我在带不同的年龄班孩子的时候知道他现在都有什么心理特点，我在此基础上如何有效地开展教学。就像我刚带班的时候带的是小班，刚入园的小班孩子因为到了陌生环境缺乏安全感，那我主要先是安抚，让他们对班级有安全感。例如，让他们带一些家里常玩的玩具过来，增加他们对这个环境的内心接受程度。通过这些理论知识的学习让我们对自己的工作有一个方向，具体操作的时候有一个理论基础。可是有时候就是你知道应该做什么，但是遇到具体情境的时候要怎么做，或者说怎么做更有效果，这个就不是书本知识能够解决的。就比如说带班经验上，不是理论知识就能全部解决的，这就需要靠在实践中累积，并且不断反思，慢慢琢磨到更好更有效的办法。还记得我刚带小班孩子的时候，因为他们都刚上幼儿园，都想妈妈，舍不得妈妈走，一个孩子哭，紧接着就一大群孩子都跟着哭，要回家要找妈妈。这个时候我就慌了，不知道这么多孩子同时哭我该怎么办，突然觉得自己学了那么多专业知识都没用了，解决不了眼前的问题，所以那段时间我都有点沮丧。直到后来我主动向老教师请教经验，自己也多琢磨，慢慢才能够搞定这种情况，到现在就完全不怕啦，因为经历得多了，经验也丰富了，方法也多了，所以就不觉得难了。包括跟家长沟通也是，书本上只能告诉我们要遵循什么原则，可到底要怎么做呢？朋友似的聊天还是老师似的权威？说话口吻是严肃认真还是亲切轻松？包括遇到不同类型的家长也要不断调整战术。另外，家长在面对新教师的时候可能会带着一双挑剔的眼睛，他们认为新教师经验少、能力有限。我们幼儿园原来八点半就进入集中教育活动时间，而有的家长八点半才送孩子来，那时候园里规定最晚在八点之前孩子都得到，但对这个规定有的家长就不理解，有经验的老师就会有办法让家长接受，还能高兴地接受，但有的年轻、经验少的老师在沟通上就会存在一些问题。怎么能让家长接受你、认可你，这都需要自己摸索和向别人请教，不是理论知识就能解决的。

◆ 访谈感悟 ◆

　　师德是一名幼儿教师最基本、最重要的专业素养。学前儿童处于身体、智力、情感和社会性发展的关键时刻，其身心发展的特殊性要求教师需要具备高尚的师德。在整个访谈过程中，胡老师一直认为自己并不算成功，用她自己的话说，就是只做到了"家长很放心，自己很安心"，她完全没有对自己这些成绩的一丝丝骄傲，但是她却做到了作为一名教育者对自己身上责任的认真坚守。如果用一个词来形容她，就是"一身正气"。她处处为幼儿着想，为家长着想，并事事以身作则，给幼儿树立一个好的榜样。处于发展关键期的幼儿可塑性大、模仿性强，他们对教师的一言一行都进行观察和模仿，教师的一举一动都对幼儿有着潜移默化的影响。正是意识到自己作为一名教师需要"以身作则"，胡老师在遇到自己同样也很害怕的虫子时，并没有表现出来她的恐慌，而是及时抓住契机展开教育，引导幼儿正确地认识和对待这个世界。胡老师为幼儿提供了一个可以信任、积极正面的影响，充分发挥了榜样示范作用，以德育人。在整个访谈过程中，每次谈到孩子时她总是会露出不自觉的微笑，用她的话说，就是随着年纪的增长，对孩子的喜爱越来越深切了。从她带着欣慰和满足的神情中，可以看出她在这份辛苦的工作中"累并快乐着"。

善于沟通的毕老师

访谈日期：2018 年 7 月 28 日

访谈时间：10：00—11：30

访 谈 者：索长清　佟晓川

受 访 者：毕老师（沈阳）

访谈者： 您是怎样踏入幼教界的？当初的想法是怎样的？

受访者： 当时报考的时候，我的学习成绩一般，我妈同事说他家的孩子去读幼师了，挺好的，然后我就稀里糊涂读了学前教育专业。虽然我确实挺喜欢孩子的，但是没想从事这个工作，我心里真实的想法是做生意。所以，毕业的时候每个人都得准备一节实习课，我就没准备，直接就上了。那时候我是班级的文委，在音乐方面比较擅长，老带同学们搞大合唱。因为特长比较突出，还被选为学校领操员，校长对我印象很深。正好教工幼儿园和我们学校前后院，他们建楼的时候，这个园长天天去监督工程，能看到操场的活动。那个园长特别有心，学校每次活动演出他都去，这些事我当时都不知道，是后来知道的。等我毕业了，他就和校长说要选我去他的幼儿园。我们校长问他："你说哪个啊？"他说："就那个大合唱指挥那个，还领操。"然后校长就问："那你知道她叫什么吗？"他说："不知道。"我就这样进入了幼儿园。

那个时候不像现在，不是很重视幼师，有很多人都说幼儿教师就是阿姨，我带孩子去踩落叶，走到马路上，就听见有人议论说我是阿姨，带着孩子玩呢，那时候心情就不是很好。我想，虽然这个职业不是我想要去选的，我是无意间进入这里了，但是我既然做了，就要做好。

访谈者：经过多长时间您走到了今天，成为一名优秀的幼儿教师？在这个过程中，有没有您认为是人生转折点的那些时刻？

受访者：我已经在幼儿园第一线工作了16年，由一个普通的教师，一步一步地成长为幼儿园的骨干教师，如果说转折点，这个说不清，这一路走来困难和快乐是并存的。我2002年和2004年被评为区"三八红旗手"，2007年被评为市"先进教师"。我也参加过市里的说课比赛，是保教主任张老师加班加点一次次帮我修改教案，指导我说话的语气，在一次次的试教和说课中我对音乐活动有了深刻的感悟。后来我参加了幼儿园的骨干教师评聘，并被选送到沈阳和上海参加骨干教师培训班学习。在这难得的学习期间，我获得了许多新知识，对教科研活动有了全面细致的了解，接触到了目前国外先进的教育教学方法，对幼儿教师的内涵有了更新的认识。回园以后，在园领导的带领下，我参加了课题研究，担任了其中一组课题的组长，顺利地完成了课题结项，并将研究论文发表在《幼儿教育》上。2010年底，幼儿园环境需要修整，一切都要从零开始，工作头绪很多，困难重重。但凭着对幼教事业的一片热爱，我们几位活动室项目组组长和大环境组老师经常加班加点，在一起布置活动室和走廊环境，有时甚至做到晚上10点多。我家住得远，等我爱人来接时，他们几个都会叫我先回去，而他们则继续留在幼儿园完成工作。回首那些日子，的确很苦很累很难，但当我们看到走廊白墙上出现了美丽的墙饰，活动室里漂亮而温馨，幼儿园到处焕然一新时，就觉得这一切都是值得的。

访谈者：新入职阶段、工作熟悉后的阶段、现在的成熟阶段有没有一些令您

记忆深刻的事情？能否说几个典型的个人成长故事？

受访者： 记忆深刻的事有很多，就说说其中几个吧。第一个是观念的变化，在踏入幼儿园之前，我脑海里的幼儿园，就是老师带领小朋友一起做游戏，学习简单知识。当我真正踏入幼儿园时，却发现不是我想象的那样，孩子们年幼，琐事不断，真所谓"幼儿园里无小事，处处都是大事"。每件事情都要老师亲力亲为，由于我实习期间是在小学度过的，不是太熟悉幼儿园里各方面的教育教学工作，所以并不怎么适应这个工作，不知道自己在这个岗位到底扮演的是怎样的一个角色。不过在这期间我也看到了一个老教师对待工作的热情、勤奋、努力，我从主班老师身上学到了在书本上看不到的知识，她的这种工作态度使我找到了方向。我开始改变自己对待这份工作的态度，每天平静地去面对工作中的点点滴滴，遇到烦琐的事情我不再皱眉头，尽量微笑着去对待每一个人、每一件事。

　　第二个是实践中积累经验，让我成长很多。记得那时我还是副班老师，园里举行一课多研活动，所有副班老师参加。虽然只是常规公开课，但对于一个新手来说难免会感到紧张，尤其是我还没有正式地跟小朋友们一起上过课，紧张之余也让我感到措手不及。从选课一直到上完课，我都处于精神紧绷的状态。还好，我所在班级的主班老师对我很好，我有什么事儿都和她商量。记得当时课程的内容是自己选，我就选择了一节美术课。最开始是自己找教材写教案，等我写完第一稿，给主班老师看，让她帮我把把关。主班老师帮我改完一遍之后，我找了班级里6个孩子，试了一遍课，结果特别不理想。孩子们听完我的问题之后没有反应，他们不明白我的意思，在操作环节也很乱，孩子们一会儿做这个，一会儿做那个。这让我特别没有信心，觉得这6个孩子的课我都组织不好，更别提全班幼儿了。我的主班老师给了我很多上课的建议，她说我提问的方式不对，她就一句话一句话地教我，帮我指出不足。她告诉我她最开始上公开课的时候把每一句要说的话都写在纸上，然后梳理，一定要克服说重复的话，还有不能啰唆，这个锻炼让我飞速成长。

第三个就是班级管理。当时我遇见了一个"问题儿童"，是我带过的小班小朋友。他叫大宝，是个急脾气的霸道孩子。他刚来幼儿园的时候和小朋友一起玩玩具，总是把自己喜欢的东西抱在自己面前玩，不准别的小朋友碰。如果小朋友抢他的玩具了，或是拿他喜欢的东西了，他就会发脾气，只要不顺他的心，他就会用"暴力"来解决，不是扔东西，就是动手打人，而且特别用力。他的这种性格让很多小朋友不敢和他一起玩，好在他和我们班的果果、皮皮这两个小朋友是一个院的，他们早上经常一起来幼儿园，放学一起回家。区域活动或是户外活动的时候他们也能够一起玩，他们便成为大宝最好的朋友了。

一天放学，家长们都在班级门口排队等待着接自己的宝贝回家，皮皮和大宝的家长已经到了，果果的家长却迟迟没来。这两个家长就说让孩子再陪果果玩会儿，三个小伙伴就去玩了。这时果果拿出了自己包里的变形机器人，大宝很喜欢，也想玩，一把就抢了过来，可是变形机器人果果还没玩够呢，就和大宝抢了起来，大宝就生气了，动起了手。果果被打疼了，哭了。大宝爸爸看见了，走过去踢了大宝一脚，大宝也哭了。然后大宝爸爸就去哄果果，说回去叔叔说大宝。

当我看到这一幕的时候，我找到大宝爱动手打人的原因了。大宝是爸爸妈妈一手带大的，孩子就像是我们家长的影子，他们在不断的模仿中成长，家长的言行对孩子的影响是非常大的。至于大宝总与他人动手，并不是因为他天生就是个爱动手的孩子，而是他遇到了事情不会解决，没有正确处理问题的办法，他看见家长遇见问题了这样做，以为这样是可以解决问题的，所以他在模仿家长。

我马上走过去哄大宝，并帮助大宝平复心情，让大宝慢慢地平静下来，问了他事情的经过，之后我和大宝还有果果、皮皮共同分析这件事情。首先我们分析了玩具的归属权，然后讨论想玩别人东西的正确方法，我也教他们有好东西要学会分享，不要争吵，更不能动手。最后把事件还原，让他们三个人重新来了一次借玩具的方法，他们都做得很好，尤其大宝比之前有礼貌了。事情解决了，我让大宝和果果握手言和，三个人就又开心地一起玩了。随后我和大宝爸爸谈了一下，我告诉大宝爸爸：我知道你很不喜欢大宝爱动手打人的习惯，可是你刚刚也是这样解决问题的，大宝他还是个处于模仿期的孩子，我们大人遇到问题要冷静地想出最佳的解决办法，而不能用暴力解决问题。当孩子发生了事情时，我们要了解孩子的心理状态。比如孩子做错事时，你要耐心、细致地分析他错在哪里，然后引导他怎样做才正确。要善于发现孩子的优点，及时鼓励，不要一味地批评，或是用暴力解决，好孩子是夸出来的。大宝的家长很配合，也同意这样的观点，我们达成了共识，共同努力帮助大宝改变。

一天，马上就要户外活动了，我们正组织幼儿站排，准备下楼时，大宝突然把一个小朋友给推出来了。我走过去问明了原因，原来是大宝插排了，他为了和自己的好朋友在一起就跑到果果的身后站排了，可是后面的小朋友不同意他插排，就开始挤他，大宝就生气了，把这个小朋友给推了出去。这几个小男孩在平日里感情都很好，经常在一起玩，有的时候哪个没来，还会相互挂念，按理来说不应该会发生这样的争执。推人的那个小朋友是个很讲理的孩子，只要大宝不是那么强硬地插排，而是和小朋友好好商量的话，这个小朋友是会同意他站到前面的，可是大宝今天很没有礼貌地插排，所以其他的小朋友不让他进来站排，让他到排尾。

只要大宝能够知道自己做得不对，并有礼貌一点儿的话，就不会发生这件事了。所以，针对类似的事情，我都会和大宝讲道理。我会重复刚才的事情，让大宝自己判断，问题出现在哪里，怎么解决，最后让孩子们拥抱和好。就这样，每遇见一件事情，我都会和大宝沟通，慢慢地大宝变得越来越好。有一次，孩子们一起去小便、洗手，孩子们都非常遵守秩序地站排去如厕，大宝走到了小便池前，突然挤到了第一个位置，排头那个小朋友就不高兴了，过来告诉老师，这时大宝就喊着说：我憋不住了，我刚才太着急了，下回我先说，现在你来上吧，下回我不抢排了。看见了他们的对话，我觉得我这一年的努力没有浪费，大宝真的有了很大的改变，虽然在这件事情中大宝做错了，但是他敢于承认错误，不再推卸责任了，能勇敢地表达自己的想法了，也会想解决的办法了。他这次是真的着急了，相信下次再着急，他也会先和身边的小朋友商量了。看着大宝的进步，我这次没有批评他插排的事情，而是鼓励他下次要先和别人沟通好，人家同意了再去做，不能强行地去做自己想做的事情。

访谈者： 有哪些人／事件对您产生了重要影响？您的家庭对您有什么样的影响？

受访者： 我们园长和同事对我的成长有很大影响。刚参加工作时，由于我不善于表现，在工作尽责的同时，还会偷偷想我不会讨好领导，肯定不是领导喜欢的类型。当有一天沈园长来到我的面前，告诉我"你工作了那么多年，有一定的工作经验，我想请你担任活动室项目组组长，负责音乐室"时，我呆住了。我没想到领导会关注我，给予我充分展示自己的机会。同时，沈园长做事谦卑的态度也影响着我，所谓"三人行，必有我师"，她教导我要学习每个老师的优点。记得有一年的教师节，同事们围坐在一起，一起填写一颗爱心树，每片树叶代表一位教师，大家互相说说优点，互相说说毛病。去年我参加区保教能手比赛时，同事们也热情地给予我很多指导和建议，无数次地听课、改课，王主任更是深夜还帮我想点子，令我万分感动。以前我是很喜欢看书的，自从有了宝宝后，就没有精力放在书本上了。产假回来上班一段时间后，我又深深感受到了浓浓的书香氛围，于是决定把读书的好习惯赶紧找回来，抽出时间来学习，提高自己的业务水平。在沈园长的带动下，我积极参与各种论文投稿。沈园长非常重视对我们的培养，经常组织我们去学习先进的幼教理论，鼓励我们参加省市区的各种考试，增加我们的理论知识，她经常说再省不能省学习，在潜移默化中，我们的执教水平都有所提高。

　　家庭方面，我的父母亲还有哥哥对我有潜移默化的影响。我初中的时候，妈妈总说哥哥这不好、那不好。我会暗暗地记在心里，然后不去做妈妈认为不好的事情。比如，哥哥不好好学习，我就会很认真地去学习。妈妈说哥哥什么习惯不好之类的，我自己就会去避免，久而久之就形成了习惯。当时不觉得，现在回想起来，当时会听妈妈的话，可能也是为了得到关注吧，因为妈妈宠爱哥哥多一些，爸爸宠爱我多一些。除了爸爸，我也希望妈妈多关注我，多表扬我，所以努力想把自己变得更好。

访谈者： 您的哪些特质让您成为幼儿园骨干教师？您认为让您成功／战胜困难的最关键因素是什么？

受访者： 首先，我觉得个人的悟性比较重要。好多东西不见得你学习成绩好、出的校门高，就代表你今后工作的成绩，最主要的是在工作中不断感悟，不断去努力，不断去琢磨，多为孩子发展去着想。我最初带班的时候还没有提出主题教学、方案教学这些新词，都是分科教学，当时我就是觉得孩子除了在班级教室进行常规活动之外，也得有一个能够随时玩闹的区域。我就找后勤要了很多大纸板、大纸盒，拆开后在一个大的屋子里围了很多圈，每一个圈就算一个区，这个区是图书，那个区是围棋，那个区是建构。孩子安静了、投入了，不受别的干扰，井井有条，家长来接时，一喊谁，谁就从某个区走出来，背着书包跟着家长走。做成后的半年知道了，这个叫活动区。

另外，做学前教育工作需要善于和家长沟通。大班的时候很多幼儿都会退班，到外面去补课。我们幼儿园这几年办得比较好，入园比较难，我跟家长说，进到幼儿园是双向选择，如果你不喜欢这个幼儿园，可以选择不来，因为幼儿园就是这种模式。其他的幼儿园孩子到大班可能就流失了，涉及并班重招，但是我们没有，班级孩子三十多个，一个也没走。

访谈者： 能否从自己的经历中，总结几个经验教训，以便后来人借鉴学习？

受访者： 首先，我觉得要做个有心人，及时反思教学，不断提高自己的业务水平。最需要反思的是自己的教学行为，从教材解读与设计、教法与学法的选择、活动细节的处理等层面去反思。作为日常的教学，近年来我常常用这样的几个问题去反思自己的教学：教学目标合理可测吗？活动中我投入激情了吗？孩子们为什么喜欢或者不喜欢？最难忘的一个细节是什么？最大的遗憾是什么？如果再上这个活动，哪个地方最值得改进？反思的深度，决定教学所能达到的高度。作为一个老师，除了反思教学，还要反思自己的为人处世，反思一切可以反思的东西。同时，要边反思边记录，为自己的教育教学提供鲜活的研究案例。

其次，沟通很重要。在幼儿园你得跟同事打交道，跟领导打交道，跟孩子打交道，跟家长打交道，所以要学会沟通。我当年级组长的时候，幼儿园新招了一个教师，实习期过去以后，觉得她方方面面都挺好，就留在了我的班级里当副班。但是，她不擅长和家长沟通，家长来交托费的时候，就说你班的老师怎么像哑巴似的。我说我们这个老师非常优秀，然后人家家长就说，你再优秀也不行啊，我们问你孩子在幼儿园怎么样，你什么也说不出来，问你明天有什么活动，又一笑不说话，这怎么行呢？然后，我就告诉这个老师必须改变。老师运用专业知识去沟通很重要，因为我们毕竟是学前专业科班出身的老师，对于家长来说，这方面你就是专家，解释起来某一个现象、某一个问题，你一定要把你的专业知识显现出来，这样才有说服力。专业理论吃得很透，做家长工作的时候，家长特别服。做专业工作，你就得专业能力特别强，家长一旦信任你，就什么都可以了，否则你的工作会很难。

访谈者： 回头看自己的学习和工作经历，您认为哪些理论或者知识的学习对后来形成工作经验或者是处理人际关系发挥了作用？哪些经验不能从书本中获得而只能从工作和生活中获得？

受访者： 心理学、教育学、卫生学方面吧，这方面老师讲得很细致，基本功方面就是舞蹈、声乐、钢琴、美术。我们那一届的毕业生素质都比较高，就我自己来说，因为艺术方面比较擅长，来到幼儿园参加工作以后，这方面在教学中就有所体现，但是会有一种理论与实践衔接不上的感觉，就是不会用。比如环境创设我不费劲。现在我们以孩子作品为主，突出孩子与环境隐性的互动，百分之七十是孩子的作品，百分之三十是老师的二次装饰，展示老师基本功技能很少。但当时不是，基本上都是老师在做，做的墙壁画都不差。再比如带孩子参加"六一"活动，这样的活动我都没问题，就是对课程的设计组织实施不懂。

　　现在的课程我不太了解，我觉得这波毕业的孩子对我们班级里孩子心理和生理上的特点把握得不是很好，不是很明白。虽然学过理论，但是在记忆中没有多少。另外就是对法律、法规、政策的了解，他们也不是很懂。我觉得学校要对他们有一个提点和指导，这些在学校是可以完成的。但是工作经验方面的，不能推到学校里面。比如说我们去年来一个鞍师毕业的老师，对孩子把握不好，爱跟孩子玩，孩子到门口跑，刹不住闸了，一个落一个，她也不吱声。我说你没意识到这种情况的严重性，她说没啥啊，小孩高兴啊。对危险的预知，属于经验范畴之内的，她可能想不到这些东西。年轻老师普遍跟孩子接触比较少，这种实践经验他们比较缺乏。

◆ 访谈感悟 ◆

《幼儿园教育指导纲要（试行）》中明确指出："家庭是幼儿园重要的合作伙伴，幼儿园应争取家长的理解、支持和主动参与。"在访谈过程中毕老师一直强调沟通的重要性，尤其是与孩子需要进行有效沟通，与家长需要及时沟通。她认为，在实际工作中，一个人如果善于沟通，往往能获得幼儿的喜爱，赢得家长的认可、支持和理解，在班级中开展工作也很容易得到家长的配合，有较高的成就感。而不善于沟通，沟通不畅，则经常会让人感到举步维艰，有较强的挫折感。

通过对毕老师的访谈，我们知道了由于幼儿园教育的特殊性，幼儿素质以及各方面能力的发展，单靠幼儿园或者家庭任何一方都是难以实现的，唯有重视教师与家长的交流沟通工作，让家长主动参与到幼儿教育中来，做到家园共育，才能有效提升幼儿园保教工作的质量，促进幼儿全面发展。

勤奋认真的权老师

访谈日期：2018 年 8 月 12 日

访谈时间：10：00—11：30

访 谈 者：贺敬雯　张梦涛

受 访 者：权老师（沈阳）

访谈者： 您是怎样踏入幼教界的？当初的想法是怎样的？

受访者： 1993 年我初中毕业了以后就上了中专，当时家里人都觉得考个中专比较保险，我也是班里学习成绩比较好的，就非常顺利地考上了中专。那时对师范院校也不是很了解，选择学校的时候没有考虑太多。在选专业的时候，对幼儿教师没有什么概念，对幼师专业也不了解，就觉得幼儿老师嘛，天天跟小朋友在一起，肯定会特别开心，感觉这个工作肯定特别愉快，就盲目地报了幼师专业。进入中专师范院校以后，我发现自己挺适合这个专业的。我从小就兴趣广泛，可以说是比较全能吧。我动手能力比较强，从小就喜欢画画、做手工，喜欢琢磨这些小玩意儿，比如给小娃娃做衣服、玩泥巴等。进入师范院校后，我就发现自己很容易适应这个专业。幼师需要学习很多技能，除了艺术技能，如跳舞、画画、弹琴外，还有一些专业技能，如教学技能、环创技能、说课技能等。我学习幼师专业的课程都比较得心应手，后来到了幼儿教师实习阶段也并不觉得困难，很快就上手了。1996 年中专毕业后，就直接来幼儿园工作了，一直到现在。

访谈者： 经过多长时间您走到了今天，成为一名优秀的幼儿教师？在这个过程中，有没有您认为是人生转折点的那些时刻？

受访者： 从 1996 年到现在，20 多年了。我觉得算是我人生转折点的时刻应该是我第一次上公开课。那时我刚到幼儿园不到两年，还是新老师，就报名参加了一个县级的教学活动比赛，是我们园唯一一个参加比赛的新老师。比赛程序是先从园里选出四个人进行比赛，然后挑选出两个人上公开课。当时设备还出了点问题，我拿到一个三等奖。别看我进园时间不长，经验还不是特别多，但我就是特别努力，在这件事情上下了特别大的功夫。现在想想当时的那个过程可以说是既煎熬，又兴奋，整整准备了差不多一个月的时间。在幼儿园里的各种教师知识和能力的培训活动，如随堂听课、新教师比赛、教研活动、理论专题讲座等活动也有帮助，但没有参加大型公开课比赛的帮助大，因为你可以听到来自各方面的意见。这种活动会快速地促进你的发展，虽然有很大的压力，但有充分的准备、讨论和反馈，收获会很大。平时上课一般都不会这么认真准备的，精心准备一节课要花很多时间的。在准备的过程中会有很多人来帮你修改教案，然后试教，包括园长、老教师、区里的指导老师都会来帮忙，他们会从材料的准备、教案的目标、环节的设置、教态、互动方式等方面去帮你进行调整。在一个班级上课后，通过孩子的反应、表现进行调整，再到另外一个班级上。试教很多次，不断修改活动设计，最后才展示。这一段的准备时间其实就是在不断地进步，自己在这个过程中学习到了很多东西。自从参加完这个比赛，我得到了领导和同事的认可，我对自己更加有信心了，有了学习的动力，工作劲头也特别大，找到了有效学习、提升自己的方法。这次公开课让我成长了不少，从此以后，我就明确了自己的发展目标和工作内容。

访谈者：有哪些人／事件对您产生了重要影响？您的家庭对您有什么样的影响？

受访者：我进入这个行业以来，我们园长给了我很大的帮助和鼓励，她是我职业生涯中一个特别重要的贵人。我刚来幼儿园的时候，什么都不会，什么都不懂，哪个时间该干啥，怎么干，一无所知，幼儿园里的事情还特别多，所以我特别不适应，最发愁的还是业务上不过关，教学能力不行，上的课效果达不到，包括自己的语言、教态也都不好，就着急上火，一下就病了。后来园长知道了我的情况，就在业务上特别认真地带我，给我创造了好几次上公开课的机会，然后还带领大家给我评课，这给了我不少帮助。我从她那里学到了不少东西，我也没有辜负她，我是我们那批幼师里成长得最快的。可以说，园长是我专业成长道路上的一个重要的引领者。

还有一位老师对我的影响也挺重要的，她给我的影响主要是教学方面的。在我上幼师的时候，班里的舞蹈老师总是让我们学生在练习中领舞，领舞的人不是固定的，一支舞谁练得多，跳得熟，谁就上去领舞，谁要是能领一次舞那都相当骄傲了，其他没领过舞的也都努力练习争取下一次的领舞机会，结果大家都去努力练舞。我们班舞蹈跳得特别好，在毕业会演的时候，我们班的节目得到了最多的掌声。老师的这种教学方法让我很欣赏，就是做一件事，如果你身边的人做得来的话，你就会觉得这件事对于你自己来说也是可以做到的，那么你就会朝着那个目标去努力。这种方法在我工作以后我就运用到我的教学上，在做体操或者唱歌的时候，我会经常找学得比较快、做得比较好的孩子来做示范，那对于学得相对慢的一些孩子来说，他们就有相比的对象和目标了，通过这种方法可以增加他们的信心，而对于那些去做示范的孩子来说，也是一种激励。

我之所以有现在这样的成就，家庭给我的影响还是特别大的。

我出生在一个特别普通的农民家庭，从小是跟着奶奶长大的。奶奶没上过学，也没有什么文化，不认识字，只会写自己名字。但她是特别努力勤快的一个人，去给人家干活，说的是三天干完，就是三天干完。有时候一起干活的人累了就歇一下，喝喝水、聊聊天啥的，但我奶奶不会，她就是一直埋头干，她觉得如果她休息了，就对不起人家给的工钱。奶奶真的就是有说到做到的契约精神，答应别人的一定会做到。我就从小跟着我奶奶，受到我奶奶做事的影响。我爸当时是给一个生产队当会计，在工作上也是尽心尽力，一干就是 30 多年。我爸的教育观念是只有读书才是出路，他挣的钱都让我们四个兄弟姐妹读书用了。我爸是一个性格特别温和的人，但在学习上对我们特别严厉，绝不容许我们打马虎眼。特别是我作为家里的老大，必须起到带头的作用，所以我爸就经常关心我的学习。那时候我爸买了新的练习本先让我用，等我用铅笔写完之后就用橡皮擦掉再给弟弟妹妹用。我爸妈承担起了家里的大部分农活，让我们一有时间就去看书、写作业，所以我们几个兄弟姐妹都是靠知识来改变命运的，学习成绩都一直很好。我靠着自己的努力成为一名幼儿教师，他们也特别骄傲，特别支持我的工作。

访谈者：您的哪些特质让您成为幼儿园骨干教师？您认为让您成功／战胜困难的最关键因素是什么？

受访者：我觉得我就是比较勤奋、做事比较认真、责任心比较强吧。刚进幼儿园的时候，什么也不懂，那时我就觉得如果我不学习，我就落后了，只有不断地去学习，而且学习是无止境的，你不知道什么样的高度才算够，所以就不断地往上走，你不知道怎么样才能做到更好，所以就不断地去做。上学的时候，我觉得只要把书本上的知识学好就够了，但是当你真正走上幼儿教师岗位的时候，你会觉得你学的知识还远远不够，特别是现在我成了幼儿园里主抓教学的，就更得学习。现在幼儿园老师都是学习过幼儿教育的，如果你的哪一个观点不对或者落伍了，你还怎么去说服别人？如果你不学，你就会落伍。我买了很多书，有些书你不一定要看完，你可以选择自己喜欢的，或者需要的内容看，但有些很经典、非常实用的书，我就会认真地看完。我们班上有一位特殊孩子，已经6岁了还会尿床。但我能理解，我知道如果孩子智力发展受阻，就会表现出与周围环境不相协调的现象。这样的孩子如果得不到细心的照顾和充分的关注，那么就会不利于他们的治疗。遇到这样的孩子我就会扪心自问：我应该怎么做才能让他们减轻痛苦，让他们感到关怀和温暖？这便更加激发了我的学习动力。在书中我学习到了很多系统的理论知识，比如埃里克森的人格发展八阶段理论。对于幼儿教师来说，个人的成长与幼儿的成长是分不开的，因为幼儿的健康成长依赖于我们为他建立的一个良好的成长环境，正如某一位老师说的：孩子是一条河，我们在不断变幻的色彩里划出希望的涟漪……所以当孩子从家长的怀抱里进入幼儿园的时候，我们应该用真诚与爱去拥抱他们，用自己所学的知识去理解他们。每一位教师都应该有责任感，责任感是教师做好教育教学工作的关键因素。我把教学工作摆在自己日常生活的首位，把班里的孩子当作自己的孩子，甚至关爱班里孩子的程度会超过关心自己的孩子。

访谈者： 能否从自己的经历中，总结几个经验教训，以便后来人借鉴学习？

受访者： 对于幼儿教师这个职业来说，我是把它当作我一生的事业来做的。不管是做学前工作还是干什么，首先你得热爱，如果你是三心二意的，你是干不好的。教师对工作积极的情感就是他全身心投入教育事业的动力源泉，也是建立良好师生关系的重要基础。所以，教师的这种发自内心地对工作的热爱才是达到成功最基础的条件。有的人不喜欢孩子，就容易出现职业倦怠感。我是非常喜欢和孩子们在一起的。所以首先得热爱这个职业，即使在工作中你成长得慢或者犯了错误，这都是可以弥补的，可以改正的。但如果你不热爱它，即使你不犯错误，那也不会有多大的成就。

还有就是一定要重视同事。当你进入工作之后，你接触最多的除了孩子就是同事，同事之间的合作交流能够帮助你成长。有的人闭门造车，什么事都喜欢自己钻研，不会的也不问，这样学东西肯定学得慢。业务不成熟的老师一般都有这种感觉，就是自己教学活动进行到一定阶段的时候，总感觉有什么在阻挡着，就像是到了瓶颈期一样，有那么一个坎。聪明的老师往往这时候就会邀请园里的骨干教师或者比较优秀的同事去指导自己，给自己提点建议，然后根据建议再修改，再去实践。这个过程基本上来回两次，你大概就能突破那个坎了。主动寻求同事的帮助并不是什么丢人的事，他们一般也非常乐意去帮你，所以一定要重视同事之间的交流和合作，相信团队的力量。

最后就是要不断进行自我反思。我一般都会对自己的教学过程、教学方法以及教学效果进行分析，判断自己在教学过程中还存在哪些问题，及时地调整自己的教学策略和方法，选择适合自己特长和符合幼儿特点的教学方式进行教学。比如在活动的导入环节，是否引起了孩子们的注意力，调动了他们的积极性，以便自己在下次工作中更好地设计教学导入环节。如果孩子们表现得缺乏责任感和爱心，我会反思自己的活动中是不是忽略了这方面的培养，那在今后的教学中，我就要适当地多设计关于爱心和责任的主题活动。在反思过程中，教师可以深入了解自己的教学特点，做到扬长避短，同时不断总结教学经验，逐渐完善自己。

访谈者：回头看自己的学习和工作经历，您认为哪些理论或者知识的学习对

　　后来形成工作经验或者是处理人际关系发挥了作用？哪些经验不能从书本中获得而只能从工作和生活中获得？

受访者：幼儿园里有一种说法是"三学六法"。"三学"说的是学前教育学、学前心理学、学前卫生学。"六法"说的是常识教学法、计算教学法、音乐教学法、美术教学法、体育教学法和语言教学法。这是传统的"六法"，现在已经演变成健康、社会、科学、语言、艺术五大领域的活动设计与组织。"三学"都是偏向理论性的知识，这在学校的时候我们都要学，可能有的人觉得这些理论知识学了没多大用，去了幼儿园都用不上，这就错了。我是比较喜欢学习关于幼儿心理学方面的知识的，了解一定的心理学知识，对自己的工作会有一个客观的态度，遇到事情可以客观看待。以前，当家长对幼儿园、对老师的工作产生疑问或误会的时候，我就感到困惑，不能理解家长的想法，觉得我们那么辛苦地工作都是为了孩子好，家长还老是会有这样那样的问题，觉得是他们故意找事儿。在看了一些心理学书籍以后，当家长有什么样的想法时，我会以一种同理心去理解他们，会换位思考一下。在这个基础上，再去和家长沟通，会比以前好很多。

　　教学能力是需要老师在一次次的教学、磨课过程中才能获得的。对于老师来说，上好一节课真的不容易。课前要准备很多东西，先设计内容，再准备材料，还要预设情境，可能在实际上课的时候还要临时改变，这就考验老师的教学智慧了。你别看一些特级教师在上公开课的时候，看起来应对得挺轻松，实际上不是的，他们一直在适时地调整自己的活动方案，让这节课更顺畅地进行下去。就像我之前上的公开课"象形文字"，虽然活动设计已经没有问题了，经过了好几次的讨论和修改，实际上课的时候又有了变化。我原本的活动设计是让孩子记录一遍文字，但在实际上课的时候，他们记录了两遍。一方面是因为他们很感兴趣，另一方面是因为他们没有这方面的经验，不知道该怎样记录。所以，活动设计是要根据每个幼儿的实际经验随时变化的，而不是死的。像这种教学能力，就是一次次在上课、磨课的过程中形成的，每次上的感觉和产生的问题都不一样，上完之后，进行反思，然后总结经验，再修改活动设计，再上，再反思。这就像行动研究一样，一遍一遍地，越来越好，慢慢地你的教学能力就提高了。

◆　访谈感悟　◆

　　权老师虽然在学生时代是误打误撞进入的学前教育行业，但当她真正接触到幼儿教师这个职业时，便产生了浓浓的热爱之情。权老师虽然出身平凡，长在农民之家，却倾其大半生做着不平凡的事情。初出茅庐，凭借着自己的信心和勇气，在第一次公开课比赛中就荣获奖项，这与她在背后所付出的汗水和努力是分不开的。权老师是一位十分注重团队力量的人，任何一个人的专业成长，都离不开同事之间的合作与交流。对于幼儿园老师来说，在具体的实践教学中，教师之间的合作与沟通在很大程度上能够促进幼儿教师专业知识和技能的发展。权老师从不羞于请教，也从不吝于赐教，那是因为她知道一个人的能力是有限的，在教师的专业成长中不仅需要自身的专业努力，更需要教师们之间的沟通与合作。此外，善于反思也是权老师的一个重要的良好特质。美国著名教育家杜威曾说过："反思能够让我们知道我们在行动的时候我们在做什么，它把那种单纯的食欲性、盲目性和冲动性行为转变为理智行为，反省思维的功能是把经验含糊的、可疑的、矛盾的、某种失调的情境转变为清楚的、有条理的、安定的以及和谐的情境。"权老师能够积极提升自我反思意识，自觉养成反思习惯，善于用批判性的眼光去判断、洞察、分析与评价自身的实践活动，这对于当今的幼儿教师来说实在是一种难得的高贵品质。

跨专业成长的封老师

访谈日期：2018 年 4 月 18 日

访谈时间：10：00—11：30

访 谈 者：但 菲 黄 昕

受 访 者：封老师（陕西）

访谈者： 您是怎样踏入幼教界的？当初的想法是怎样的？

受访者： 我是普通师范学校毕业的，当时就业的方向是中小学教育。我毕业后在中学做了六年的老师，后来才去的幼儿园。我是在中国第一个"学前教育三年行动计划"之后才进入幼儿园的，当时也没有太多的想法，觉得一些教育理念应该是相通的，到了幼儿园之后才发现并不是我想的那样，幼儿园与中小学之间是有着一定的差别的。后来通过自己的不断学习和进修，在幼儿园带班的时候也能得心应手了，现在是做教学主任，担任一些行政方面的职务。

访谈者： 经过多长时间您走到了今天，成为一名优秀的幼儿教师？在这个过程中，有没有您认为是人生转折点的那些时刻？

受访者： 我从开始工作到现在是 17 年了，人生转折点就是进入幼儿园。入职这几年以来，我认为幼教这个体系跟中小学教育截然不同，需要教育者具备非常高的理论修养和技能，这是我这些年以来一个深切的体会。我从学校毕业之后，在初级中学教英语，面对的教育对象一直都是初三重点班的学生，我在各方面的表现也都是特别好的。从个人来讲，在整个教育行业，至少在本区内我还算是佼佼者，在技能、师德方面都是出色的。后来到了幼儿园，可以说是我人生的一个转折点，我到的是小学里的幼儿园，我的教育对象发生了改变，所以我整个的教育理念也有所改变，这个过程我成长了很多。

我们幼儿园开展课程的特色是以体验为主，不管做什么，都是以孩子为主，让孩子获得直接经验。这也是和我之前在中小学的从教经历不同的一个地方。比如说在数学课上，幼儿园从来都不会直接去教 1 加 1 等于 2，我们是以玩儿为主，营造一种体验式情境去教学，打破以往的那种小学化的东西。我认为一个幼儿园的好坏，是要通过一些显性的东西来表现的，比如说幼儿园的环境、课程等，这就是一种外在的、显性的东西，让人一下就能看出你的思路，这是一个幼儿园给人最直观的东西。

还有一个转折点就做教学主任，在行政上担任了一些职务，也算是开启了我事业上的新天地吧。我是一个比较喜欢反思自己的人，职务上有了一些变化之后，我也就从教学上的反思转移到了活动的策划以及行政事务的推动上。每策划一个活动，每推动一项行政事务，都必然仔细地思考规划，作出彻底的反思。有意思的是，这样的反思模式和在教学上的反思一样，是由起初的立即性的、细节性的思考，逐渐转移至大纲式的、大方向的反思。比如以开展亲子活动为例，第一次开展亲子活动时，一开始思考的是方式、材料、可行性、有趣的程度等这些问题，会陷入对细节的思考，思维也局限在小框框中，视野较小，抓不住重点，比较散，找不到中心点。后来渐渐地，在园长的帮助下，我开始跳出原来的思考格局。比如，我们希望建立的是怎样的师幼互动、亲子互动关系，这次活动的目的又是什么？只要抓住这个大方向，做大纲式的、框架式的规划，并且事后的反思也应该以此为依据。而这样的方式让自己感受到的是一种视野的开阔，这或者也是另一种专业成长经历。

访谈者： 新入职阶段、工作熟悉后的阶段、现在的成熟阶段有没有一些令您记忆深刻的事情？能否说几个典型的个人成长故事？

受访者： 我从小的愿望就是成为一名教师。记得第一次以教师的身份走进幼儿园的时候，我的心情是非常激动、自豪的，我觉得我应该是没有问题的。但是工作一段时间后我发觉幼儿园的工作并不是我想象中的那样美好，我当时去的是小班，刚开学的那段日子，每天听到孩子们的哭声我就会很心烦，还有写教案备课的工作等着我去做……我才发现幼儿教师的工作是如此的平凡和琐碎。是什么感染了我，使我现在满腔热情地爱上了这份事业呢？我觉得是那些天真活泼的孩子，每当面对那一张张稚嫩的小脸，那一双双渴求的眼睛时，什么苦、什么累，都烟消云散了。在和他们相处的时间里，他们天真无邪、活泼可爱的样子深深地感染了我，他们是那么的让我喜欢，也让我感动。

一开始遇到的困难是怎样和家长相处和沟通。在跟家长相处的过程中，有些家长会不依不饶，他们觉得老师可能会把孩子怎么样。其实这种情况就是孩子的关护问题，幼儿园的老师都是有原则的，都是以孩子为中心，处理事情也是以孩子为中心。那么在处理这些问题的时候，要讲究一个策略，我会跟家长说你把孩子送到幼儿园了，他就是我的孩子，我一定会好好照顾好我自己的孩子。再一个可能个别家长会溺爱孩子，有时候对老师也特别苛刻挑剔，尤其是发生小的日常磕磕碰碰的情况下，怎样和家长去沟通是一个需要不断积累经验的过程。

除了和家长相处，另一个困惑就是怎样进行教学。因为之前我在中小学，现在到了幼儿园才发现幼儿园里更多的不说教学，而说活动。我发现幼儿教育并不是说我把课本上的东西准备好就能够上好这节课了，而更多的是怎样与幼儿进行良好的互动。在幼儿园的课堂上，会发生很多你意想不到的事情，幼儿相对来说是比较自由的，不像中学生那样一味地接受老师在黑板上写下的东西。以前认为小孩子就是你要他怎样他就怎样，老师说什么小朋友就要跟着做，慢慢地你会发现要跟他们做朋友，放下身段，而不是百分之百地你说什么他就会做什么。之前看别的老师上课，我会觉得怎样小朋友都会听老师的话。后来自己上课的时候就完全不一样了，虽然我提前备好的课，但完全没有按照我的想法走，后来我才逐渐意识到幼儿的自主性问题。我也意识到自己在和孩子互动方面的经验还是比较欠缺的，课上得好坏，在于你是不是真正地把孩子感兴趣的东西呈现出来，在于教师是否调动了孩子学习的积极性，教师能否吸引孩子的注意力。

回顾我的从教经历，我觉得终身学习是非常重要的。在工作中我也经常提醒自己，倘若要成为一个负责任的老师，就要首先看重自己的工作，能时常思考如何将孩子带到更高的一个高度上来。在接触了学前教育之后，我也感受到了学前教育对孩子的一生有重要作用，对于年纪小的孩子来说，我就是他们探索新世界的桥梁。学习看见孩子的需要、专业的理论知识，以及理性地看待孩子都是我应该做的事情。我在成长的过程中也一直在做行动研究，我认为这也是促进自我实现的好方法，借助研究者冷静的思维方式，理性地看自己在成长的过程中究竟做了什么？思考什么？重视什么？忽略什么？幼儿教师是一个培育生命的事业，幼儿教师的耕耘不仅丰富着孩子也在丰盈着自己。在行动研究的过程中述说自己的故事，聆听记录孩子述说的故事，都会让我重新诠释学前教育的意义。

访谈者： *有哪些人／事件对您产生了重要影响？您的家庭对您有什么样的影响？*

受访者： 首先就是园长对我的影响比较大。我们幼儿园对老师是比较重视的，园长在处理和我们之间的关系的时候也是，不会让我们有任何的后顾之忧，能真正地做到投入工作。幼儿教师一天从早上的 8 点到下午的 5 点半都待在幼儿园，全天不离孩子，这种高强度的工作，压力很大。园长特别理解我们，她觉得能不批评就不批评，每天都给我们减压，想办法调动我们的正能量，让我们轻松愉悦地工作。我们的绩效考核标准也是这样，主班老师待遇是最高的，绩效奖励的标准是最高的，接下来是配班，然后是保育员、保教管理人员，最后是园长。所以我们老师在幼儿园里的自主性就特别高，把幼儿园的事情当作自己的事情，每个人都敢于担当。我们园长在日常管理上没有任何的负面东西，基本上都是以鼓励为主，老师不用操心工作以外的任何东西，我们就全心全意地做研究工作，没有思想上的负担。

还有就是我的家庭。我们家已经自觉地形成了一种家庭文化，就是自己一定要把自己的事情干好，每个人都把自己的事情做好。因为我本身也是这样子的，我也在潜移默化地影响他们。首先就是影响孩子，让他知道学习是自己的事，不是父母的事，让他有这种意识。另外，我也想通过我自身的努力、敬业，对孩子形成一种良好的职业认知。我爱人跟我一样也是做教育工作的，他在一个乡镇主管教育，他的工作也做得非常好。在我们家，家务活都是由家人承担，我就把我自己的工作做好就行了。我家人特别理解我，他们都尽量不影响我。我父母现在身体还都很健康，也不用我操心。家人对我的工作是非常理解的，我也尽量不让我的工作拖累他们。

访谈者：您的哪些特质让您成为幼儿园骨干教师？您认为让您成功 / 战胜困难的最关键因素是什么？

受访者：我身上的特质首先就是我的一种责任感和使命感吧。我觉得教师对幼儿要有一颗慈母般的爱心。这慈母般的爱心应来自对教育事业的无限忠诚，具有强烈的事业心和高度的责任感。教师的母爱精神具有巨大的感召作用和教化力量。比如说在生活中，我会给孩子无微不至的关心和爱护。当天气冷了、热了，我都会及时提醒家长更换被子；午睡时，我为踢被子的孩子掖被角，巡视每一个孩子是否安然入睡；如果有谁生病或不舒服，我都会及时处理，或者给他吃药，或者让他休息。我会尊重幼儿的人格，理解他们的要求和想法，信任他们的潜在能力，努力缩小孩子与我之间的心理距离，平等地对待他们，给他们创造条件，让他们能够在爱的滋润下茁壮健康地成长。现在国家对学前教育投资力度这么大，你要如何推动幼教事业的发展？你怎么样给幼儿提供优质的教育？我觉得自己的理论水平和实践水平都有待提升，容不得我懈怠。我是一个转岗的教师，一定要把基础打好。正因为这份责任感和使命感，让我不断地学习，不断地思考，在实践中改进。

其次，我一直是一个比较上进、爱学习的人。因为不是专业出身，所以我在理论学习上特别用心，虽然很累，但是看到自己成长的时候很欣慰。我们要看到自己的缺点，也要看到别人的优点并积极学习。比如我们幼儿园的研讨我很喜欢，我们园里有一个老师在《3—6岁儿童学习与发展指南》上的理论修养比较好，对《指南》的理解和表述都比较到位，她负责培训我们老师在《指南》上的理论学习，因为我本身在理论学习上比较欠缺，所以每周我们研讨的时候我就会特别认真地听她跟我们分享；我们有一个老师特别擅长钢琴、声乐，专业能力很强，她就负责培训大家的钢琴能力，她自己编了一个小册子，把她会的东西教给全园的老师。在我成长的过程中，从别人身上学习到了很多东西，少走了很多弯路，所以提升得也比较快。

访谈者： 能否从自己的经历中，总结几个经验教训，以便后来人借鉴学习？

受访者： 作为一个转行过来的教师，因为不是科班出身，所以从我个人的学习经历来说，我觉得理论的学习是非常重要的。像现在一些毕业的学生刚刚进入幼儿园，她们是没有实践经验的，所以在理论修养上一定是要到位的。比如学前专业的学生，你是个本科生或专科生的话，你要对孩子的发展水平能有一个理论上的认识。要从理论上掌握孩子的发展规律，再结合实践就会成长得特别快。那么理论的学习，对于跨专业的学生或老师来说，可能一开始学习起来会比较困难，我的经验就是在理论学习方面，要掌握一定的技巧。比如说专业书本上的理论知识的学习，要有一定的系统性，可以通过画思维导图的方式进行学习，帮助你快速并且系统地进行记忆。除了应该看一些专业理论书籍，还应该多读一些与幼儿教育有关的书籍。现在市面上的幼教书籍也很多，我们要有一定的鉴别力，多读一些好书，并且在每个阶段都有对应的应该读的书。比如新手教师阶段，要读一些比较实用的书，能够让你很快上手的书，能够掌握实际的与幼儿进行沟通的书，是很有必要的。另外，像一些政策方面的也应该掌握，应该紧跟时代的步伐。

现在的幼儿园老师大多数都是专科毕业，这个和其他师范类的专业是不一样的，门槛还是比较低的。所以现在是一个机遇，年轻人应该紧抓机遇，好好作为，将来的舞台是你们的。要通过各方面提高自身的理论修养、专业素质，可以在学历学业上进一步系统地学习和深造，我认为这些都是现在的年轻人应该考虑的。年轻人除了要多读书，有机会的话还可以进修学习或者参与会议，外出的学习有利于教师接受新鲜事物，走出去看看外面的世界，多向不同的人去学习和讨教，才能促进自身的不断成长和进步。

幼儿教师还需要经常反思自己。可以写写反思日记，记录幼儿的行为，记录这一天中自己哪些地方做得好，哪些地方做得不好。在我进行行动研究的过程中，我认为我最大的收获就是学习观察孩子、反思自己。观察孩子，能给孩子提供学习的有机环境，反省自己，才能更坦然面对今后的挑战。我知道我没有办法完成或满足每一个孩子的所有需求，但是借着反省我就不至于迷失方向，能够保持一个教育者应该有的教育初衷。

访谈者： 回头看自己的学习和工作经历，您认为哪些理论或者知识的学习对后来形成工作经验或者是处理人际关系发挥了作用？哪些经验不能从书本中获得而只能从工作和生活中获得？

受访者： 我觉得在我的学习和工作过程中，理论的学习是不能少的，要想办法挖空心思去学习。我是特别讲究实效的一个人，我的学习方式也是比较实用的，做的事都要起到一定的效果，没有意义的事就不去做，挫伤积极性的就更不能做。我认为作为幼儿教师，一定要管住自己的嘴，说出去的话一定要有指向性或者激励性。在理论学习上的点要咬准，要学那种实用性强的东西，而不是学空泛的东西。比如说《3—6岁儿童学习与发展指南》的学习，对于像我这种之前没怎么系统学习过学前教育专业的人来说，对学前这块的理论知识是一无所知的。当我把《指南》刚拿到手上的时候，里面的一些内容比如培养孩子的探究兴趣，我就觉得没有可操作性。一开始我是比较茫然的，到底怎样能够评价考核孩子有没有兴趣？有多高的兴趣？我是没有这个概念的，所以我就把《指南》看了再看，系统地进行了学习。后来我突然就顿悟了，得益于有一次去重庆参加培训，有几本书是关于幼儿核心经验的，对我来说那几本书相当有价值，具有操作性，能保证我在理论学习上的需求，我要学的就是真正有实际操作性的、有价值的东西。比如刚才说的幼儿核心经验，为什么是以幼儿为着眼点，幼儿阶段我们是不教知识的，幼儿阶段培养的是一些习得经验，就是幼儿自己操作体验过后的一种经验。

比如说数学领域，书上就把数学分为几个部分，具体一看就知道数学就应该教这些，或者就应该学这些，如分类排列组合、图形、规律等九大类。我把这些系统地学完之后，我发现之前我工作的经验积累还是有用的，我理解得还是挺快的，之后我还给我们幼儿园的老师做过这方面的分享和培训。

◆ 访谈感悟 ◆

　　幼儿教师的专业化发展是幼儿教师在成长的过程中必不可少的，对于跨专业的教师来说，往往需要更多的心理建设以及准备。今天我们访谈的这位封老师，在学前教育这一行业中已经走过了 17 年的历程，她经历了从中学教师到幼儿教师的工作转变。在这一转变的过程中，看似简单的背后却需要教师自身艰难的改变和调整，毕竟中小学教育阶段和幼儿教育阶段差别是很大的，这种差别决定了教师需要有针对性的学习，根据不同阶段孩子的年龄特征进行教学活动。

　　因此，在这个跨专业的转变的过程中，封老师通过自身不断的理论学习以及对实践经验的积累和反思，在较短的时间内成长起来了，成为一名卓越的幼儿教师。封老师告诉我们理论学习要掌握一定的技巧，除了专业理论书籍，还要读一些与幼儿教育有关的其他书籍，多读书，读好书，读对书。读书之余还可以外出学习，这些都有利于促进理论知识的学习，能够帮助教师系统地掌握理论知识；实践的经验积累，则需要在日复一日的教学过程中不断地进行反思和提高，实践经验的积累可以使得理论知识的学习更加有的放矢。在封老师身上我们看到的是，任何事情都是有可能的，可能你不是专业科班出身，但是只要你有一颗热爱教育的心，一颗积极学习和进步的心，成功就是那百分之九十九的努力加百分之一的天赋。

乐于奉献的徐老师

访谈日期：2018 年 7 月 28 日
访谈时间：10：00—11：30
访 谈 者：王小溪 蒋 娟
受 访 者：徐老师（沈阳）

访问者：您是怎样踏入幼教界的？当初的想法是怎样的？

受访者：我当时上的是初中起点的中专。初三的时候学前教育提前招生了，当时我在学校文艺方面特别突出，老师就觉得我性格好、会唱歌、会跳舞，适合去幼儿园当老师，就找我说有幼师招生，给我们学校一个名额，你去吧。我说，那我就去吧。当时省幼师和市幼师同时招生，老师说那就报省幼师，要是省幼师考得好，市幼师也能留下。我想那也好，就去省幼师面试，这样踏入了幼教行业。

访问者：您走到了今天，成为一名优秀的幼儿教师。在这个过程中，有没有您认为是人生转折点的那些时刻？

受访者：有啊，对我来说关键的转折点是我第一次面对省领导到班级检查。园长安排我为参观的领导做讲解，我用了好几天来思考我要说什么和怎样说。我就想短时间内给别人呈现什么样的东西能打动别人，让领导了解我们班是个什么样的班级，我们的孩子是多么聪明可爱。这个表达很关键，我先去琢磨，把思路理清，再组织语言。平时这些内容都在心里，但是要面对不熟悉幼儿园的陌生人表达出来，让他理解和接受还是很有挑战性的。因为你讲的东西他听不听，完全取决于他对你说的感不感兴趣。我绞尽脑汁，在园里领导和家人的帮助和支持下，我从班级的环境入手，因为我们班级的环创很有特色，让领导明白我为什么这么做，我依据幼儿的什么特点，促进幼儿哪些发展等，这样的思路和讲解方式让来参观的领导很满意。园长也很高兴，肯定了我的表现，其他教师也看到了我的努力和成绩。同时，也让我对自己有了新的认识和反思。那次看似只是一个检查，但是让我意识到我应该怎样才能更好地做工作，如何让自己在挑战和困境中获得提升，如何将自己以及幼儿的努力与成果让外面观众看得见。经过这样的锻炼，我的各方面能力都有了一个提升。从那之后，我再也不会去恐惧什么，多大的领导来了，我也不会恐惧。从那之后，我们幼儿园的讲解和接待工作都是由我来负责，我还带新教师，辅导他们这方面的能力。

访问者： 新入职阶段、工作熟悉后的阶段、现在的成熟阶段有没有一些令您记忆深刻的事情？能否说几个典型的个人成长故事？

受访者： 让我印象深刻的是指导家长科学育儿工作。家长对于育儿可能很迷茫，这增加了教师工作的难度。如果家长能够做到科学育儿，那么在入园时要面临的问题可能就少很多。科学育儿这一块幼儿园也会开展相应的活动。比如每年幼儿园会安排很多讲座，但是家长只是坐在下面听，他们的意识并不清晰。通过我长期对家长的观察和了解，我发现家长都有一种从众心理。所以我抓住机会，充分利用家长和家长之间的学习与影响，把家长里面特别好的资源找出来，选一个表达能力强的、具有说服性的家长，在家长会或者讲座的时候站到前面来给大家现身说法，讲给其他家长听，这比我们教师讲的作用还要大。他们听完就回去跟家里的人说，某某小朋友的妈妈怎么做的，我们也应该这么做。其实就是利用这种从众的心理，教师讲的时候他们半信半疑，到家长现身说法，大家就全信了。其实很多家长之所以教育不好孩子，是因为他自己没有好习惯，不能持之以恒。教育孩子是一个长期的过程，家长的好习惯会带给孩子好习惯，家长的意志品质也会成就孩子。另外，我会给家长提供一个沟通交流的平台，定期举行家长沙龙，我觉得这是家长合作中最有效的一块，现在家长和我们班上的教师合作得特别好，我带班这几年没有被家长投诉过，家长见到我都特别尊重，他们彼此之间也很团结，几个家庭经常组织出游聚餐活动。

访问者： 有哪些人 / 事件对您产生了重要影响？您的家庭对您有什么样的影响？

受访者： 给我影响最多的是我在读幼师时的老师和同学。一个是郑老师，为人特别善良。我入校的时候是 15 岁，15 岁的孩子世界观、价值观都没有形成，这个时候跟谁在一起，可能就会形成一个什么样的性格和价值取向。郑老师善良开朗的性格对我影响很大。我们班的同学都特别开朗，积极向上，同学里几乎没有特别内向的，大家沟通起来特别通畅，班风特别好。毕业每十年一次聚会，全省的同学都会来。毕业 30 年聚会的时候，总共 41 个同学来了三十七八个，特别不容易。平时只要是同学一招呼，大家就全都有回应，要是有急事，大家都相互帮助，无私付出。除了郑老师还有一些科任老师，包括教声乐的老师、教语文的老师，这些老师都特别有才气，对我们的审美和生活产生了很大影响。我们同学有很多都是非常成功的，包括在其他行业的成功，我觉得很多源于老师的影响。

　　家庭对我的影响也非常大。我爱人家里都是从政的，都在机关工作，有时候他们处理问题的方式对我会有影响。我们家人处理问题就是很理智、很周到，原则是不争不抢，少参与是非，踏实认真工作。我婆婆现在 80 多岁了，在报上看见幼儿园的新闻，一定要剪下来给我，告诉我注意安全，安全第一。我父亲对我影响特别大，尤其是他的乐观。我的姊妹比较多，我下面有两个妹妹，上面有两个姐姐，小时候爸爸从来没有打过我，也不骂人，说最重的一句话就是你这个熊孩子。他是山东人，平常在家里经常给我们讲笑话，现在已经 87 岁了，身体还很健朗。我父母关系特别好，所以家庭氛围好，所有人都很快乐。我大姐身体不好，她的孩子、她家里的电器，都是我们管，我们买。我妹妹把大姐家所有卡都放在自己手里，全部由她来交。我大姐都不好意思了，说我怎么回报你们，我们都说谁能做谁就做。我妈在培养团队意识这块特别强，第一是家丑不可外扬，第二是家里人在外面有困难你一定得帮助，从小就是这样的。

访问者： 您的哪些特质让您成为幼儿园骨干教师？您认为让您成功／战胜困难的最关键因素是什么？

受访者： 我觉得我对于幼儿教师这份工作和孩子的热爱支撑我取得今天的成绩，成为一名骨干教师。因为热爱，所以对于专业技能和专业知识的学习我乐于接受，并且积极主动地接受。在专业技能方面，从上学到进入幼儿园工作，我的专业技能都是排在前面的。我愿意为了我的工作、为了孩子的发展不断接受挑战。我毕业的时候，更加重视技能，现在考虑得可能更全面一些，技能只是一个方面。当时技能是主要的业务评价指标，所以一来幼儿园，我的专业技能就很受重视，你就需要不断保持和完善，那我就趁着这个机会发挥自己的长处，得到很多机会和荣誉，为我今天的成绩奠定了基础。

　　另外，敢于面对困难不惧怕，迎难而上的坚韧和果敢，让我战胜了一路走来遇到的所有问题与困难。很多人因为压力大、困难多、怕失败就想要逃跑。还有的人经受不住挫折，对自己期望太高，一旦没取得预期的成果就自怨自艾。我觉得这两种人都很难取得成功。我遇到事情就会先想要怎么解决，我能为这件事做什么，做到什么程度，我还能不能做得更好一点儿，一直到最后我尽全力了，我就无怨无悔了。通常在真的尽全力之后我发现原本很难或者不太有希望的事情竟然出现了转机，这就是所谓的"功夫不负有心人"吧。

访问者：能否从自己的经历中，总结几个经验教训，以便后来人借鉴学习？

受访者：一般年轻教师来了，我都会跟他们讲，一个是别计较，另一个是远离是非，还有一定要有奉献精神。一开始工作，就要努力工作，奉献三年。因为工作前三年对人来说是很重要的三年，是树立你的威信，在这个环境中建立人际关系的时期。用脑用心把这三年的工作做好，你会受益终生。我跟年轻的老师说，三年再长一点儿，五年你就定型了，你再改变别人也不大可能那么快地信任你了。我们有一个老师就是这样的，她就是前七八年的时间，家里这事那事，后来结婚了，婚姻也不是很幸福，所以对幼儿园的工作就不上心。最近这几年她很努力地工作，但是管理人员评价她，就说她还是那样，人们会受思维定势的影响。所以刚来这几年特别重要，你要好好干，别给人留下不好的印象，去拼搏，不计较，好好做，一定会在别人身上学到很多东西。就像我，谁都知道我能力强，生小孩休了一年半的长假，上班后用一年左右的时间才调整过来，但领导也一直很信任我，就是因为我刚开始工作的时候，很努力打下了一个好的基础，所以在她眼里我就是有能力，肯定能做好，这就是第一印象的重要性。

访问者：回头看自己的学习和工作经历，您认为哪些理论或者知识的学习对后来形成工作经验或者是处理人际关系发挥了作用？哪些经验不能从书本中获得而只能从工作和生活中获得？

受访者：如果看到关于《幼儿园教育指导纲要（试行）》方面的文章，我会把这篇文章看十多遍，我认为《纲要》中的内容对我帮助很大。但很多经验还是要到工作当中去积累。实际上我觉得工作中你会面临很多问题。比如说孩子哭，你怎么解决？还有没有更好的办法？比如说生活教育，孩子们入园适应问题、生活习惯和常规培养问题就是来源于这个理论的。工作上遇到的很多问题，也不能脱离理论，这个东西是对是错，可以通过理论检验它。比如说《3—6岁儿童学习与发展指南》中就提到，儿童学习的方式主要是直接经验，那我们就思考学习方式从哪儿获得，从生活中，从游戏中。我们就得分析怎么把生活中的东西转化为学习的内容，我觉得这是从理论回到实践的过程。

一个人的文字能力很重要。我们让新老师写工作总结，如果这个老师之前自己写过，发表过文章，他的文字功底和专业功底就会更强一些，但是这样的老师并不多。现在的孩子专业技能也赶不上原来那时候，那时候对专业技能要求高。现在的孩子有的都大学毕业了就勉强能唱几首儿歌，弹几个简谱的曲子，甚至有人弹琴指法都不对，唱歌跑调。这样的老师如何教孩子们唱歌、弹琴呢？我们这些老教师看到这种情况都很忧心，他们在学校的时候没有意识到技能对于幼儿教育的重要性，等工作后意识到了还有多少人肯加强练习提升自己呢？

再有就是生活教育，这是需要依托幼儿园具体情况来开展的，是在书本上学不到的。比如我们班的自助餐活动，已经成为我们生活教育中很重要的内容。这个活动已经开展了三年，每个月有两次自助餐，孩子们会自己取食物，自己送盘子。我们开展这个活动是为了和孩子的家庭生活对接，因为我们的孩子家庭生活都非常优越，家长带他去自助餐，那自助餐应该有的礼仪是什么，应该注意的问题有哪些？我认为教育一定要落到实地，你考虑的不是哗众取宠，而是真正踏踏实实地对接生活。然后我们就开始研讨自助餐有什么礼仪，经过几次活动的练习，我们班的孩子一到自助餐的时间，就很自然地取放，行为举止都非常自如。每年还有几次西餐的自助礼仪，孩子们出国的多，到国外会吃西餐，那么西餐礼仪是什么？我们请在国外待了十多年的家长讲西餐礼仪，让家长们参与制作西餐，然后给孩子们吃。每到那个时候，班级环境都要配合进行调整，先把桌子摆成方桌，弄一些玻璃瓶，然后还插一些小花摆上，这些都是孩子们和家长一起做。

　　另外我觉得家长工作也需要在实践中摸索和学习。比如我们上学期开始尝试让家长参与教研，有些家长参加教研之后，想跟你继续讨论，他有他的想法和建议，希望和你碰撞或者得到你的指导。有的家长在参加完研讨会后理念转变很大，这样我们家园配合才会更有效，这比任何书本的指导都更为有效。老师的研讨过程我们也让家长参与，家长参加完了解到老师的用心良苦后会特别配合。

　　最后，我觉得作为教师要有奉献精神和责任感，这对教师的成长是有好处的。教师要能奉献、能思考、能体谅孩子。你看今年来的孩子都是"90后"，有时候可能因为一句话两句话就不干了，很任性。有的孩子一点委屈都不能受，吃点苦就想着换个工作，不愿意多付出，不愿意承担责任。可是社会就是这样的，它很公平，不会因为你在家里养尊处优就对你格外厚待，你要想干好工作就需要付出很多，学会坚守，忠于事业。同时，还需要自觉地用高标准去塑造自己，而不是总看别人，别人干工作得过且过，自己也跟着糊弄了事。我曾经遇到一个老同事，她跟我说过她对待工作始终坚持着著名教育学家夸美纽斯的一句话"教师的任务是用自己和榜样教育学生"。她说，教师是智慧的象征和人格的化身，教师的思想、言行、作风和品质，每时每刻都在影响着孩子，对孩子起着潜移默化的作用。这位老教师在平时的工作中都以身作则，为人师表，在教育教学中乃至日常言谈举止上始终表现出应有的思想境界和道德素养，显示出高尚的人格尊严，获得了孩子、家长和同事们的尊重。我从来没有听到过别人对她的贬损，大家一提起她都是赞不绝口。

既然已经从事了幼儿教师职业，就要准备好接受我们人生航程始终面临的人格上的挑战，时刻铭记自己身负的责任和使命，工作中认真履行自己的职责，给孩子树立正确的榜样。教育学家陶行知先生曾说过的："学高为师，德高为范"，幼儿教师是一份神圣的职业，需要我们付出大爱才能托付起孩子的未来和家庭、祖国的明天。如果每个人都只在乎自己的利益，那么这个社会就不会进步了。

◆　访谈感悟　◆

幼儿教师的专业成长离不开良好的职业道德和敬业精神，在徐老师的身上我们看到了乐于奉献的职业品质。随着我国市场经济的发展，一些教师出现了拜金主义和享乐主义思想，安于现状，不思进取，过多地把对物质的欲望看作工作的动力，把教学工作仅仅看作谋生的手段，斤斤计较于付出与报酬间是否平衡，工作起来没有动力，这种敬业奉献精神的缺失，严重影响一名幼儿教师的专业发展。徐老师认为，作为一名幼儿教师一定要具备职业奉献的精神，才能促进教师在专业道路上走得更长远。徐老师身上宝贵的职业品质不仅得益于家庭环境的影响，更深受求学过程中教师的言传身教。在访谈的过程中徐老师讲到曾经的学生生活时，主动拿出手机找到郑老师的近照给我们看。从徐老师的举动中可以看出，拥有这样一个集体是让她引以为傲的一件事。因为热爱而在一线教育岗位上坚持奉献，坚持用自己的言行去浇灌一代又一代祖国的幼苗，我们仿佛在徐老师的身上看到了她敬仰的郑老师的影子，就像那首歌唱的一样"长大后我就成了你"。

具有童心童趣的张老师

访谈日期：2018 年 7 月 28 日

访谈时间：10：00—11：30

访 谈 者：索长清　佟晓川

受 访 者：张老师（沈阳）

访谈者： 您是怎样踏入幼教界的？当初的想法是怎样的？

受访者： 我就觉得是阴差阳错，当时没想考幼师，不知道幼师是干什么的。那时候考师范是一件挺光荣的事，我们高三有一个同学，她学习很好，是学生会主席，她报了师范直接就入党了。我之所以选择幼师，是因为同学和我说："你考师范教小学的孩子，那孩子多会气人啊！你考幼师。"我说幼师不就是阿姨么？我同学说不对，阿姨指的是保育员，打饭之类的事情是阿姨做的，老师只管教课，唱歌、跳舞之类的。她说的这些一下子就吸引了我，我说那就考幼师吧。我笔试成绩过了录取分数线，后来面试的时候学了学唱歌、跳舞。幼师学习三年，也是开开心心的，像玩儿一样，挺有意思的。

访谈者： 您走到了今天，成为一名优秀的幼儿教师。在这个过程中，有没有您认为是人生转折点的那些时刻？

受访者： 最开始是因为实习的时候上了一节公开课，公开课中有一个做手工的环节，我自己做了一个毛毛虫，带穗穗的那种，看着挺特别的。后来我们园领导和我说，也是因为这堂课，她才决定让我留在幼儿园。正式工作后，开始当副班，我也不知道怎么管孩子，经常管不住，但是能和孩子玩到一起去。副班当了五年半左右，到了 2006 年，正常我应该再带一年，但是因为一个老师休产假，领导看我表现还不错，就让我顶她的岗，当主班。之后，我不断地参加比赛，先是参加幼儿园内的比赛，被幼儿园推荐去区里比赛，又去全国参加比赛。我也得过一些荣誉，我觉得这是因为我有这样一个平台，也是领导给我机会，才能让我有今天的成绩。

访谈者： 新入职阶段、工作熟悉后的阶段、现在的成熟阶段有没有一些令您记忆深刻的事情？能否说几个典型的个人成长故事？

受访者： 我属于爱玩的人，做一件事总想它有意思，最开始领导对我的评价是"这个孩子很聪明，但是不使劲"。领导第一次夸我是因为一个表演游戏，当时幼儿园的表演游戏都是老师讲故事，小朋友背，背完再来演。那时候我还是副班老师，我觉得小班孩子每一届都演《小兔子乖乖》《小熊拔牙》，没什么意思，而且让孩子背台词，有的时候孩子也背不下来。说实话，班级里检查的时候就挑那几个会背的孩子，所以总是那几个孩子表演。我觉得这样不行，不好玩，得找一个好玩的。我就想给小朋友们编一个。按照目标，小班孩子 9 月刚入园，10 月表演，我就编了一个教育小朋友上幼儿园不哭的表演游戏。过程是这样的：小山羊刚上幼儿园，天天哭诉自己不想上幼儿园，说害怕。然后小动物们来安慰她，老师来哄她。最后，就是小山羊长大了，喜欢上幼儿园。因为这个故事是孩子们跟我一起编的，所以全班孩子都会演，没有像别的班的孩子那样需要靠老师提醒，我们班孩子都是自己演，下面的孩子都跟着唱："爸爸妈妈去上班，我上幼儿园，不哭也不闹。"那一次老园长就表扬了我，觉得这个表演游戏挺有创意的，夸我很聪明，要是用到正地方还挺好。当时正是这个表演游戏，让我们幼儿园老师知道原来表演游戏还可以自己编，这是从我这开始的。到大班的时候，我又和我班小朋友一起编了狐狸拜年的故事，大家都觉得特别好玩。其实我觉得你想让孩子觉得好玩，首先你自己得觉得好玩，这是最根本的想法。

　　还有，我刚上班的时候，幼儿园的课程教学不像现在这样有规律，当时改得乱七八糟的，分科教学改成综合教学，综合教学就像大杂烩一样，一堂课要完成社会、语言、体育，反正只要沾边的，都要完成。那个时候觉得很花哨，也确实很迷茫。到了后来，贯彻《幼儿园教育指导纲要》的时候，我们引进了项目教学。当时我就在我们班三角区养了个蜗牛，我组织孩子们进行探究：蜗牛长什么样子？蜗牛吃什么？蜗牛怎样走路？蜗牛排泄的时候我们还发现，给它吃绿叶子，它的便便是绿色的；吃西红柿，便便就是红色的。蜗牛爬过的地方是黏黏的，塑料、玻璃盖子都能被粘上。一碰蜗牛，蜗牛就缩回壳里去。那个时候还挺不成章法的，就是想到哪儿就探究到哪儿。孩子们非常感兴趣，我把孩子们的探究过程放到了我们班墙上。这就是一个初步的尝试。那个时候园长就是管教学的，觉得我弄得挺好的，肯定了我。每个老师风格不一样，有的老师带班带得特别好，孩子常规培养得非常好；有的老师班级管理上不太强，但是集中教育活动上很好。我就属于那种班里常规一般，孩子不那么稳当，习惯培养不是很到位的老师，但是我比较有创意。当时我就特别愿意在我们班进行这样的活动，有很多老师不会弄或者觉得没必要弄，园长就找我给全园老师来上一节观摩课。园长问我需要准备多长时间，我说三天就可以。我记得当时是 10 月份，我们班是中班，主题的名字叫准备过冬。大树的树叶落下来了，小燕子说我要到南方去过冬了，然后讲了故事中几个小动物的过冬方式，那么其他小动物是怎样过冬的呢？我就给小朋友们布置任务，让他们自己去寻找资料。第二天资料找回来之后，大家交流，发现有冬眠过冬的，比如蛇、青蛙；有迁徙过冬的，比如飞到南方的小燕子、大雁。还有一些小昆虫生命很短暂，到秋天就死掉了。我们用表演的方式来展现，有一组表演换毛过冬，一组表演冬眠过冬，每组都有自己的任务，之后我们就收集材料，下午把这些材料收集完，观摩课的时候就来给大家展示。这样，孩子的想法得到了充分的展现，实际上课什么样就要看孩子自己的创造发挥了，我主要引导孩子的思路。不用说，这堂课非常成功，很多老师表示受到了很大的震撼，知道原来活动还可以这么开展。

访谈者： 有哪些人／事件对您产生了重要影响？您的家庭对您有什么样的影响？

受访者： 之前有一个老教师，我跟她同班带过班，我们都管她叫老顽童，她带班带了一辈子。那个时候，正好是我比较迷茫的一段时期，觉得工作反正干不干也没什么事，要不然就跟那些老师一样吧，精力也别都用在工作上了。我这样的负面情绪她一看就知道了，她就跟我说："小张啊，你跟他们不一样，因为他们能力到这就差不多了，但是你这么聪明，这么有想法，你不应该像他们那样。你要是有学问的话，你的学问就是谁也拿不走的。你跟他们是不一样的，你有能力，你还得进步。"这段话对我影响挺大的。还有我们园长，刚参加工作的时候，她给我的支持很重要。后来有很多组织课程活动的事情，园长都会叫上我一起商量。不管是工作、生活，还是为人处世，我都从她身上学习到了很多很多。

我的家庭对我影响较大的是我的父母。他俩都属于当时的知识分子，我们家的氛围比较好，他俩也比较民主，一般我有什么事情，只要不太过分，和他俩商量之后都能行得通。我小时候特别淘气。我和邻居家的小女孩一般大，是同学。记得有一回上自习课，当时是夏天，我的座位是靠窗的位置，然后我就看见树底下有很多毛毛虫，心里也不害怕，就觉得为什么有这么多毛毛虫呢，是不是要下雨，还是要搬家，它们爬到哪里去，心里特别的好奇。当时老师不在班级，我和邻居家的小女孩就悄悄出去看毛毛虫搬家去了。其实，最后毛毛虫爬到哪去了我也不知道，就是觉得好玩。不知道过了多长时间，班主任过来了，看着我们俩就怒气冲冲的，说我们不好好上自习，私自出来玩儿，要找家长。我当时没什么反应，觉得找家长就找呗，但是邻居家的小女孩很害怕，我还劝她，没事儿。当家长真来了，我爸没说我什么，就是看出他很不高兴，而邻居家的小女孩被她妈妈狠狠地说了一顿，当时小女孩就哭了。我和爸爸回家之后，我就和他说了事情的前因后果，爸爸和妈妈没有批评我，就是告诉我下回不能这么做，要知道自己应该做什么，不应该做什么。就是因为他们的这种教育方式，让我有了这样一个无拘无束的性格。也是因为他们平时遇到问题都是商量着去解决，不会像其他人那样吵闹，所以，在我心里困难都是暂时的，没有过不去的，想办法解决就好了。这样豁达的个性，我想是父母创造的环境带给我的影响。

访谈者：您的哪些特质让您成为幼儿园骨干教师？您认为让您成功／战胜困难的最关键因素是什么？

受访者：我觉得就是思维比较活跃，跟孩子在一起不受条框的约束。我脑子是在整天想事情的，我可能走在马路上，看到马路上的地砖，我就想到地砖的图案千变万化，可以这样的，也可以那样的，我拍下来给我们老师，可以照这个做玩具，给孩子去拼、去玩儿。后来我们老师以地砖为原型做的玩具，在全国玩教具评比中获得了一等奖。有的老师为了完成环境创设都住在幼儿园了，我从来不这样。比如我们要开展一个关于鱼的主题活动，那要布置一个像海底世界之类的环境给孩子。我首先就会找一些圆的适合当泡泡的东西悬挂起来，比如把海洋球穿起来再悬挂上。然后我跟小朋友们说，我们要把我们班布置成小鱼的家，我们大家来研究一下小鱼，研究一下我们怎么布置小鱼的家。我们小朋友在画画的时候，就画泡泡，画大的、小的、圆的泡泡，画水草，还自己剪小石头的形状，小石头没有固定的形状，小朋友喜欢什么样就可以剪成什么样，什么颜色都可以。我还会给孩子准备一些废旧物，让小朋友自己做小鱼。小朋友早上来了赶紧吃饭，吃完饭孩子就会问，老师，我可以做小鱼吗？我说可以，小朋友就自己搬个椅子，找一个地方就开始去做小鱼，做出来的还都不一样，有圆的，有半圆的，有三角形的，什么样的都有。随着主题的开展，孩子们就亲自把环境一点一点地布置起来了。

再有一个就是一定要爱玩。我经常给我们老师说，我说这件事如果你自己觉得不好玩的话，你让孩子去做他也不会觉得好玩。你必须得爱玩，你自己还得会玩，然后带着孩子一起玩，这样的工作才能够开心快乐。记得当初我带班的时候，在园里都是很有名的。领导都知道我，要说带孩子玩出花样，第一个想到的总是我。班里的孩子也都特别喜欢我。有一段时间很流行一个舞蹈叫《没有去学校》，我把这个改编了教给孩子们，然后用手机上的视频软件给孩子们拍搞笑的小视频，拍好之后，放在大屏幕上让他们看自己的表现。每次看完之后，孩子们都会说，老师，再来一遍。回家他们也会和爸爸妈妈说在幼儿园学习了什么舞蹈，很喜欢，会要求爸爸妈妈下载在幼儿园学习的舞蹈或者歌曲。家长也会和我反映说，孩子特别喜欢幼儿园，在家里会说老师会这个、会那个，可好玩儿。每次听到这样的反馈，我都觉得自己的努力是有回报的。

访谈者：能否从自己的经历中，总结几个经验教训，以便后来人借鉴学习？

受访者：首先就是一个人要善于沟通，勤于沟通。在幼儿园工作经常会集体
教研和备课，还要参加一些会议，所以上传下达的工作要做好。比
如我作为班级教师，领导布置了一个"读书月"活动的任务，我需
要创设班级环境，设计班级读书计划，同时也要与家长进行有效沟
通。这些工作需要班级的三位教师共同配合，其中除了组织活动以
外，最重要的就是家长工作。家长工作其实很难，也会受委屈。我
们班有个小朋友悦悦，她是一个文静听话的小朋友，在幼儿园表现
一直都非常好。有一天来幼儿园的时候，她妈妈和我说，悦悦觉得
老师不喜欢她，不想来幼儿园了。经过询问才知道，原来她把绘本
带到幼儿园，但是我的副班老师一直没有让她为全班小朋友讲故
事。按照"读书月"活动的读书计划，每天中午我会按学号的顺序
让幼儿分享从家里带来的绘本故事。其间有两天我出班去听公开
课，班级里只留下副班和保育员，我没和副班说这个活动，然后副
班自然也就没有这么做。副班在午休的时候也让孩子讲故事，她的
方法是孩子自愿举手，然后讲绘本。这件事给我的教训就是，以后
不管有什么事，都要及时沟通，哪怕是微不足道的小事。

　　其次就是要拎清自己的角色。比如说这个屋原来在边上放了
一盆花，一天保洁就给放在中间的位置了。有的人看见了，就说
怎么回事，把保洁叫来，让保洁把花挪到边上去。我就觉得，怎
么那么把自己当个"官儿"，自己伸手挪边上去就行了，至于叫保
洁吗？后来这件事我跟一个在政府部门的朋友说了，他说我这么
想不对。我说为啥？他说你是不把自己当"官儿"，但是那个保洁
不知道这盆花到底应该放在哪儿是对的，她下次还放在那儿。如
果你当时把她叫来，说这个花应该放在哪儿，她就知道这花应该
放在哪儿了，下次就不用你再费劲了。这不是把自己当"官儿"
的事儿，这是一个职责的转变，一个角色的转变，你现在是老师，
不是挪花的人，挪花是她的事，你要弄清楚。其实这件事对我转

变角色挺重要的，之后我就知道了，原来有些事不需要我亲力亲为的，我要做的是去计划、去设想、去安排，实施的是其他人，这不是说把不把自己当"官儿"的事儿，而是你的角色、你的职责决定了你要这么做。人和人之间相处是一回事，工作是一回事，要把这个分清。

访谈者： 回头看自己的学习和工作经历，您认为哪些理论或者知识的学习对后来形成工作经验或者是处理人际关系发挥了作用？哪些经验不能从书本中获得而只能从工作和生活中获得？

受访者： 我觉得，学校的学习非常有用，但是学过的知识是死的，人是活的，要活学活用才行。比如，我在学校学习过心理学、教育学等专业课，这些课程让我从理论上知道幼儿是怎样的一群孩子，他们的特点是什么，应该给予怎样的指导。但是，刚开始让我去管理孩子，我还是会无所适从，不知道怎么办。通过接触之后，我知道每一个幼儿都有自己的个性，要做到因材施教、陪伴幼儿成长，还是要扎根在实践中。曾经我们班有一个孩子特别淘气，上课时满屋飞，我就问他因为什么，他说我是苍蝇，苍蝇马上就要死了，所以我要飞。当时他挺打扰别人的，我就说你要是飞，青蛙会把你吃掉，他就跑到一边儿去了。我当时的想法，就是让他别捣乱就行，别人觉得我没有打断我的教学思路，处理的方式挺巧妙的。其实这样的孩子，如果你当时去批评他的话，他会哭闹起来，那你这个活动就全搅和了。我就是冷处理，大家还觉得挺好的。如果是以前集中教学的话，一个孩子捣乱，可能整个班孩子的思路都跟着他跑了。

◆ 访谈感悟 ◆

　　有魅力的幼儿教师一定是葆有一颗童心的人，童心表现着本真的人性，蕴含着生命活力，让人感动。刚刚见到张老师，就能感觉出她是一个特别阳光且自信的人，在访谈过程中她语气活泼轻快，常常把"会玩儿"放在嘴边。她组织孩子们活动的时候也是秉承着"让孩子们玩得高兴"这个思想去准备的。比如表演游戏，她抓住了孩子刚入园的心理特点，根据孩子自己的状态去创编表演游戏，得到了孩子的认可，也让千篇一律的表演游戏变得有创意。

　　作为一名教师，特别是幼儿教师，需要"蹲"下来与孩子平等交流。张老师能够跟孩子交心，发自内心地蹲下来和孩子们交流。她能用幼儿的眼光去观察，用幼儿的思维方式去想问题，用幼儿的语言去表述，用幼儿的动作去示范，在看似平常的生活里她总能产生不可思议的创意，发现惊喜。

　　幼儿教师的工作对象是幼儿，如果用成年人的思维方式和语言动作去教育幼儿，势必使幼儿难以理解和接受。一位好的幼儿教师往往是幼儿的"忘年交"，是幼儿群体中的一分子，他们保持一颗纯真的童心，积极参与孩子们的各种活动，和他们一起游戏、讲故事、说悄悄话。在这种平等的关系中，教师和幼儿之间产生了情感上的交流，在幼儿内心引起了"共鸣"，同时教师会在生活中发现每一个孩子身上的"闪光点"，从而更加爱孩子，由此幼儿教师就走上了良性的专业发展轨道。

具备专业态度的石老师

访谈日期：2018 年 8 月 15 日

访谈时间：10：00—11：30

访 谈 者：贺敬雯　张梦涛

受 访 者：石老师（沈阳）

访谈者：您是怎样踏入幼教界的？当初的想法是怎样的？

受访者：我原先是一名小学老师，当时的幼儿园也叫学前班，老师大部分都是小学老师转过去的。因为工作调动原因，1993 年我在学前班待了一年，1994 年又回到了小学。1996 年，幼儿园和小学脱离，另建校舍。2004 年，幼儿园的园长到退休年龄了，她以前也是小学老师。镇政府就把这个幼儿园委托给我们学校管理了。学校可能是看我以前有过在幼儿园工作的经历吧，把我又调回到幼儿园。可以说我就是误打误撞地进入了幼教界，当初也是服从领导安排，没什么想法。

访谈者：经过多长时间您走到了今天，成为一名优秀的幼儿教师？在这个过程中，有没有您认为是人生转折点的那些时刻？

受访者：从 2004 年正式进入幼儿园，到现在有十几年了。如果说人生转折点的话，是我刚到幼儿园工作的时候。因为我是从小学调过去的，对幼儿教育没有深入的了解，正式进入这个行业之前，在幼儿园待了一年，这一年里给我的感觉就是每天照顾孩子，从早上把孩子从家长的手里接过来，然后带他们游戏、玩、上课、吃饭、睡觉，到了下午四五点钟的时候再把孩子还给家长，每天都是这种重复性的工作，唯一的感受是比较忙，工作没有小学老师那么轻松。那会儿如果让我选是当小学老师还是幼儿老师，我会毫不犹豫地选当小学老师。进入幼儿园大概有两三年吧，我就产生了职业倦怠感，每天早上起来一想到又要去幼儿园了，心情就不好，头就疼，到了幼儿园无心工作，心情比较焦虑，有点想要离开幼儿园。我这个人比较爱看书，偶然看到了两篇文章。一篇说的是，日本有个女孩，毕业以后到大城市寻求发展，找不到合适的工作，后来到一家酒店应聘，她接到的第一份工作就是刷马桶，她就觉得挺为难的。这时候，来了一个同行，拿起来一个刷子把马桶刷得特别干净。刷完以后，自己拿起水杯上马桶里舀了一杯水喝了，他用他的实际行动演绎了怎么样才是把事情做到最好。还有一篇短文，说的是一个老木匠，他做箱子的时候，总是用他粗糙的手掌把箱子里面也打磨得非常光滑。他的徒弟就说，你把里边弄得好别人也不知道，他说我心里知道。这两篇文章给我触动好大，这就是说不管做什么事情，都要做到不负别人，不负自己，尽量保证做到最好。

现在我理解为啥幼儿教师的离职率那么高了，幼儿教师这个职业确实具有特殊性，天天面对一群心智还没有成熟的孩子，需要你时时刻刻看着他们，总会有心情烦躁的时候，就觉得这工作怎么这么麻烦，小孩子怎么这么吵，天天事这么多。如果不能正确地、适当地调节自己心态的话，那很可能就因为受不了而辞职。我那时好好反思了一下，重新捋了一下自己内心的想法。之后没几天，我就重新收拾好自己，投入工作中了。慢慢地，在工作的过程中就发现了孩子是那么的可爱，你对他们好，他们就会对你好，特别单纯美好。这个工作虽然很累，每天都要做很多事情，教学活动、环境创设、照顾孩子的生活起居，每天的事情都是按时按点的，早上把孩子高高兴兴地接过来，下午再把他们安安全全地送回去。但每天看着孩子们一个个脸上都笑开了花，还有每到大班毕业的时候，孩子们和家长对你的那个感激和不舍，那一刻你身上的所有烦恼、顾虑就都会烟消云散，会立马让你觉得自己的付出是值得的，这就是这份工作最大的魅力所在。我知道我是一个特别平凡的人，也没有什么大本事，但是遇到什么事，我都会踏踏实实认真去做，尽自己最大能力做到最好。

访谈者： 新入职阶段、工作熟悉后的阶段、现在的成熟阶段有没有一些令您记忆深刻的事情？能否说几个典型的个人成长故事？

受访者： 那是 2010 年 7 月 17 日，我弟弟出车祸去世了，他才 39 岁。7 月 24 日是幼儿园毕业会演，我天天得排练节目，没时间忙家里的事情，虽然心里很难受，也只能偶尔晚上回家看看爸妈。农村都讲究七天上望啥的，他上望那天就是我们毕业会演那天，说到这里我心里很难受。工作之后，家里的事情再大也是小，单位的事再小也是大，你就会发现，往往很多事情都是身不由己。如果家庭和工作都能兼顾的话，那是一个非常理想的状态，每个人都想要这样，但能做到的又有几个人。现在很多服务性的工作就是这样，舍小家为大家。我觉得幼儿教师这个职业从另一个角度来说，其实就是一个公益性的工作。园里的每个老师都是一个萝卜一个坑，你走了，就没人能代替你，而且你的教育对象是孩子，你不忍心不管他们，我就经常会跟我同事开玩笑说，幼儿园是我的第一个家，幼儿园里的孩子是我的亲孩子。

还有就是 2004 年到 2006 年那两年，正是我女儿学习最紧张的时候，孩子经常说，妈妈你陪我学会儿习吧。我就是没工夫，而且对她一点耐心都没有。我女儿学习就老跟不上，成绩也不太好，后来就不念了。这件事对我打击很大。我觉得自己亏欠女儿真的太多太多了，特别自责。我作为母亲，没有照顾好自己的孩子，没有尽到自己的职责，完全把工作放在第一位了，忽略了自己的家庭。我女儿小时候可好了，特别可爱懂事。但我一忙起工作来，就感觉自己不是她的母亲一样。我今年虚岁都50了，现在回头想想，为什么以前没有对自己的孩子态度好一点，多陪陪她，错过了她的童年。那时候孩子也可怜，她一说"妈妈你能不能……"我就会骂她，那个时候我脾气真的不好。最好的教育就是陪伴孩子一起成长，我给自己孩子的太少了，把精力都放在了别人家的孩子上。我想做一个完美的人，但其实忙来忙去，人生还是有很多遗憾，这个遗憾会让我记一辈子。以前别人都会劝我，说你家孩子现在正是学习紧张的时候，你下了班就别合计工作的事情了，你得关心关心你自己家的孩子。我女儿也说过，说幼儿园里你有再多的孩子，也不是你的。我心里挺不是滋味的，特别难受。我从来不觉得我有什么能力，我就是很能付出，特脏、特累的活，别人不愿意干，我就领他们一起干，我比别人干得多，而且比别人干得快，我就是朴朴实实的一个人。

访谈者： 有哪些人/事件对您产生了重要影响？您的家庭对您有什么样的影响？

受访者： 虽然工作这么长时间了，但还是觉得自己知道的东西太少了，没有高度，就特别希望还能学点新的东西，提升一下自己。幼儿园这边提供的学习机会也是有限的，每次外派出去学习都有要求，也有名额限制。所以，我特别珍惜这种学习机会，每一次外出学习都特别认真，我会边拿手机录像，边记笔记，生怕错过专家讲的哪个知识点。这种学习过程真的意义特别大，每一次都是一种激励，有很大帮助。其实，我对自己的专业成长要求挺高的，但自己的能力有限，身边也缺少支持的资源，所以就希望能有专业的人来实际指导我，特别想让别人帮我一把。我的语言表达能力可差了，我知道很大原因还是自己的专业知识、专业理论掌握得不够扎实，而且看问题的深度也不够，只能看到一些很浅的东西，所以就是要么说不出来，要么说出来的都是些不痛不痒的东西。看人家专家、教授侃侃而谈，出口成章，我就特别钦佩，特别羡慕，真得向人家学习。每次学习都对自己有帮助，每一次都受益匪浅。

我家是农村的，父母都是地地道道的农民，没有上过什么学，也没有什么文化，但他们身上有一些特别好的品质，他们一直都非常通情达理，做事情特别认真。他们会跟我说，三百六十行，行行出状元。无论你干什么，只要你认真地去干，总会把这件事干得特别好的。不要吃着碗里的，还看着锅里的。那种不满足、不认真、眼高手低的永远也成不了事。他们给我很多正能量的东西。所以，我才能在幼儿园一待就是这么多年。我家孩子，如果跟人家比学习、比成绩，属于落后的，这是我的责任，小时候陪伴她的时间太少了，几乎都不太管她，基本上都是她爷爷奶奶带。但孩子特别知道感恩，特别懂事，她也跟我说过她理解我的工作，知道我工作特别忙，要照顾其他小朋友，所以就特别懂事，对什么事都认真负责。这点真的让我特别欣慰，特别骄傲。

访谈者： 您的哪些特质让您成为幼儿园骨干教师？您认为让您成功／战胜困难的最关键因素是什么？

受访者： 我觉得自己能吃苦、踏实、不服输。因为我是从农村来的，所以吃苦对我来说并不算什么。但现在，能吃苦确实是一个很难得的品质。现在能吃苦的孩子真的不多了。比如我们幼儿园之前来的几个小姑娘，也是幼师毕业，不要求她们能帮我们干点啥吧，就连她们自己分内的事有时候都老不情愿的。就说环创，白天在幼儿园里看孩子、上课，大家都没有时间做环创，只能等孩子们离园之后加班干。这帮小姑娘一听说要加班，就一脸不高兴的，但不加班工作就完成不了，她们也只能加班干，就是情绪都不太好。我们以前刚进到幼儿园的时候，加班都是常事，要是不加班倒有点意外了。我们加班也从来都是主动留下来的，只要工作没完成，下班就留在幼儿园。现在的孩子生怕多干点活，不能吃苦。

还有就是踏实、不浮躁，认准一行干一行。这山望着那山高的人，永远成不了大器。踏实的人，给人的感觉就特别好，让人很放心，这种人做事很认真，也很好学，这种人从平时的言行中就能看出来，他们有不懂的地方就会问，善于反思自己，查缺补漏。

最后是不服输，这种人知道自己想要什么，目标非常明确，他们会通过自己的努力一步一步朝着目标前进。我之前评级的时候下了很大的功夫，准备了特别长时间，一开始做的时候问题很多，园长、组长、同事都会帮助我，他们会提出很多好的建议，我就修改，然后再做，做完之后还会有问题，我就再修改，再做，这个过程反反复复好几次，才会让人觉得差不多了，我也比较满意了。在这个过程中，我不会觉得说怎么这么麻烦，没完没了的，我不做了，完全没有，我就想着一定要把它做好，哪怕再累、再麻烦，我也要把它圆满地完成。完成之后的成就感也是特别让人兴奋的，我相信付出一定会有回报的。

访谈者： 能否从自己的经历中，总结几个经验教训，以便后来人借鉴学习？

受访者： 首先，就是你一定要明确你自己是不是真正喜欢这个职业。大家都知道，幼儿教师是一个很特殊的职业，辛苦不说，还存在一定的风险。孩子是最稚嫩的，没有自我保护意识，每个孩子都是父母的心肝宝贝，可以说保障了他们的安全就相当于保障了幼儿园生存的安全。幼儿教师身体累不算什么，最重要的是心很累，每天都要操很多的心。你要明确自己是不是真正喜欢这个职业，并且能够接受这个职业所带来的一切负面影响。如果不能的话，就不要从事这个职业，不仅对自己没有什么好处，而且很可能还会给孩子带来伤害。

其次，就是要知道学习，有自我成长的愿望，明确知道自己未来的职业目标。在很多人看来，幼儿教师每天做的就是那点工作，日复一日，年复一年，不断重复，就觉得很无聊。也会有人觉得幼儿教师的工作很安逸，很稳定。我们是不希望这样的现象和想法出现在年轻老师身上的，因为在现在这个社会，如果你不学习就意味着你将被社会淘汰、被行业抛弃，幼儿教师也一样。幼儿园每年都会进行各种评比、检查、考核等，活动特别多，你的专业技能、专业知识都是园里考核的内容，如果你考核不达标，不说外人会怎么看你，就连你自己也应该会觉得不好意思。每个人都应该有一颗上进的心，年轻老师学习东西的时候会学得很快，他们的脑子、动作都很灵活，一定要在自己可以学东西的时候好好抓住机会去学习，这是你以后不管是评职称还是找工作的最宝贵的资本，也是你一生中最值得回忆的东西。现在学习途径特别多，网络这么发达，也可以在线学习，参加各种培训讲座，还可以观摩一些好的幼儿园的示范课，不像以前，什么都没有，只能靠自己先去摸索，一点一点尝试，很不容易。所以，现在的老师更应该知道去学习。

最后，就是一定要谦虚。其实这也是做人的一个最基本的品质。不是说我当了主班了，比赛获奖了，领导夸我了，我就怎么怎么样，谁都不看在眼里了，不用学习了。人到了哪个阶段都得要学习，而且不仅自己学，还要向他人学习。我们每次出去参加培训或者参观示范课的时候，我都觉得这些人好厉害，怎么知道得那么多，做得那么好，如果换我自己的话，我会做成什么样。包括现在身边的同事，无论是专业上的，还是生活上的，只要是我觉得比我做得好的，我都会学习。当自己有进步或者慢慢变好的时候，心里就会有一点成就感，这也是我坚持学习的动力。

访谈者： 回头看自己的学习和工作经历，您认为哪些理论或者知识的学习对后来形成工作经验或者是处理人际关系发挥了作用？哪些经验不能从书本中获得而只能从工作和生活中获得？

受访者：《幼儿园工作规程》《3—6岁儿童学习与发展指南》对我们的指导是最强的。《规程》是所有幼儿教师在工作当中的理论依据，它为幼儿园教育工作起到了一个把握方向性的作用。《指南》就更不用说了，细化到五大领域，幼儿的发展特点学习特点，每个年龄阶段发展到什么程度，要达到什么目标，都明确指出来了。所以说，这个文件性的章程，对我们指导是最多的。我们现在几乎天天学习《规程》和《指南》，人手一本，目的就是让老师们把握好每个年龄阶段幼儿的发展目标以及各自的教育工作职责。

　　除此之外，我觉得一些技能也特别重要，需要在实践中不断地磨练才能获得，比如说环境创设、一日活动设计还有家园共育活动设计等。现在的家长在挑选幼儿园的时候，第一眼关注的肯定是园里环境、班级环境的设计，这就考验我们老师的环境创设、手工制作能力还有审美能力了。环境创设虽然也会在学校里学习一些相关的理论知识，但还只是停留在理论层面，需要老师们通过参加一线的实践工作才能真正把握。还有教学活动的设计能力，来我们这的实习老师都说在学校里练习过讲课、写教案，但真正拿出来的东西并不能非常令人满意，还存在很多不足。他们在学校里练的时候下面听的人都是同班同学或者老师，而不是真正的孩子，这是有很大差别的。如果是给孩子上课，那突发的、意想不到的状况时不时就会发生，而且孩子的发展水平都不一样，存在各种各样的差异，你的教案就得一遍一遍地修改，每次活动结束都要进行反思，看一看哪里还有问题，哪里还应该再修改一下，这就是磨课的过程，一节好的活动就是这样一次一次磨出来的。这个过程也特别能够帮助老师获得专业成长。

我并不是否认理论性知识的作用，只是希望我们能够将学到的知识加以运用，并通过实践去检验它，每个人对理论的理解都不一样，或许你通过实践后发现当初你的理解是错误的，就可以马上改正过来。所以说，还是希望学生能够理论结合实践，这是最有效的学习途径。

◆ 访谈感悟 ◆

态度决定幼儿教师教育教学的行为。对于幼儿教师而言，秉承着一份端正的教育态度是最重要的。现实生活中，有些老师从事幼教工作，其初衷可能是因为喜欢孩子，喜欢他们的可爱，喜欢他们的天真，每天都是开心快乐的。但随着时间的流逝，孩子的吵闹、家长的投诉、工资待遇不好等问题渐渐磨灭了这些老师的耐心和爱心，他们开始变得越来越厌烦工作，最终离开这个工作岗位。这种现象很常见，刚开始这些老师的态度都是好的，但这个工作态度没能坚持下来。石老师不断地提出自己只是一个"平凡的人"，"自己并没有太多的知识和专业能力"，有的只是"踏实肯干、认真负责、不怕苦不怕累"的态度。在今天看来这些话说起来很朴实简单，但要真正做到并从始至终坚持，却非常困难和难得。石老师是一位农村幼儿教师，有着典型农村人的纯真和朴实，她的人生观和价值观并没有因为自己身处的环境和身份地位的改变而改变，而是始终保持着自己的初心。石老师20多年从教之路就是依靠着自己这份踏实一步一步走到今天，这份坚持和认真值得我们致以崇敬之心。

卓越成长的黄老师

访谈日期：2018 年 3 月 28 日

访谈时间：10：00—11：30

访 谈 者：但 菲 黄 昕

受 访 者：黄老师（沈阳）

访谈者：您是怎样踏入幼教界的？当初的想法是怎样的？

受访者：我是 1989 年毕业于沈阳市艺术幼儿师范学校。那时候中考是中师先招生，高中后招生，和现在不一样。那时候大家好像对师范不是特别关注，会有很多人说做幼师工作不就是当孩子王嘛。当时我也是抱着试试看的心态，考上了再决定，没考上的话，还可以继续考高中。结果各方面成绩都挺好，对于一个十六岁的女孩子来说，我好像没有考虑那么长久，只是觉得这会给我带来很多生活上的变化，高中只是文化课的学习，幼师有很多专业课的学习，感觉很新奇，很有趣，就这样去学了幼师。后来我的成长经历也比较简单，一直就在幼儿园工作。从教师做起，后来做了教学主任，现在是做整个幼儿园的教学以及管理方面的工作。

访谈者：经过多长时间您走到了今天，成为一名优秀的幼儿教师？在这个过程中，有没有您认为是人生转折点的那些时刻？

受访者：我 18 岁来到这所幼儿园，今年已经 46 岁了。人生转折点首先就是进入了幼儿园，我们幼儿园是一个非常注重文化传统、环境熏陶的幼儿园。幼儿园是 1984 年建楼，1985 年开园。你可以看到我们幼儿园的窗子都是这种比较大的落地窗，以前老的幼儿园几乎都没有这种窗子的，这个窗子其实也体现了幼儿园的教育理念。还有幼儿园楼梯的高度，考虑到孩子的身高，所有的楼梯都是比较矮的。可以说这个楼 30 年前是什么样子现在还是什么样子，只是我们让它长满了青藤，满墙的青藤就把幼儿园的历史展现给大家了。我们知道国外有常青藤大学，其实我们也是期待着幼儿园有这样一种传承在里面。从这里毕业的孩子，再回到幼儿园，他一定会忆起小时候的这种生活场景，他可能都记不清老师长什么样子了，也记不清楚老师跟他做过什么活动，但是在这个幼儿园的感受，老师是怎么对待他的，包括人与人之间是怎样平等相待的，这个环境带给他的一种熏陶，他一定都会记得的。我们幼儿园的环境对我也存在一种潜移默化的影响。后来园长安排我做了主任，其实做管理和做教师还是有一定区别的。做教师的时候就只管好自己就行了，备好课，管好一个班的幼儿，服从园里的安排就可以了，但是做教学主任不一样，除了要管好自己，还要去安排各个班的老师，做一些协调工作，以及要把我们幼儿园的教育理念输出给每一个老师和家长。所以当时我也做了很多功课，因为要影响别人，首先我自己必须脑子里有东西，才能说给别人听。

访谈者： 新入职阶段、工作熟悉后的阶段、现在的成熟阶段有没有一些令您记忆深刻的事情？能否说几个典型的个人成长故事？

受访者： 在我刚入职的几年，获得过几个很高的荣誉，比如沈阳市骨干教师、市政府奖章等，这些荣誉给了我很大动力。印象深刻的就是我承担了很多公开课，那时候成长很快，知道了组织活动一定要和幼儿互动，关注幼儿的喜好，那么幼儿的参与度就会很高，活动效果也会很好。

工作五六年之后，进入了一个比较平稳的时期，工作也逐渐得心应手了。我开始思考幼儿园的孩子到底要学什么，我们到底要教给孩子什么，我的课堂要怎样做才能更好地让孩子在玩的过程中学。比如说我做了一个关于集合和分类的游戏活动，集合分类是孩子数学学习的基础，它的核心经验是什么？如何让孩子理解属性？如何让孩子理解分类？有了分类才会有集合的概念，有了集合的概念，才会形成思维模式的概念，这对于幼儿将来建立数学思维是非常重要的。我坚决杜绝任何灌输方式的学习。孩子最重要的学习方式是在哪里用，就在哪里学，就是他用到了，他才学习，这样印象才会深刻，因为他有内在的学习动力。其实很多学习都是自然而然发生的，他会觉得学习很有乐趣，他在看到这些东西的时候，他就不停地关注这些东西，然后他会有敏感度。在这样的一个过程中，我的专业能力也提升了，我会给孩子空间，因为每个孩子发展速度都不一样。我不会去限定孩子，最主要的就是让孩子表达自己的思想和情感。思维对于孩子来说才是最重要的，思维发展好了之后，对他未来学习才是一个内在的动力。

后来我做了教学主任，更多地和大家在一起研讨课程怎么做，主题活动怎么做，大型活动怎么做，家长会上应该怎么讲。这个阶段我更多思考的是我怎样去做整个幼儿园的教研活动，帮助更多的老师提高专业素养和能力。我们幼儿园从不加班，我们早上8点半上班，下午4点半下班，我们不让老师加班，但是我们的工作一定要高效。我认为团队的学习力量比较大，因为一个人的学习永远是在一个点上，但如果大家在一起，每个人都把自己的那个点放大的话，大家一定会互相分享到各自的思想和做法，做事就会更有效了。所以我经常组织研讨，大家一起学习。我们的研讨是自愿的，大家也都很自觉参加。老师们也经常会在微信群里分享文章或视频，给别的老师看一看。所有的人都是这样的一个想法，希望能开阔自己的思维方式。

　　还有记忆比较深刻的事情就是我对幼儿园的教学模式进行了改革,这是我比较骄傲的一个事情。我们幼儿园的教学模式目前完全是小组化的,我们没有30多个孩子坐在一起做活动的时候。我们孩子是分组的,每个班里有三个老师。比如说今天班里来了28个孩子,那么14个孩子由本班一个专业老师带领去上专项课程,如阅读、美术、创意法、科学等,在一个专门的教室里上课;那么班里还剩14个孩子、两个专业老师,这两个老师又分管7个孩子。所以我们老师的压力没有那么大。比如说今天我做关于数的游戏,这六七个孩子每个都可以跟老师互动,而且每个孩子都有表达他的想法和思维的机会,而不是30多个孩子一起要举手,老师再选几个表达。我们现在用这种小组的学习方式,让老师能够和孩子有更多的接触,这样孩子很平和,老师也很平和,今天主要的教学任务也都完成了。在户外也是这样,基本都是两个老师分开,一个老师带孩子跳绳,另外一个老师就带孩子玩沙子去了,半个小时之后再互换一下。

访谈者:有哪些人/事件对您产生了重要影响?您的家庭对您有什么样的影响?

受访者:我觉得环境非常重要,我们幼儿园是一所非常有文化传统的幼儿园。从1985年开园到现在,历经了三任园长,每一任园长都做了15年的时间,15年对于一个人的一生来说是很长的,我们的园长都是很执着地在自己的岗位上做事。我也很幸运,这几任园长都是教育专家,是专家级的园长,在他们身边我学到了很多东西。我们幼儿园的传统是坚持一贯,每一任园长都首先是继承,继承了之后再发展,发展的都是当下学前领域内的新理念和新知识。比如在2015年,我们12个班级所有的班长老师,都到南京参加了学前教育国际研讨会,聆听了来自美国、新西兰及国内学前教育前沿领域颇具影响力的专家、学者所作的讲座。

　　我的园长们对我影响很大，这三任园长代表了三个年代，每个15年社会的变化是非常大的。第一任老园长代表了那个年代的吃苦耐劳精神，对工作执着严谨，同时她是一个很豁达的人。我18岁来到这所幼儿园，她觉得我像她自己的孩子一样，给予了我很多，让我感觉这个团队是很温暖的。而且老园长非常有智慧，她的人格魅力和风格对于我来说很受益。第二任园长很有创新精神，她2000年来的时候，正好赶上《幼儿园教育指导纲要》颁布，那时候是一个试行方案，她来的时候正好赶到这个节点，然后我们就开始重新思考原来的教育方式。她接受新鲜事物的能力非常快，也比较有闯的精神，能带领大家跳出旧的教育模式。第三任园长在专业上非常权威，是大家推选出来的，她是从一线到教学主任再到园长的，她的德行非常好，被大家认可，我在她身上也吸纳了很多东西。

　　我的家庭也是非常支持我的，这可能和我们幼儿园不加班有关系。在2000年那时候我们加班比较多，后来就很少了。尤其是近几年，我们基本不加班，我们老师现在都不是八个小时工作，基本上都是七个小时到七个半小时的工作时间。我觉得要照顾好自己家庭和孩子，工作和生活一定要是平衡的，作为幼儿教师，首先得是一个幸福的人，才能把幸福带给孩子。

访谈者：您的哪些特质让您成为幼儿园骨干教师？您认为让您成功／战胜困难的最关键因素是什么？

受访者：作为幼儿教师，一定要真诚、宽容、善良，还有就是冷静和理智。无论你做什么事情，都不要去空谈，一定要找到依据。比如，有孩子磕到碰到，我会把不同医生的意见整理一下，然后我再跟家长沟通，我会建议孩子做什么样的治疗方案，然后让家长来选择。

再有就是要有智慧，我就觉得作为老师来说，智慧是很重要的。现在很多人是用头脑在做事，头脑总是能做对，但是不会让人幸福；如果用心去做事的话，可能会感动很多的人；如果用精神去做事的话，可能就会引领很多人。其实我就是用心灵、头脑和精神去做事。

还有就是我觉得我们一定要相信美好，尤其作为幼儿教师，他的内心一定是向往美好的。我觉得人性就是这样，我们一定要相信美好的东西，比如对待孩子，你越相信他的美好，他越会把所有的美好都表达给你。所以幼儿教师要内心向往美好，才能把这个美好的世界都带给孩子。

我觉得克服困难的关键因素就是首先要对自己有信心，要相信自己是专业的从业人员，我们幼儿教师要有专业自信。其次就是不管做任何事情，都要有恒心和毅力，坚持是一种美德，尤其在教育事业上，我认为能够坚守教育事业一辈子的人是非常了不起的。最后就是环境很重要，你处在一个什么样的环境中，对自己就会有一个什么样的影响，环境的熏陶是一种潜移默化的影响。

访谈者： 能否从自己的经历中，总结几个经验教训，以便后来人借鉴学习？

受访者： 我的经验就是个人的文化素养对于幼儿教师来说是比较重要的。你看现在国家关于教师资格证考核已经调整方向，唱、跳、画技能的比例降低了，心理学、教育学这方面的指标提高了。有的幼儿园会很重视老师要舞跳得好，歌唱得好，钢琴要弹得好，画画要好等。我们不是这样的，我们幼儿园对于来面试的毕业生都是先谈话，通过谈话能看出他的思想和学习能力，包括他的人文素养。谈话之后，如果我们觉得可以，再问那你有什么爱好向我们展示一下吗？如果说你跳舞好，那就展示跳舞；如果说你弹琴不错，那就弹一首曲子，不用所有的项目都展示。在谈话的时候，如果文化素养达不到我们的要求，那么你钢琴弹得再好，舞蹈跳得再好，我们也不会录用。其实现在很多学校的本科生可能弹琴、跳舞都不太擅长，但是我们还坚持在用。

我认为提高个人文化素养最重要的一点就是要多读书。比如我们幼儿园对老师的要求就是假期必须读完三本书，我们会适当地给老师推荐书目，并且是根据老师们所处的阶段来推荐适当的书。新手教师应该阅读一些实践性比较强、有一定操作性的书，比如怎样和孩子相处，读完之后在工作中直接就能拿过来用，阅读完我们也会做一些分享性的探讨，所有老师都来表达自己的观点，比如，书中的哪个地方可以用在实际的教学中？跟孩子相处的这个小方法对你有什么样的帮助？幼儿教师的工作很琐碎，很挑战人的耐心，我们要通过不断学习来提高自身的教育智慧。

还有就是作为幼儿教师要懂得自律。比如说我们幼儿园不扣分、不扣钱，核心制度就是引领老师进行教研，教研先行。如果一个老师每天在思考的是我的课应该怎样上，我应该怎样对待孩子、怎样观察孩子，那么幼儿园就不需要这些条条框框的制度来约束老师，这时老师的自制力是最重要的。

作为幼儿教师还要控制好自己的情绪。我们每天面对的是孩子，孩子的情绪本身就比较容易受别人的影响，尤其是教师对他的影响。所以不管这个老师今天有什么心事，也不能在幼儿面前表现，你不能让自己的情绪影响孩子。

访谈者：回头看自己的学习和工作经历，您认为哪些理论或者知识的学习对后来形成工作经验或者是处理人际关系发挥了作用？哪些经验不能从书本中获得而只能从工作和生活中获得？

受访者：我觉得书本上的理论知识的学习对我的工作非常重要。我自身是非常喜欢看书的，我们幼儿园也鼓励老师通过阅读获得收获和感悟。

我们幼儿园是三教半保，班里没有保育员，每个班里三个老师全都是学前教育专业的本科毕业生，刚来第一年做配班老师，全天陪伴孩子，领一个关于绘本方面或者其他领域方面的学习资料，通过阅读书籍来提升专业能力。这样做的目的是提升我们整个幼儿园的文化素养，因为保育员是社会培训的，达不到专业幼儿教师的标准，所以我们班里三个老师全是专业老师。班里工作也是三个专业老师在分担，包括环境创设、材料制作，给孩子写学习故事，三个人分担相比两个人分担，工作量还是不一样的，会让老师觉得不是特别累，也有时间给自己充电，去阅读更多的书籍充实自己。因此，书本上的知识的学习，能够让幼儿教师系统和迅速地掌握、积累一定的经验。

一些心理学方面的书籍对我现在的工作有一定的作用，因为做管理就一定要知道每个人的内心在想什么，所以现在我在看关于心理学方面的书籍，让自己对人性的东西有更多的了解，其实所有人在做某件事情或者表面行为之后，一定都有它的隐性的心理因素。

与幼儿相处的过程中，需要幼儿教师具备一定的教育智慧，而这种教育智慧，则是需要在实践的过程中不断积累和反思的。实践和理论同样重要，实践和反思往往也是相辅相成的。

◆ 访谈感悟 ◆

环境对教师的成长有至关重要的作用，黄老师认为，她的成长离不开环境对她潜移默化的影响。一个集体的环境是怎样的，直接决定了这个集体中的每一个人能够达到一个怎样的高度，团队的力量永远比一个人的力量要强大很多。在团队中，学习氛围是很重要的，而作为幼儿教师，想要有更加长远的发展目标，除了明确自身的发展问题和局限，还应处在一个有利于自身发展的成长环境中，和一群正能量的人一起学习共同进步，这远比自己一个人的孤军奋战要来得容易。因此，教师在探寻专业自主发展的道路上，除了奋勇直前，还应找到能够指引正确方向的引路人和同伴。

从黄老师身上我们也可以看到，阅读能够使人不断地成长和进步。读书是人类进步的阶梯，教师在成长的路上也不能缺少书籍的陪伴以及自主学习的动力。教师专业自主发展是教师未来的发展方向之一，学习能力是幼儿教师必须掌握的一种技能，自主学习是教师专业发展的生成路径之一，幼儿教师必须掌握学习各种知识技能的主动权，才能在实际的教学活动中获得更多的经验积累和启发。通过读书获得一定的教育智慧，为幼儿提供更多的发展空间。

教育路上风雨无阻的郭老师

访谈日期：2018 年 7 月 28 日

访谈时间：10：00—11：30

访 谈 者：王小溪 蒋 娟

受 访 者：郭老师（沈阳）

访谈者： 您是怎样踏入幼教界的？当初的想法是怎样的？

受访者： 我是 1989 年工作，当时正好 18 岁。之前读的是沈阳市艺术幼儿师范学校，毕业分配到了一所小学工作，在小学做了 11 年。后来因为教育局工作需要，2000 年我 29 岁的时候到了幼儿园，一直工作到现在。

访谈者： 经过多长时间您走到了今天，成为一名优秀的幼儿教师？在这个过程中，有没有您认为是人生转折点的那些时刻？

受访者： 我觉得我没有什么大的人生转折。来到这里十几年，我一直是那种常态的坚持，有时我说干一天两天容易，干一年也容易，但是干 16 年还津津有味的，不厌倦、不倦怠，很不容易。人们说的那个职业倦怠我没有，我从来没有说我不想干了，我天天开开心心，而且我也没有大的起起落落。

非要说的话，那是我刚来幼儿园的时候。我们幼儿园是一个非常好的幼儿园，但以前不像现在这么有活力。我们园是公办幼儿园，不愁招生，所以相对轻松，大家对现状都很满足。那时候园长说要进行教学改革，可是大家都乐得清闲，没有人愿意自己找事儿。说句实在话，那个时候队伍很难抓，想要做出改变很难，我很理解领导的难处。可能是园长觉得我年轻有干劲吧，就先做了我的工作，希望我能够积极配合领导工作，不要被已有的安逸淹没了我的热情。我觉得园长说的也对，毕竟我还年轻，不能现在就过老年生活吧。我就服从领导安排，带着几个年轻教师出去学习，回来研究改革思路。园长很忙，每天要处理的事情太多，她只是负责把握大的方向，具体怎么做就完全交给我们年轻人了。这个改革的过程很艰难，但是也很锻炼人，让我受益颇多。我的教学思路从那个时候就开始变得很灵活，接受新事物特别快，教学方式一点不也陈旧，也不死板。同一个活动到我这里，我就会尝试从不同的角度去思考都可以怎么展开，哪种效果更好，孩子会更喜欢。到现在很多人看了我组织的教育活动，都觉得我这个年龄、教龄还能紧跟前沿，大家都很佩服。

访谈者：新入职阶段、工作熟悉后的阶段、现在的成熟阶段有没有一些令您记忆深刻的事情？能否说几个典型的个人成长故事？

受访者：在我记忆中印象最深刻的是 2002 年，我刚到幼儿园两年，正处于事业爬坡期。那个时候正好赶上我爸病重，家人为了支持我工作，不让我请假在家照顾我爸，让我在工作岗位上坚持。他们认为对工作负责，才是我最该做的事情。在整个 2002 年，我一直处于加班状态中。有一次，园里安排我带老师们去营口培训。在去营口培训的前一天，我爸还在医院抢救，我就跟我妈说，我就不去培训了，我妈说不行，说你就永远记住，家里事情和单位的事情相比，单位是第一的。我们是坐大客车去的，租的车，那天下午还下着雨，是一个周五。我们到那儿了，就进行正常的培训活动。然后当天晚上好几个老师吃什么东西不对路导致拉肚子了，我在医院里照顾老师们。当时我看着外面的雨，眼泪唰地就下来了。我就给我妈打电话，那个时候还没有手机。电话一通，我妈就说你爸不好。到了第二天我才等到车，直接奔医院，当时进去后我爸瞅我一眼，我累得嗓子已经说不出话了。我妈一看我嗓子说不出话了，就让护士给我开点药，输上液。我爸就瞅着我，我这边打着滴流，累得迷迷糊糊睡着了。突然我一个打颤一下醒了，就看那个滴流没了，我说："妈，我滴流没了，过来拔针。"然后一看我爸，我爸咽气了，他是看我滴流打完了才放心走的。我就觉得天下的父亲都是爱孩子的。在家里，我是老丫头，有三个姐姐，所以我妈说你爸就等你呢，等你回来咽最后一口气。实际上这些年我挺亏欠我爸的，在他病重的时候，没尽过一天孝。我只能用另一种方式来报答我爸对我的这份爱，就是出色的工作，对事业的忠诚和热爱。

还有就是因为工作说话太多，对孩子、对家长、对同事，总是千叮咛万嘱咐，就怕工作做不好，我得了严重的咽炎。我原来唱歌特别好，和朋友、同学出去玩，他们都会让我唱几首。后来他们就说你怎么不唱歌了，我还不能跟人家说是工作累的，我现在高音、低音都唱不了了，实际上这对一个搞艺术的人来说，是一个挺大的伤害，挺残酷的。可以说我是一步一个脚印干到今天的，不管是"全国优秀课"，还是"全国优秀教师"和"辽宁省特级教师"，都是我付出努力获得的。

访谈者： 有哪些人 / 事件对您产生了重要影响？您的家庭对您有什么样的影响？

受访者： 我们幼儿园以前有个老园长姓姜，姜园长在这里工作了十多年。她在幼儿园期间，把幼儿园做成了省级示范园。她比较看好我，经常跟我说，"一定要好好干啊，以后错不了"。从她的话语中能够感受到她对我的认可与期望，我想那我不能让她失望，我之后干工作都会很认真，想要干好，让她觉得没有看错我。姜园长退休后，我们又历经了几届领导班子，每一届领导都对我很信任，对我抱有很高的期望，让我带领大家组织科研活动、教学活动和各种比赛。领导们也都在工作和生活上给我很大的支持，换了几届领导班子我还在这。我问其他老师们，你们烦我不？都不烦我就好，那我们好好共事，干出成绩，不辱使命。不然，你怎么对得起别人对你的培养呢？

我父母都是共产党员。我爸爸是纺织厂的厂长，一直是沈阳市劳模，他是一个很有故事的人，到西欧、北美、南美工作好多年。我妈妈在一个原来叫公社、后来叫街道办事处的地方工作。我在他们身上学会了做人的正直、工作的踏实。

我跟我爱人算是革命夫妻，我们没有花前月下，但是彼此理解，相互支持。我爱人在我妈妈单位工作，我比较听我妈话，我妈说他们单位的领导说有个小伙挺好，这个小伙就成了我现在的爱人。我从来没处过男朋友，我妈让处我就处。我原来是音乐老师，我属于"外貌协会"的，喜欢颜值高的，反正我得看上眼，还得跟我能玩到一起的。后来我一看见他，就没有什么标准了，但是我爱人长得还挺帅，我就觉得是上天注定的。我和我爱人处了三年，而这三年里约会次数真的是屈指可数的。为什么呢？因为我这三年是最忙的时候。我爱人就默默地支持我。我 23 岁结婚，然后就有孩子了。但是我从来没停止过学习，我当时是音乐老师，一直进修声乐、钢琴，学一些专业性的东西。我一学习在里边站一个半点，我爱人就在外面等一个半点。我怀我女儿前进修的是专科，我生了女儿以后进修的本科和研究生，就这样一直在学习，一直在进步。这么多年走过来，我爱人一直陪在我身边，包括现在这三位老人都非常好，我婆婆现在还帮我呢。

访谈者： 您的哪些特质让您成为幼儿园骨干教师？您认为让您成功 / 战胜困

难的最关键因素是什么？

受访者： 首先是对工作的激情、热情。说句实在话，加班加点对我来说不算事儿，实际上每个幼儿教师都是非常苦、非常累的，你要从事幼教岗位，就要做好充分的心理准备，辛苦并快乐着，真是这样的一个状态。我从小学调到幼儿园工作，我觉得幼儿园挺好的，因为我喜欢孩子。但是有时候真的累得都直哭，我一般是把门关上呜呜哭，哭一场就过去了。好多时候我在幼儿园摸爬滚打不回家，就这样的一个状态。我在幼儿园工作期间住了 4 次院做手术，回来了就像没事人一样工作。尤其我记得 2003 年做了一次副乳手术，一边缝了 12 针，另一边缝了 13 针，住院半个月，出院后直接奔幼儿园工作。我都觉得这事太平常了，没觉得这是我应该引以为事迹的事。可能有的人觉得过个桥是转折，蹚个水是转折，对我来说爬山过海都可以，我能过来，我没觉得受不了。按现在一句话说就是非常柔弱、善良的外表下有一颗女汉子的心。当遇到工作和自己的事冲突的时候，那责无旁贷就是工作。所以我家里人说我"焊"这了，而且"焊"了十几年，就这样一个状态。

其次要有爱心。没有爱，我不能干到今天。我对待幼儿园的孩子和自己的女儿一样。幼儿成长纪念册之类的，我的女儿有什么，幼儿园的孩子就都有什么。在这里毕业的孩子，册子里有小手印、小脚印，有所有老师的记录，有孩子成长的瞬间。这个工作我做了很多，不是为了让领导看见，不是去争什么名声，我就是踏踏实实地给孩子在做。我说将来他在工作的时候、结婚的时候，拿出来看一看，从入园第一天，一直到最后毕业，每个成长的瞬间都有记录。我要给孩子们留下一个记忆，留下一个幸福的童年的记忆。说句实在话，我觉得这是积德行善的事。这让我想起来一句话：把平凡的事干好，就是不平凡。当我回首往事的时候，不会因为碌碌无为而羞耻。我做了很多事情，而且做了很多有益的事情，我为那么多孩子有一个幸福的童年而努力，我做了太多的好事了。这种成就感不是可以用金钱去衡量的。我来到这里十几年没休过寒暑假，每天照顾孩子吃喝拉撒睡，我感觉是挺开心的事。我觉得人心都是肉长，你用爱去感染每一个人，给予他足够的爱，他会感到温暖，他会被感动的。

最后就是要公正。说句实在话，作为一个主管一班孩子的负责人，面对一群形形色色的家长你要做好工作挺难的。我就是对所有孩子、所有家长都一样，有的同事会好心提醒我说要多关照那些有关系的、领导亲属家的孩子，不然我的工作会很难干。我不这样认为，我对待所有孩子都是一视同仁，对待家长也是，不看他的官职、他的背景。否则我成什么了，孩子们和家长们怎么看我？我还记得有一次开学前有很多家长想把孩子送我们班，但是当时我们班孩子人数已经足够了，再进来孩子都没地方睡了，也会影响教学质量，我就跟园长说别再往我们班加孩子了，我不能为了某些人的个人利益，损失其他孩子的利益。我觉得我做的是正事，我做的是这个正常的工作。我就是就事论事，完事拉倒。很多人都说我软硬不吃，我觉得这不是坏事。虽然听着好像有点贬义，但这是干工作需要坚持的原则。大家都知道了你是什么样子之后反倒不会去为难你了。虽然因为坚持原则也遇到过不开心的事情，那我觉得那是你不讲理，是你没有素质，我是没有做错的。幼儿教师就是要做好自己的工作，维护幼儿教育的公平与正义。

访谈者：能否从自己的经历中，总结几个经验教训，以便后来人借鉴学习？

受访者：我经常跟其他老师说，只要用心、用脑，你什么事情都能做好。你要不用心、不用脑，你什么事也做不好，你再奸懒馋滑更完了。我经常跟老师们说，工作要踏实。你拿什么来实现你自身的价值呢？

你在幼儿园用什么来立身呢？你没有才华，还不努力，那你怎么能在单位立足呢？所以我就感觉一个事情来了之后，你用心去做了，咱不说感动天，感动地，你都会感动你自己，你付出了就会有回报的。

曾经我带过一个本科生实习老师，我跟她说你就在收发室做这个招生宣传。我给她幼儿园的一个宣传稿，我说你得背下来，你每天要跟数十个家长去说，去招生。后来有一天她来找我了，说干不了这活。她认为自己现在这么年轻，就在收发室，她的未来怎么办。我就跟她说我昨天看别人发了一个朋友圈，说马云创业时的一个前台小妹，在阿里巴巴集团工作 16 年，从一名前台小妹做到人事管理，现在资产 3.2 亿元。我说你的未来是什么样取决于你对待事情的态度，她就坚定信心了，她现在是我们园的优秀教师。

访谈者：回头看自己的学习和工作经历，您认为哪些理论或者知识的学习对后来形成工作经验或者是处理人际关系发挥了作用？哪些经验不能从书本中获得而只能从工作和生活中获得？

受访者：我们在学校学到的一些教育理论知识可以指导实际工作，例如我们园一直在为孩子们做成长档案，就是对孩子的观察记录，这对分析和总结自己的教学行为是非常有帮助的。但是关于人际关系以及工作态度我觉得必须是你真正到工作岗位上去学习的。比如说我们幼儿园前两年装修，因为工人有时候不认真干，当时我们就把五个小老师组成小组，我说你们五个人小名就叫水、电、瓦、木、油。这五个小老师都是刚大学毕业，二十二三岁，根本就没经历过装修，但是为了保障幼儿园的工程质量，只能马上去学习，可是怎么学习呢？就得现场去看、去思考。所以我就安排他们每人负责盯着一个施工的师傅，一跟就是一天。他们几个天天盯，天天早上跟着到晚上，然后向我汇报。比如说原来有 100 个问题，天天盯，最后盯成零。现在每当说起这些事情的时候就是一个美好的回忆，大家身在其中拼搏过，付出过汗水和泪水，不把自己当成局外人，对幼儿园有更深刻的感情。所以说，参与其中才能培养人的责任感。

还有对人的尊重，不管任何人都要尊重。我们每年第一次家长会，每一次新生见面会，我肯定都要讲，讲我们班的班级文化，讲我的教育理念、我的教学方式。讲完之后，我说好了，我给你 10 分钟考虑，你要认为我的理念不符合你对孩子的发展和期望，或者和你的理念背道而驰，你可以选择立即退园。这么多年，都没有选择立即退园的。我们园家长层次非常高，省长、市长、局长、处长，我说你们在哪儿都是领导，在我这儿就是俩字：家长。要说到做人，我是不卑不亢型的，因为我没有什么奢望，没有什么乞求，同事也好，同学也好，朋友也好，家长也好，我从来不瞧不起谁，在我的心里大家都是平等的。对于家长的心理你要摸得清，才能让他们配合好你展开工作，这种家长工作就不是学校能提前交给你，你拿来就能用的，你需要在实际工作中去摸索，去观察。

◆ 访谈感悟 ◆

结束了对郭老师的访谈，她如春风般温暖和煦的面庞深深地印在了我的脑海里。感动于她十几年来在学前教育这条路上不断地向上追求和历经低谷、逆境时始终保持积极乐观的从教心态。发自内心地热爱学前教育工作既是卓越幼儿教师的显著特征之一，也是卓越幼儿教师必备的素质之一。尤其是我国目前幼儿教师待遇低、责任重、工作强度大，很多幼儿教师会产生职业倦怠，工作热情减退。反观郭老师，不论是家庭变故还是自己生病住院都没有推卸过自己身上承担的教育责任，而是全身心地投入教育工作中，为幼儿、为家长提供优质的服务。郭老师以教学为其带来的幸福感价值感，作为事业追求的目标，并且深刻认识到作为一名幼儿教师对幼儿、社会和国家的重要价值，所以她获得了强烈的职业幸福感。郭老师发自内心地热爱幼儿教育事业，认真负责地对待每一位孩子，在这种自主的积极情感和行为的支持下，她以公平公正的态度对待班上的家长和幼儿，最大限度地维护幼儿的利益。郭老师不以家长的职业、身份等区别对待幼儿，值得我们每一位教育工作者学习，坚持做一个教育公平的守护者，保障每一位孩子的权益和每一个家庭的未来。郭老师积极乐观的心态，需要很多年轻的教师认真学习：教师必须端正从教心态，避免个人功利性，要发自内心地真诚热爱教书育人这项专业工作，全身心地投入教育工作当中。而这种积极乐观的从教心态不是出于生计考虑，是因为内心深处高度认同教师的这一专业工作的价值，热情投入工作，专心人才培养。幼儿教师只有具备积极乐观的心态，才能积极处理压力，不会轻易产生职业倦怠，以专业的理念、知识和能力为幼儿一生幸福打下坚实的基础。

具有草根精神的王老师

访谈日期：2018 年 7 月 29 日

访谈时间：10：00—11：30

访 谈 者：索长清　佟晓川

受 访 者：王老师（沈阳）

访谈者：您是怎样踏入幼教界的？当初的想法是怎样的？

受访者：我是地地道道的农村孩子，1999 年中考时，根本不清楚自己的理想是什么，只知道城乡差别有多大，那城市就是天堂，具体幼教职业做什么不懂，当时并不是说我热爱幼教，就是觉得农村生活太苦了，想改变自己的命运，改变自己家庭。

访谈者：您走到今天，成为一名优秀的幼儿教师，在这个过程中，有没有您认为是人生转折点的那些时刻？

受访者：回顾我的经历，有顺境，也有逆境。我做每一件事情都很努力，在每一个选择的路口上，我总能遇见意外的惊喜；每走一步，到了关键节点，总有关键人物出现帮我。我在班里是女生的尖子，女生中我是永远的第一，在我们市竞赛年年是前十名，数理化都是前十，所以按我的学习成绩可以保送重点高中。因为家庭条件不好，出不起上重点高中的学费。我们校长说，考"小中专"吧，有助学金。你拿到助学金，家里就没负担了，你就能脱离农村了。"小中专"当时有几个专业：英语、体育、音乐、美术。我当时报的是英语，因为我英语好，英语老师最喜欢我。实际那时候不管哪科，我学得都挺好。当时我都到考场了，眼看就发卷了。那时考幼师和我们是同一个时间考试，报幼师的是我们学校一个老师的妹妹，那个老师知道幼师将来能留城里，就让他妹妹报考幼师。要发卷前，教导主任让我临时换考场，把我调到了幼师考场，把那个老师的妹妹调到了这个考场。为啥这么做？实际是为了学校，因为当时都知道乡里、县里的尖子生是谁，那个考场有一个学生学习特别优秀，比我们老师的妹妹优秀很多，如果她俩竞争，我们学校肯定拿不到幼师资格。学校觉得我和那个学生竞争有希望拿到幼师资格，就把我调过去了。我到了那个考场之后马上就发卷子了，也没有什么思考的余地。之后是我们老师的妹妹先被录取的，我的录取通知迟迟没下来，这时候校长就坐不住了，感觉把我坑了。20多天后我的录取通知下来了，校长这时候控制不住地兴奋，骑着自行车一路飞奔一顿喊，说什么鸡窝里飞出金凤凰。

去了幼师之后，我发现考进这所学校学习的人大部分都是城市人，农村人比较少，恰恰我就是其中一个。有的时候，我的那些同学当着我的面就说我是农村人，嫌我土。当时在学校就是《劳动最光荣》这首歌支撑着我，"不比穿戴比学习，看谁学习数第一"，就因为这句歌词，我的学习成绩一直是名列前茅。教我们钢琴的徐老师对我特别好，就像对自己家孩子一样。

毕业后我被分到我们单位。我是首批毕业生分到这儿的，我们老连长一心一意要我，上幼师学校跑一个月，非把我要到这儿，这一来就来了15年。在这15年中，我做啥就做好啥，每件事都不甘心落后于别人。当时在这儿工作的除了军嫂就是市内的工作人员，也歧视农村的。但是我想做老师最重要的是踏踏实实的，比如说我们幼儿园的结构游戏是我第一个给拿出来的；幼儿园吹塑纸的壁画，是我第一个做出来的。做啥都要做好，这是我这么多年坚持的原则。

　　再有就是我到各地参观，参加了很多课程培训，也出去观摩其他教师上课，这些对我的成长很有帮助。现在学前教育特别受重视，而且年年面临新的改革。

访谈者： 新入职阶段、工作熟悉后的阶段、现在的成熟阶段有没有一些令您记忆深刻的事情？能否说几个典型的个人成长故事？

受访者： 我遇到了很多坎坷，但是我觉得自己挺幸运，每一个关键的节点都有人帮我。在当一线老师的时候，我是做什么都能做好，是园里的标杆。其实，我不是必须往高走，没有那个愿望。但是我做一件事就必须把它做好，我只是做好当下，我不想让别人说出"不"字，我一直就是这种个性。在我工作的第三年，大概是 2005 年吧，幼儿园人员缩减，生源也少了，所以幼儿园比较穷，开资也不多。当时内部矛盾还一大堆，四分五裂，拉帮结伙的。但是老园长对我很好，也非常认可我，她经常找我谈话，让我当教学组长。因为教学组长的工资会高一点儿，所以一些年长的教师看我不顺眼，经常背地里说我，在组织活动的时候，她们也不配合我。那时候经济环境、人文环境都不是很好。当时我就一个想法，别人整我和我没关系，那是因为这个职位的关系，但是这个职位也不是我要来的，是硬塞给我的。在这种情况下，我就不要去顾忌别人态度，一心想着把幼儿园工作做好就行了。这期间，我累过、哭过、悲伤过……当时心里真的有一丝想要放弃的念头，可是又一想，既然选择了这条路，我就要坚持走下去，慢慢地，我的成就变多了，和大家磨合的时间长了，工作也就变得没有那么大压力了。

　　从 2005 年到现在，我做了很多公开课。在一次《小刺猬的项链》数学活动中，我在准备教具的时候只用了黑板。我在前边讲，没有实物，也没有 PPT 给孩子们作参考，不够直观，所以孩子们听得云里雾里的，在操作环节只能是小朋友一个接着一个上前操作，剩下的在自己座位上等待，整个班级乱哄哄的。随后，我就反思自己，告诫自己以后准备课程真的不能想当然，一定要考虑好每一个细节。我开始尝试生成教学，从小班"捏一捏、摸一摸"开始，我相继又在中班和大班展示了"降落伞""制作椅子"等活动。每一次活动之后，我们都会针对活动展开讨论，探索活动中到底给孩子玩什么？让孩子怎么玩？要让孩子从中获得什么？这些问题的展开，让我一次次拨开浓雾看本质，寻找自身不足，确立自己努力的方向。

这几年的探索也让我琢磨出了一点，那就是做一名幼儿喜欢的教师并不难——如果你能学会认同、学会共享、学会回应。学会认同，就是认同孩子的世界，要能够"蹲下来看孩子的世界"，不仅仅是身子要蹲下来，心也要能蹲下来，把自己变成一个"孩子"，真正走到孩子的心里去；学会共享，就是教师要"当真地和孩子玩"，这种玩不是做给别人看的，也不是做给孩子看的；学会回应，就是教师要回应孩子关注的点，学会对幼儿生成的问题进行价值判断，并能选择合适的点开展生成活动。

记得有一天上午去户外活动，快结束时，我班一个叫嘻嘻的孩子问我：老师，你知道现在是什么季节吗？当时我一愣，不知道他是什么意思，就把问题又抛了回去，他自己回答是秋天。然后和我说，我告诉过他们秋天的时候树叶会变黄，会落下来。但是他看见幼儿园里有很多树还是绿色的，问我为什么，还说树是不是生病了。听了他的提问，我是又惊又喜，孩子们的观察能力和好奇心出乎了我的意料。于是我想了一下，决定用孩子的提问做一个主题活动来引导孩子们对于季节和落叶的认识：为什么嘻嘻所指的小松树的叶子没有变成黄色，没有落下来？我首先仔细地告诉孩子们树叶的叶子变黄是跟树叶的大小有关系，因为很多树的叶子大，需要吸收水分，有很多让树叶变成绿色的叶绿素在里面，但到了秋天空气水分变少，天气变冷，叶绿素慢慢变少，所以树叶就变黄了，落了下来。但是因为松树的叶子形状很小，像针一样，而且在叶子表面，还有一层像蜡似的东西保护着针叶。所以，不畏严寒而且水分充足的松树叶子当然还是绿色的了。接下来，我给每个孩子都留了一个小任务，就是和爸爸妈妈一起寻找各种各样的落叶，带到幼儿园，然后提供一系列美工制作工具来让孩子们制作树叶图，在孩子们已有经验基础上适当增加难度，引导幼儿自主发挥想象力，孩子们根据不同的树叶形态，用不同的粘贴方法来做出自己的树叶图。

访谈者： 有哪些人 / 事件对您产生了重要影响？您的家庭对您有什么样的影响？

受访者： 我们的老园长对我影响最大，她是一个特别有格局的人。我爱人在研究所工作，他把一个关于学前项目课题通知发给我了，我一看机会挺好的，就和园长商量要不要报名。园长看过后和我说，小王，特别感谢你把这个消息告诉我，但这个是市里的课题，而且是心理方面的，我们现在的发展方向是结构游戏，已经有了一定的成果，如果从结构游戏方面入手，我相信不管是收集资料，还是其他的工作，老师们都更加有经验，而且还没有额外的工作量。后来，我们在讨论的时候，园长认为市级课题对于我们园来说可能不是特别需要。园长的意思是往高处发展，申请国家级课题。通过这件事，我更佩服园长。在我心里，认为有成绩就是好事，而园长的这一番话提醒了我，人要往高处看，往高处走，不能停留在原地。之后我再规划事情的时候也会问问自己：我现在是什么样子的？需要达到一个什么目标？具体怎么做？还有就是，人的精力毕竟有限，不可能同时兼顾很多事情，所以要分轻重缓急，学会把事情归类，就像园长说的园里在做结构游戏的尝试，那么我可以把对幼儿的观察、分析以及玩教具创设等往结构游戏上靠，这样又有实践，又能够保证工作的质量。

　　在家庭方面，我母亲对我影响很大。我们家经济条件不好，总有钱接不上的时候，有的时候就东借西借的。我母亲特别守信用，就算穷也没让乡里乡亲小看。我们家虽然经济很困难，但是我母亲告诉我"笑破不笑贫"。你贫可以，没人笑话；但你如果穿得破破烂烂，别人会笑话你。我母亲白天劳动，晚上给孩子们缝缝补补。我母亲告诉我做一个有骨气的人，穷也要穷得有志气，不要把自己的骨气都穷光了，还有就是不放弃，再难的时候也不放弃，做人的尊严很重要，就要活出骨气、志气。我母亲当年因为秧苗买错了，种出来的地没有人家好，她大胆地做了一个决定，再买秧苗重新插秧。这是一个浩大的工程，而且因为当时的播种季节已经错过了，这么做不见得就会有好的收成，但是我母亲毅然决然地重新播种，结果到秋天我们家的稻穗长得比往年都好。遇到困难，迎接困难，战胜困难，这是我母亲做给我看的，这是我母亲给我的最大财富。我把我母亲的品质继承下来了，我这些年成长最关键的因素是态度，态度决定一切。

访谈者： 您的哪些特质让您成为幼儿园骨干教师？您认为让您成功／战胜困难的最关键因素是什么？

受访者： 原先我出去交流的时候总是说，不要叫什么名师，我是草根教师，我个人成长过程靠的就是草根精神。草根具有坚韧不拔、百折不挠的精神。野火烧不尽，春风吹又生。第一，我觉得成长最关键的因素就是你的态度，每个人都会遇到逆境，但是有的人遇到逆境是逃避放弃，没有那种越挫越勇的精神。其实态度决定一切，态度就是你品格中的一种精神，你有这种精神才有这种阳光向上的态度。因为我这人面对问题的时候，马上神经都绷紧了，全身细胞都兴奋，只要我全身都进入兴奋状态，就绝对能想出办法来，如果不是兴奋状态时候，点子出不来，所以我觉得适当的压力、适当的危机能让人产生动力。成长环境太顺了不一定是好事，逆境可以成就坚毅的品格，有一个坚毅的品格才能有一个积极向上、阳光的心态。

第二，要有能力。当然一个人不可能是完美的，不可能具有所有能力，怎么办？我说内脑不行用外脑，学会借力。成长没有什么捷径，就是摔打出来的。能力的形成要靠学习，真不明白现在有的老师各种培训送过去还不情愿，感觉浪费时间了，到那儿睡觉，笔记也不记，回来感觉是白去了。不断学习是必要的，我一直很爱学习，是我们园公认的，大家都说我太爱学习了，什么都学。

访谈者：能否从自己的经历中，总结几个经验教训，以便后来人借鉴学习？

受访者：这个问题我在学习交流的时候做过报告，我的总结就是人想要上进就需要有态度，包括学习态度、梦想态度、执行态度和合作态度。首先，我认为学习态度很重要。学习是为了要使用，为了要改变，学来不用没有用。就说适应这个职业的过程，你必须经历和孩子们摸爬滚打，摸爬滚打这两三年你就懂得孩子了，这些不是书本上能学来的，书本上学来的只是事先的认知，必须到实践中尝试体会。在实践中一定要不断地学习，学习能够拓展你的视野，提高你的认识水平。比如说我选择我的课程，创设我的环境，组建我的队伍，如果我没有很高的视野，我不知道什么是最好的，我怎么去选择，怎么去判断，怎么去做决策，所以学习是打开你的视野、扩展你的思路的关键，站位很高的情况下来决策自己的事就会很准确。

其次，就是梦想态度。我觉得一个人选择了一条路，就需要有一个梦想。这个梦想不是那种天方夜谭，而是实实在在的梦想。要规划好自己的职业生涯，明白自己接下来要做什么，怎么做；

并且一定要相信幼儿园的领导团队就是自己的背后力量，要相信自己能够完成领导交给的任务。

再次，就是执行态度。有了想法，有了方向就要去行动。光说不练，假把式；又说又练，才是真把式。在实践中为了解决问题，为了达到目标，你要去想办法。遇到困难的时候，方法总比困难多，这个方法不行，尝试那个方法，什么事没去做的时候不要说不行。试一试，啥事都试一试，这招不行，我试那招，在实践中不断摸索。

最后，就是合作态度。在幼儿园最基础的合作离不开班级里三个老师的相互帮助，遇到问题一起解决。再有就是和家长的配合，如何与家长有效沟通是非常关键的。现在的孩子都很娇惯，家长也特别重视教育。在班级里一定会有磕磕碰碰的事情发生，遇到这样的事情，一定要跟家长沟通好。在班级里一定要做到心中有数，比如哪些孩子比较淘气，对这些淘气的孩子多关注，平时多和家长沟通，一旦出现磕碰问题，再进行沟通的时候，家长理解的程度就会增加。

访谈者： 回头看自己的学习和工作经历，您认为哪些理论或者知识的学习对后来形成工作经验或者是处理人际关系发挥了作用？哪些经验不能从书本中获得而只从工作和生活中获得？

受访者： 我觉得最受益的应该是心理学，还有教法课。最开始学习教育心理学的时候不太懂，觉得理论知识特别多，也不怎么爱听。在学期中期的时候吧，好像是讲幼儿的发展规律，从那之后，老师会给我们讲好多案例，估计也是因为她家的孩子刚上幼儿园，碰到非常多有趣的事，她在给我们讲课的时候经常会举各种例子，当时给我印象挺深的。在课堂上她提到了幼儿注意力时间的长短，这个对我上课的帮助也很大，让我知道设计活动的时候需要控制时间，不然，就算再有趣，时间长了也会让幼儿坐不住。教我们教法的老师非常厉害，课堂经验也非常足，第一节课不是在课堂上上的，而是去幼儿园参观，让我们看课。看了两节课之后，她开始讲理论，而且讲的理论是与案例结合，绘声绘色的，一点儿也不枯燥。

但是不管学习多少理论知识，必须得带班实践，真正地进入班级中和孩子交流。毕业生刚开始走向工作岗位就是带班能力不行，就是你再优秀也不敢把一个班直接给你，管不住孩子，孩子满屋子跑，不听话。原来我遇见过一个来我们园里兼职的老教师，刚走进幼儿园第一次上课，孩子们一点也不溜号，她不用什么花哨的教具，就是说话、动作等，就能把孩子牢牢抓住，哪个孩子一动眼睛，她马上关注到，马上把这个孩子调动起来，这就是一种能力，这个能力就必须在实践中培养，老教师过来叫不上名字照样把这个班的孩子管得很服帖，本班老师都比不过人家。我的建议是把学生带到幼儿园去实习，让他们自己去上课，观察不起作用，必须亲自上课，遇到问题了才会深入琢磨，孩子都体验式学习，我们也应该体验式学习。

◆ 访谈感悟 ◆

走进王老师的办公室能看见她的办公桌上有很多书，她自己也说平时是一个爱读书的人，设计幼儿课程活动、写课题等，都需要很多理论支撑，也需要新的思路，光想是想不出来的。除此之外，如果遇到不顺心的事情，看书能够让她回归宁静。王老师这么多年走过来，遇到了很多坎坷，每一次她都告诉自己坚持不放弃。王老师声称自己是一名草根教师，面对农村的艰苦环境，她发誓改变命运，而改变命运的道路只有一条——刻苦学习。步入新的学校，面对同学的排挤，王老师依然保持自己的风格，坚韧不拔地向上生长。再后来到实践工作中，也是因为王老师注重细节，用认真的态度去准备活动课程，做到从点到面，以幼儿的兴趣为动力推动其认知能力的发展。这些经历无不体现着王老师的草根精神。

学前教育工作又辛苦，又清贫，幼儿教师因工作烦琐、教育压力等原因容易出现职业倦怠。但是，孩子们带来的那份快乐和满足，也让幼儿教师体会到了幸福，就如那首歌里唱到的那样："你是幸福的，我是快乐的，为你付出的，再多也值得。"所以，对于幼儿教师来说，保持一份积极心态尤为重要。王老师正是因为其积极的心态，不屈不挠地面对工作中的各种挫折，终于成为一名卓越的幼儿教师。王老师这种"遇到土壤就生长，给点阳光就灿烂"的坚韧不拔、志气昂扬的草根精神，也是幼儿教师专业发展道路上不可或缺的重要因素。

坚韧不拔的孙老师

访谈日期：2018 年 7 月 28 日

访谈时间：10：00—11：30

访 谈 者：贺敬雯　张梦涛

受 访 者：孙老师（沈阳）

访谈者：您是怎样踏入幼教界的？当初的想法是怎样的？

受访者：我学的就是学前教育专业，1997 年毕业于辽宁省艺术幼儿师范学校。毕业之后，我就到了一家民营的幼儿园。我之所以当时会坚定地选择学前教育专业是源于我小时候的一件事。我从小就一直都是我姥姥带着的，5 岁的时候姥姥生病了，家里就把我送去了幼儿园。那是一家私人的幼儿园，我至今还记得那个教室的样子，屋子里黑压压的，有四排整齐的秧田式摆放的桌子，最前面是一块大黑板。由于我上幼儿园比较晚，黑板上写的好几个字我都不认识。我刚去幼儿园的时候特别不适应。在家里，其他人都是配角，我是主角，想做什么就做什么，大人们都要配合我。但是到了幼儿园，老师就只喜欢那几个小朋友，对新来的、笨笨的我态度特别冷淡，就像我不存在一样。所以我心情就特别不好，对什么事都不感兴趣，尤其是上课学习，但老师偏偏总是问我这个字念什么，那个字念什么。我不知道，说不上来，后果就是每天都被老师罚站、挨骂，有时候我都直哭。我妈就很奇怪，为啥我每天回家的时候眼睛都是肿得跟熊猫一样，她也纳闷为啥每天早上我起来的第一句话就是：妈，我不想上幼儿园。现在想想当时真的太可怜了。我妈也心软，心疼我，就不让我去了，我那会儿只在那个幼儿园里待了一个星期，但幼儿园对于我来说就是一个噩梦。我现在也经常问我自己：为什么不能让孩子快乐一点呢？每个孩子都是天使，都那么可爱，为什么不能关心每一个孩子呢？于是我就有了这个愿望，也算是人生的方向了吧，就是当一名真正的、优秀的幼儿教师，我要做到关心每一个孩子，平等地对待每一个孩子，让他们在快乐中学习。

访谈者： 经过多长时间您走到了今天，成为一名优秀的幼儿教师？在这个过程中，有没有您认为是人生转折点的那些时刻？

受访者： 从我 1997 年毕业进入幼儿园工作到现在，已经 21 年了。我的人生转折点应该就是我第一次参加公开课比赛，那是我进入幼儿园后的第一个学期，领导给我们安排任务说要选拔公开课老师，程序是先在我们园里进行选拔，然后让讲得最好的老师去和其他乡里的老师比赛。当时我们园就只有一个名额，我其实也特别想去参加，为了这次选拔我进行了充分的准备。但是，因为我的经验不足，对一些突发的事情处理得不太好，比如平时表现好的孩子，由于没有看到过这么多的老师在场，就有点怯场，对我的问题也不回答了。当他们没有回答问题的时候，我就显得有点慌乱了。所以这次的选拔，我没有被选中。领导让我继续努力，而且还叫我们大家都去观摩那次的公开课比赛，向其他老师学习经验。第二年，我又参加了，我是我们园里讲得最好的，就去和其他乡的老师去比赛。在那次的公开课比赛中，我得了一等奖。我记得那次课上的是"特色的绳子"，目的就是让孩子了解绳子的系法，引导孩子利用废旧材料来制作绳子。那次课上得特别成功，我也受到了其他老师非常高的评价。他们说我能够充分利用农村资源，这是最值得欣赏的。听到他们的评价，我非常高兴。你不知道我准备这次比赛费了多大的劲儿，从准备材料到练习试讲，再到一遍遍修改教案，然后再不断练习试讲，反正这个过程都重复了好几遍，最后才达到这个效果。真的，这种过程特别锻炼人，也能让你学到好多东西。经过这次公开课。我看到了自己的进步，虽然每次课的内容和范围都不一样，但是可以根据这次的经验体会到它的模式和风格，就是说要上好一堂课，你应该怎么去操作。上公开课给我最大的体会就是你能得到领导和同行给你的意见，让你明白你在哪些地方还需要提高和改进。这是最重要的，因为他们都是非常专业的，他们会从专业的角度去给你提意见，让你的课能够上得更好，等你下次再上课的时候就会避免这个问题再出现。

访谈者： 新入职阶段、工作熟悉后的阶段、现在的成熟阶段有没有一些令您记忆深刻的事情？能否说几个典型的个人成长故事？

受访者： 我觉得幼儿园里几乎所有的老师都会经历一个很困难的时期，在这个阶段吧，你上也上不去，下也下不来，就好像卡在那了，觉得没有什么进步和成长空间了。大多数老师可能会因为没有找到合适的途径来摆脱瓶颈期的种种困惑，从此就没有任何的成长和进步了，最终成为一名碌碌无为的老师。然而还有少部分的老师会找到合适的途径来及时调整自己，突破这一瓶颈期，使自己慢慢向优秀教师迈进。近几年，因为有了很多的学习平台，作为幼儿园的教学组长，我觉得自己的工作方向更加明确了，自己所做的事情更加有意义了。随着科研成果的发表，我对自己也越来越有信心了。有时候工作中，需要做一些事情来鼓励一下自己，让自己发现自己所做的事情是正确的，是有意义的，可以帮助到更多的人，比如幼儿家长的肯定和科研成果的肯定。参加各种专家的专业培训对我的影响也非常大，在幼儿园里面，大部分的老师还是凭借着经验教学，但在经验的基础上是需要理论指导的。幼儿教育专家在大的方面给予指导，对幼儿教师的经验和理论相联系是有非常重要的。单凭幼儿教师的经验做一些研究，没有专家的指导是很难提升到一定的高度的。理论上说的东西幼儿教师都做到了，但是不能用理论的东西把它总结出来，再加上高强度、复杂的工作性质，幼儿教师超负荷地每天工作，也没有那么多的精力去学习理论知识。所以，这对于一些老师来说就是一件比较难的事情。我们幼儿园现在也在内部组织一些活动，帮助老师掌握更多的专业理论知识。

访谈者：有哪些人/事件对您产生了重要影响？您的家庭对您有什么样的影响？

受访者：我记得在我读书的时候有一个老师对我影响挺大的。因为我们当时年龄都比较小，什么都不知道，社会观、人生观、价值观都还没有定型。那个老师是一个充满阳光、特别有正能量的人。我们上学的时候，老师对我们非常严格，就是什么都管，学习上也管，生活上也管，甚至你床铺下面的行李应该放多少，应该放什么都管，真的就像自己的妈妈一样，里里外外管得特别细。有时候我们也反感，嫌老师管得太多了，我们太不自由了。但现在回过头来看，老师对我们的帮助真的太大了。我们大部分学生都是外地的，只有放寒暑假的时候才回一次家，平时都待在学校。有时候老师就会把我们这些外地学生叫到家里吃饭，我们爱吃什么、不爱吃什么她都记得，给我的感觉就像家里一样，让我特别感动。我觉得老师对学生的这种关爱，给学生这种很正确的人生方向上的引领，这个影响是潜移默化的。就是现在老师也一直不断地给我建议，让我这么多年都走得比较顺畅，理念没有偏差。

除此之外，我爱人给了我很大的支持。我爱人知道我特别喜欢幼儿教师这个工作，无论是在生活上还是在工作上都给了我很大的帮助。我女儿小的时候，因为我把所有的时间和精力都放在工作上了，所以家里的活基本上都是我爱人干，他照顾孩子，早上起得特别早，给孩子做早饭，然后送孩子去上学，为家庭确实付出了很多，他在事业和家庭上都没有拖我的后腿。有时候我因为工作上的事心情非常不好，就控制不住自己，也没有找到一个合适的发泄途径，所以很多次都是回家跟爱人和女儿发脾气。但他都没有任何的脾气，也没有朝我发过火，都是特别认真地听我抱怨，开导我，安慰我，这真的是让我感到特别欣慰，但也感到惭愧的地方。

访谈者：您的哪些特质让您成为幼儿园骨干教师？您认为让您成功 / 战胜困难的最关键因素是什么？

受访者：自身最大的特点，我觉得就是坚韧。别看我外表是比较柔弱的，但是就是能扛事儿。真的是遇到事儿的时候就是我来扛，你没有这种坚韧的性格肯定是做不了的。那年我们班发生了一件事，给我的印象特别深。就是早上上完一节集体教学活动之后，我和我们班的配班老师就准备带孩子去操场上做操。那时我们班是在二楼，需要下一个楼梯。我在前头领着头，配班老师在后面看着尾巴，孩子们排着队就准备下楼。谁知道在下楼的过程中，两个孩子不知道是推了一下还是怎么了，然后一个孩子就从台阶上滚下来了，把牙给磕了，嘴巴也流血了，孩子疼得哇哇直哭。我就赶紧让配班老师带剩下的孩子回教室，然后我抱上这个孩子就去医务室。医生说，孩子的这个牙可能磕坏了，还是带孩子去医院看看吧。我就一边抱着孩子打车去医院，一边赶紧给孩子的爸妈打电话说明情况，让他们也去医院。等孩子爸妈赶到医院的时候，看见孩子嘴破了，也肿得厉害，就特别心疼。我首先跟人家道了个歉，承认了一下错误，说都是自己没有看好孩子，然后把事情发生的经过从头到尾说了一遍。孩子的爸爸其实态度挺好的，就说小孩子之间打闹是挺正常的事，而且老师也不是每一个孩子都能牵着手，也都能理解，就没怎么怪我。但孩子的妈就特别气愤，说看把他们家孩子摔得，也不知道牙还能不能长好，会不会留疤，就一顿埋怨。我也理解他妈妈的心情，自己的宝贝儿子摔成这样，肯定心里不舒服，所以她想说就让她说吧，我听着就行。后来孩子的妈妈看我一直道歉，也就没说啥了。最后这小孩就在家休息了快一个月才来幼儿园，来的时候基本上全好了。所以当幼儿教师首先这心理素质必须得强。我从医院回来，我们配班老师还担心得不行，一直问小孩怎么样，他爸妈都说啥了，有没有闹啊之类的，她说她都快吓死了。我就说没事了，问题解决了。真的是，幼儿教师最怕的就是孩子在幼儿园里发生安全问题，有时候碰上比较厉害的家长，小孩就只蹭破点皮，家长都不依不饶的。但你害怕也不行呀，孩子们年龄都那么小，还没有自我保护意识，也没有安全意识，发生安全问题肯定在所难免。那老师就要做好充足的心理准备，一旦发生了问题，要学会冷静处理，尽量将影响的程度缩小到最小。很多人都问过我，干幼儿教师有没有后悔过，我觉得自己选的这条路，没有什么可后悔的，只能往下继续走。

访谈者： 能否从自己的经历中，总结几个经验教训，以便后来人借鉴学习？

受访者： 我觉得首先是要有耐心和爱心。作为一名幼儿教师，必须要有耐心和爱心。和中小学的教师相比，幼儿教师面对的教育对象是非常特殊的，都是一些弱小的孩子，没有独立的生活能力，事事都要靠老师去引导他们，帮助他们完成。所以，幼儿教师要比中小学教师具有更多的耐心和爱心，付出更多的努力去教导孩子。只有有耐心的老师，才能做到真正关心爱护每一个孩子，才能做到教学活动的顺利开展，才能有效地完成幼儿园工作，促进孩子的全面发展。但爱孩子并不等于纵容孩子，孩子想干什么就让他干什么，这不是真正的爱。这对孩子以后的发展没有好处。一般在这种家庭环境下长大的孩子到了幼儿园，我们都是特别头疼的，问题特别多，特别难管。孩子犯错误的时候，就要批评；表现好的时候，就应该多多奖励，多表扬，让他知道什么事情该做，什么事情是不该做的。孩子这个阶段正是建立规则意识、是非观念意识的重要阶段，所以，一定要抓住机会教育好。

　　还有就是要知道学习。俗话说得好："教师要想教给学生一碗水，自己必须有一桶水。"要想成为一名优秀的幼儿教师，我觉得必须拥有广博的知识储备。首先，在教学工作的过程中，幼儿教师面对的是一个个对未知世界充满好奇的小孩子，他们现在的这个阶段正是脑子里充满了十万个为什么，对什么都感兴趣，遇到他们不知道的东西，就会问个为什么。教师只有具备了丰富的知识，才能满足孩子各个方面的探究欲望，帮助孩子了解这个丰富多彩的世界。还有就是幼儿教师所从事的工作是具有灵活性的，只有具备了丰富的知识，才能帮助自己理解教学知识，将所教的知识融会贯通。此外，幼儿教师还要面对一个非常重要的群体，那就是家长。家长们的身份是各种各样的，他们的教育观念以及看事情看问题的角度也都不一样，幼儿教师只有具备了丰富的知识，才能在面对家长提出的问题的时候回答得游刃有余。我以前读的几米写的《我们的错都是大人的错》这本书，这本书不仅仅是一部漫画，更是教会我们如何了解孩子，如何与孩子相处。每个孩子都是天使，需要我们有耐心、爱心、恒心。每个孩子都是独一无二的，教师要用心去发现每一个孩子的独特之处，而不应该用同一个标准去衡量所有的孩子。

访谈者： 回头看自己的学习和工作经历，您认为哪些理论或者知识的学习对后来形成工作经验或者是处理人际关系发挥了作用？哪些经验不能从书本中获得而只能从工作和生活中获得？

受访者：我们在上学的时候，学校注重的更多是理论知识，应付期末考试还有专业课考试，我们都是靠死记硬背的。我觉得其中对实际工作有帮助的是教法课，就是教你怎么上课。但大多数时候我们都是模拟授课，听课的并不是孩子，你在模拟授课的时候表现好，但未必到了幼儿园里教课就好，所以还是有一定的局限的。在幼儿园里，我们更看重的是实践经验，因为幼儿园里很多东西都是需要你去操作的，如果你没有这种实操的经历，那经验就无从谈起，很多事情也都做不好。你看现在我们招的一些新老师，他们刚从学校毕业，来了之后我们还得自己再培养，因为他们的实践经验太少了。如果是干过这个工作的老师，就会上手很快，只要适应一下环境就行了。

就拿上课来说吧，幼儿园开展教学活动时，目标的设计特别重要，它直接决定了你这节课是不是上得好。我记得我们在上学的时候模拟授课，对这个活动目标的把握并没有很在意，就是照着教案上就好了。但在幼儿园里就不是这样，幼儿园的课程本身没有统一的规定，虽有教材，但设计教材的人并不了解你班的孩子，而目标的设置是基于孩子的已有经验。所以，老师并不能一切都照着课本走。我印象里就有一个活动，是在看图讲故事的环节，目标设置是孩子能够用自己的语言复述故事的大体情节，你会发现孩子有很多不同的表现。有的孩子语言能力发展强，在进行复述的时候几乎不会落下任何细节，我就要求他模仿角色的语气。但也有的孩子语言能力发展得并不是很好，对他的目标就要相应改动，不要求他每个细节不落地进行复述，在他进行复述的过程中，要进行辅助性的提示。这种能力也是我在一次次的教学中掌握的，不断总结、反思，才学会如何把握目标，让目标更加适合孩子。

还有就是沟通能力。每个幼儿教师都要和家长进行交流沟通。我还是一个新老师的时候，因为不会和家长交流沟通，就老感觉自己经常被家长忽略，比如孩子今天在幼儿园表现怎么样啊，有没有和小朋友闹矛盾啊，这种事情都不会问我，老教师在的时候就问老教师，老教师要是不在就不问了。那这也不是办法，不利于家园共育，我就找机会赶紧跟班里老教师学习。当时我们幼儿园是实行教师半班制，也就是上午上完班，下午就可以在办公室备课了。但是我会在教室里跟班，给下午班的老师帮忙，看人家老教师怎样跟家长交流，学习老教师和家长的交流方法，并慢慢地试着和家长交流，直到可以和家长熟练地交谈为止。像这种能力、这种经验就是在实践中获得的，如果你不去尝试，不去一遍一遍练习的话，你就很难完成这项工作。

◆ 访谈感悟 ◆

由于自己在童年中经历了令人痛苦的幼儿园生活，为了不让自己的遭遇再在可爱的孩子们身上重演，孙老师立志成为一名优秀的幼儿教师，真正做到关心每一个孩子，平等地对待每一个孩子，让他们在快乐中学习，在幸福中成长。俄国教育家托尔斯泰曾说：如果一个教师仅仅是热爱教育，那么他只能是一个好教师；如果一个教师虽然读过好多书，但却不热爱教育事业，也不热爱学生，那就算不上一个好教师；如果一个教师把热爱教育事业和热爱学生相结合，那么他就是一个完善的教师。孙老师便是一位这样的教师，她秉持一份耐心、爱心以及坚韧无比的信心来到幼儿园，一待便是十几年。在这十几年中，孙老师的初心始终没有丝毫的改变和动摇，她一直在自己的岗位上为学前教育事业默默地奉献着自己的青春和力量。强烈的自我成长的愿望激励着孙老师不断学习、不断进步。通过学习，孙老师更加了解幼儿的身心发展特点和一言一行，也更加明白作为一名幼儿教师应该如何正确地看待幼儿、教育幼儿。读书带给人的力量是无穷的，也能够带给人质的改变。

　　回顾孙老师这一路走过来的成长经历，从刚入职时的懵懂无知，到一步步走来成为优秀的幼儿教师，她通过自己的努力克服种种困难，坚守好自己的工作岗位。笔者不禁为她每一次的努力而感动，为她永不言败、坚韧不拔的品质而折服！

具有影响力的魏老师

访谈日期：2018 年 5 月 18 日
访谈时间：10：00—11：30
访 谈 者：但 菲 黄 昕
受 访 者：魏老师（江西）

访谈者： 您是怎样踏入幼教界的？当初的想法是怎样的？

受访者： 我是 1994 年毕业于江西师范大学教育系学前教育专业，被分配到
新余一所幼儿园，在那里做一线幼儿教师，后来又调到现在的幼儿
园，就是这样一个简单的工作经历。当初也没有什么特别的想法，
读学前教育这个专业就是觉得能够和小孩子在一起挺好的，而且做
老师也是我的一个理想，所以就选择了这个专业。

访谈者： 经过多长时间您走到了今天，成为一名优秀的幼儿教师？在这个过
程中，有没有您认为是人生转折点的那些时刻？

受访者： 1994 年到现在有 24 年了。转折点还是挺多的，我一直对自己在专
业方面的要求是比较高的，如果有外出学习的机会，我都会去争取
并且很珍惜。其实当时本科学这个专业，毕业后进到幼儿园，人家
都会觉得怎么一个本科生还跑到幼儿园来了。这种情况现在就比较
普遍了，但是在当时的情况下别人会觉得你没有实践经验，因为按
照当时本科的培养目标我毕业应该是到师范学校去教幼师的。我刚
参加工作的时候自己确实有点动摇，觉得如果有好的机会自己也想
走出去，所以刚开始工作的三到五年，不是特别安心于一线工作，

但对待工作绝对是认真负责的。当时的想法是如果有好的机会我也做好了走的准备，再后来成了家以后就稳定了，想走也走不了了。定下心来以后，我也在想，自己学的东西要去用，也要去反馈，把想法付诸实践。说你是大学毕业你总要做得和别人不一样，否则怎么体现你的价值。在工作中首先就要把班级带好、管好，如果班级带不好，孩子管理不好，别人也会说你只会发表文章，不能带班。我要成为一个优秀的幼儿教师，在幼儿园优质竞赛中多去锻炼自己，提高自己的教学能力，包括市里的、省里的比赛，我都会积极参加，在这个过程中给自己一个锻炼成长的机会。

　　还有一个转折点就是竞聘保教副主任。当时园长来找我谈，她跟我说你毕竟是本科毕业，鼓励我应该去争取一下。园长是比较公平公正的，是想要选拔好的人才出来，我就去参加了，竞选上了保教副主任。

访谈者： 新入职阶段、工作熟悉后的阶段、现在的成熟阶段有没有一些令您记忆深刻的事情？能否说几个典型的个人成长故事？

受访者： 记忆比较深刻的就是在我刚进入幼儿园的时候，一个班有四五十个孩子，四个人管一个班，虽然是三教一保，但是你主班的时候，主要还是你一个人。刚开始的时候没有配班人员，所以有的老师可能会更强调纪律。那个时候我看到我们园有一个老教师，她坐在那里根本不需要跑前跑后，她只要发个令，小朋友们就按照她说的做。比如说她弹一首曲子，小朋友就知道是要喝水还是上厕所，她的班级管理经验是非常丰富的，这种做法也是有长处的。但我当时就觉得她管得太死了，孩子们在她面前根本不敢乱动、不敢乱说，有点像木头人的感觉，她的掌控力太强了，眼睛瞪一下小朋友就不敢动了。所以我在佩服她的同时又觉得这样的做法是不是有点太过了，我觉得还是要尊重孩子的自主性。

从教 20 多年来，我从一个什么都不懂的小姑娘成长为经验丰富的教师，从中也收获了很多。幼儿教师的工作是琐碎的，却是很有意义的，在平凡的岗位上享受孩子带给我的快乐。我也很爱每一个孩子，孩子们经常喊我"老师妈妈"，这四个字看似简单，但是也需要付出很多，我把所有精力都放在孩子们身上，除了教给他们知识，还全身心地照顾他们的生活。我经常把爱哭的孩子抱在怀里，帮助孩子们穿衣服、梳头发，给尿裤子的孩子洗衣服，给生病的孩子喂药，等等，这些事情数不胜数，也是我们幼儿教师最普普通通的工作。给孩子们讲故事，教他们唱歌、跳舞，和他们一起做游戏，忙碌却很开心。还记得我第一次带小班的情景，小班孩子是幼儿园里年龄最小的，都是第一次来到幼儿园，因此，刚入园的时候很多孩子都会哭，我就抱着哭泣的孩子并轻声细语地安慰他们，用故事、儿歌、游戏等吸引他们，解除孩子们的分离焦虑。

访谈者： 有哪些人 / 事件对您产生了重要影响？您的家庭对您有什么样的影响？

受访者： 我觉得一个人的成长是受多方面影响的，有来自环境以及人和事的相互作用。幼儿教师的成长来自个人与幼儿之间、个人与教育环境之间的相互作用。当我去反思自己的整个成长过程的时候，我觉得过去的教育环境、幼儿、同事都对我产生了重要的影响，促进了我的进步。虽然在这个成长的过程中也经受了一些挫折和阻力，但是我觉得诚意和努力会慢慢化解困难，这会是一个非常有意义的经历。具体来说，幼儿对我的影响是比较大的，我觉得一个幼儿教师是和幼儿一起成长的。作为新手教师，在我刚入职阶段，幼儿对我的影响很大，在我不了解幼儿、不知道如何进行下去的时候，我是和幼儿一起成长的。我在成长的同时，也明显看到了幼儿的成长。

　　在这个过程中，同事也给了我很大的帮助，同事之间的共同学习和研讨对我的影响很大，一群人的学习比一个人的学习效率要高很多，对于我来说，这也是我迅速成长的一个原因。每次班级教学活动也好，研讨也好，之后我都会进行反思：今天我做的哪些地方是不对的？是因为我太着急了，还是因为没有考虑全面？我觉得反思是很重要的，因为这样能够及时地不断学习与反馈，好的地方继续发扬，不好的地方就进一步改进。学会反思也是受到我们园长的影响，园长是一个具有独特人格魅力的人，她教会我的不仅仅是专业方面的、教学方面的东西，更多的是一种人生态度，一种做人的态度。她在我们进行教研的时候都会到场，听我们是怎么进行这个活动的，也会给我们一些指导。我们整个教研活动的规划设计，都是源自园长的想法，她是一个特别有想法、懂管理、懂得怎么带领幼儿园发展的人，她的眼光很长远，能看到很多我们看不到的东西，这也是她独特的一个方面。有时候她也会到班级里来听课，对我们的教学活动进行一些指导。一开始我是很害怕她到班里来听课的，她来的时候我会紧张，我担心会不会做错什么，会不会被批评，因为她评课的风格是很犀利的。但是有的时候我会希望她到班里来听课评课，因为那样的话我会有很大的成长空间，她总能够一针见血地指出我在教学过程中的一些问题，而这些问题也正是困扰我的。

　　还有我的家庭对我的影响，我觉得我的家人也是很支持我的。刚开始的时候我的小孩年龄小，幼儿园经常加班加点，双休日有时候也要加班。我们家情况又有点特殊，我和我爱人都是外地人，父母都不在我们身边，就我们两个人自己带小孩。我的小孩小的时候是奶奶到这边来帮忙，帮忙带到了两岁半，到小孩上幼儿园的年龄了就由我们自己带了。所以家人还是很支持我的，我经常加班，家人也都没有反对。

访谈者： 您的哪些特质让您成为幼儿园骨干教师？您认为让您成功／战胜困难的最关键因素是什么？

受访者： 我觉得作为教师，在个人品德方面一定要好，在工作中要严格要求自己。教师要起一个率先垂范的作用，注意自己的一言一行，因为幼儿园都是小孩子，你要给他们树立一个榜样。

　　还有就是要掌握和家长之间的相处、沟通的技巧。其实我最害怕的就是家长找我，一般家长没有什么事不会来找你，从小孩子入园到离园，我的理念就是做好每一天，每一天积累起来才有每一个月，每一年，每天积累起来才会有意义。所以我比较注重日常的管理，做好每一天就相当于做好了你的工作。在与家长相处的过程中也有家长会表达他的不满意，我的做法就是我很欢迎家长来提意见，因为家长把孩子送到这来，首先就是对我们的信任，肯定认为我们这里好才送来的，在这个过程中产生矛盾也是正常的。面对家长提出来的问题，首先老师的态度要好，要热情地接待，倒杯水坐下来聊，一定要让家长感觉到你是重视他的，这个事情你是愿意跟他一起解决的。然后在了解情况的过程中，一定要听家长仔细地说，听完以后不要马上回答，在交流的过程中可以有些交流，但是你还不清楚实际的情况是怎么样的，所以一定要去调查实际情况，不能光听家长说的，因为很有可能是小孩子没有表述清楚。实事求是地把实际情况了解清楚之后，再针对家长的问题，进一步地沟通协调，站在家长的角度思考问题。比如有一次，保育员老师踢了一下小孩子的凳子，小孩子就碰到了凳子角上，然后回家就说痛，到医院检查的时候确实有一点擦伤，有一个小口子。这个确实是保育员老师的不当举措伤害了孩子，这种情况首先我们肯定是和家长赔礼道歉的，陪孩子去医院进行检查。所以假如说你没有遵守师德，确实伤害了孩子，你就很被动。作为教师，伤害孩子的事情是一定不能做的，幼儿教师就是要对得起自己的良心，孩子还那么小，我们要尽量去保护他们，而不是去伤害他们。

访谈者：能否从自己的经历中，总结几个经验教训，以便后来人借鉴学习？

受访者：我觉得幼儿教师的成长是需要相互帮助的，一个人的成长或许是缓慢的，但是一群人的成长却是迅速的。在幼儿园这个环境中，除了各种事情以外就是人，教师的成长需要同伴的支持、合作和协助，同事之间的相互学习是促进成长的一个重要因素。在这种大家共同学习的过程中，我经常和我的同伴一起分享经验，我觉得这也可以作为对后人的一些经验借鉴。我经常说，我们和同事每天相处的时间大概有八个小时，比在家庭中和家人之间的相处时间可能都要多。如果我们不能很自在地相处，那我们的工作肯定是不快乐、不开心的。如果我们四处张扬自己同伴的是非，那岂不是等于在说自己的是非。我认为大家之间的共同学习能够促进个人的成长，而一所幼儿园是否能够构造一个和谐有序的群体，也是影响幼儿园发展的关键所在。

　　还有一件事情是关于家长工作的，在家长工作这块新手老师应该做好充分的心理准备，有的家长确实是无理取闹，我们根本没有侵犯孩子什么利益，但是家长就会觉得是老师的问题。我们真的好心凉，平时老师对他的孩子付出那么多，但是家长就是左右挑毛病，就觉得好像给幼儿园交了钱，老师就应该按照家长的要求去做，老师就要负责孩子的一切。我自己经历过一个事情，就是有一个教室因为地方太小没有卧室，所以卧室和教室共用，床是在柜子里面，睡觉的时候就把床拖出来，之前小班人数少一点就用这个教室，后来有一个大班人数特别少，二十几个孩子，我们就想到让这个大班使用这个教室，家长就联合不同意换教室，不进这个班，当时我们就说这个教室是没有安全隐患的，这个教

室之前也有小朋友在的，为什么别人可以你就不可以，但是家长
就不理解，然后园长就说那我可以退你学费，你到别的园所去没
关系，但家长却要求幼儿园退双倍的学费。后来我们园长就和教
育局讲，他们也说你们又不违法，但要安抚家长。这件事情可能
我们在做的时候也有一些问题，比如说要提前告知，沟通交流还
是欠缺一点。后来我们就面对面地和家长到教室，一起交流提出
一些解决方法，比如说把另外一个功能室改出来，改成卧室，他
们就是左不行右不行，有的时候真的是让人无语，最后，为了彻
底解决这个问题，就把这个教室旁边的多媒体教室隔出半间来改
成卧室，正好和他们的教室连在一起，家长这才没什么意见了。

　　幼儿教师有时工作真的挺难做，好在这种情况下园长都会站
在教师这边，家长要走可以，园长不会说为了留住这样的家长去
考虑声誉啊，或者委曲求全，然后委屈老师。

访谈者：回头看自己的学习和工作经历，您认为哪些理论或者知识的学习对
后来形成工作经验或者是处理人际关系发挥了作用？哪些经验不能
从书本中获得而只能从工作和生活中获得？

受访者：我觉得在实践的过程中要把学到的知识和实践结合起来，不能空泛
地讲，有些东西虽然书本上是这么说的，但是在实际的操作过程中
就可能会不同，所以要有实践的智慧，在实践中总结。在我成长的
过程中，还是得益于在大学里面理论的学习，像 20 世纪 90 年代
的时候在幼儿园里面做科研还是很少的，大家也不知道该怎么做。
我们幼儿园教研这一块基本是我带领大家来做，其实我自己也不知
道怎么做，但是好像感觉比他们要好一点点，有一定的理论基础或
者知道怎么样去想这个问题。像一些课题都是由我来申报，让他们
参与进来，我作为主持人要考虑课题的方向，具体怎么实施，在实
施过程中我是主心骨，带领大家推动这个课题的实施。我也充分利

用了我同学的一些资源，我的大学同学毕业之后有分到教研室的，有分到师范学校的，有的留在了大学里，各个方面的资源都有，有的时候我也跟他们交流，我有困惑的时候也会问问他们，他们会给我点拨和启发。在这样的情况下我带着老师们做了一些行动研究，老师们在科研的过程中自己也得到了成长。通过这种课题研究，我自己也有一些体会，也写了一些文章去参加竞赛，去投稿发表。

———◆ 访谈感悟 ◆———

一个人的成长是受到多方面的影响的，比如环境，比如环境中的人和事，比如自身的坚持和努力。这些因素的相互作用，决定了人的成长有时候或许就是一瞬间的事情。人总是在经历过某些事情之后，迅速成长起来。魏老师在新手型教师阶段，当看到比自己有经验的教师做得不对的时候，能够及时反思自己；在成熟型教师阶段，能够和幼儿一起成长，和同事一起学习进步，在园长的带领下不断提高自身专业水平；在专家型教师阶段，能够通过自身的专业水平，带领其他教师一起做科研做教研，从一个人的成长到影响一群人的成长，这是一个幼儿教师从普通到优秀再到卓越的成长过程。

一个人的成功或许是渺小的，但是如果能通过一个人的成功去影响一群人的成功，这就是一种很强大的影响力。幼儿教师若能有这种正能量的影响力，那么受益的不仅仅是一个又一个的幼儿，也包括一个又一个的家庭。魏老师正是这样一个具有影响力的卓越幼儿教师，20多年的从教经历，魏老师用自身的正能量影响了幼儿、家长以及同事，以后也将影响更多的幼儿教师。

参考文献

［1］迈尔斯，休伯曼．质性资料的分析：方法与实践［M］.张芬芬，译.重庆：重庆大学出版社，2008.

［2］塞德曼．质性研究中的访谈：教育与社会科学研究者指南［M］.周海涛，主译.重庆：重庆大学出版社，2009.

［3］顾荣芳．竹节的力量：关键事件与幼儿教师专业成长研究［M］.南京：南京师范大学出版社，2011.

［4］古德森．教师生活与工作的质性研究［M］.蔡碧莲，葛丽莎，等译.北京：教育科学出版社，2013.

［5］斯丹纳·苛费尔，斯文·布林克曼．质性研究访谈［M］.范丽恒，译.北京：世界图书出版公司，2013.

［6］叶澜，庞庆举．深度访谈：读懂创造教育新天地的人们［M］.福州：福建教育出版社，2014.

［7］刘占兰，杨丽欣．聚焦幼儿教师专业发展：从骨干到名师［M］.北京：北京师范大学出版，2014.

［8］朱永通．做幸福的好教师：名家名师教育访谈［M］.上海：华东师范大学出版社，2015.

［9］张雪，宫辉力．特级教师成长叙事：首都师范大学优秀校友访谈录［M］.北京：首都师范大学出版社，2015.

［10］王小溪．幼儿园教师师幼伦理的实践困境［J］.早期教育（教科研），2015（Z1）：53–56.

［11］尹坚勤．从新手到骨干：幼儿教师专业成长故事［M］.北京：中国轻工业出版社，2017.

［12］但菲，贺敬雯，张梦涛．职前幼儿教师实践性知识的发展：现状、影响因素及教育建议［J］.教育研究与实验，2017（2）：73–79.

［13］索长清．幼儿园教师研究的女性视角及其方法论意涵［J］.教育评论，2017（3）：130–133.

［14］蒋娟.职前幼儿教师实践性知识培养体系的研究［D］.沈阳：沈阳师范大学，2017.

［15］佟晓川.职前幼儿教师实践性知识的生成研究［D］.沈阳：沈阳师范大学，2017.

［16］张梦涛.职前幼儿教师实践性知识的调查研究［D］.沈阳：沈阳师范大学，2017.

［17］约翰·W.克雷斯威尔.质性研究技能三十项［M］.王锡苓，译.上海：格致出版社，2018.

［18］朱晓红，杨慧娟.二十一世纪以来我国卓越幼儿教师专业成长研究述评：基于CiteSpace Ⅲ 的可视化分析［J］.陕西学前师范学院学报，2018（4）：115-121.

［19］黄昕.卓越幼儿园园长群体特征的调查研究［D］.沈阳：沈阳师范大学，2018.

［20］但菲，王小溪，佟晓川.职前幼儿教师专业认同建构路径：认知、行动与反思［J］.当代教师教育，2019（2）：49-55.